アクション作品創作バイブル

魅せるためのキャラクター・設定・サブジャンル

ロバート・マッキー&バシム・エル=ワキル 著
越前敏弥 訳

フィルムアート社

Action: The Art of Excitement for Screen, Page, and Game

Robert McKee and Bassim El-Wakil

アクション作品創作バイブル　目次

［凡例］

- 本文中の映画作品について、初出時はその製作年を（　）内に示した。
- 〔　〕内は、訳者による補足説明である。
- 映画作品、テレビドラマ、戯曲、長編小説、書籍のタイトルは『　』、テレビドラマの各話タイトル、短編小説、論文タイトルは「　」で示した。
- 本文中で扱われているテレビドラマ、テレビアニメ、コミックス、小説において未放送、未邦訳のものは原題のママ記載し（未）と記した。
- 本文中の引用作品は、基本的には既訳を参考にしたが、該当箇所を新たに訳出し直した作品もある。既訳からの引用については、文末の（　）内に翻訳者名と出版社名と刊行年を表記した。

ミアへ
きみの愛がわが人生を救う

本書について

アクションというジャンルで展開されるのは、生と死という、人間の終わりなき奮闘に関する最上の隠喩である。そこでは、自己犠牲の精神を持つヒーローを自己中心的な悪役と対峙させ、悪の企てをくじいて不運な被害者を救い出す戦いがストーリー全体にわたって繰りひろげられる。ヒーロー、悪役、被害者の三者は、それぞれが勝利への意志、破壊への衝動、生存への願望というだれもが持つ三つの相反する欲求を象徴する。

われわれが本書を執筆したのは、アクション作品の作り手であるあなたに向けて、この魅力あふれるジャンルにおける探求の道標を示し、気高い伝統を受け継いだ傑作を生み出すきっかけを与えるためだ。

イントロダクション

第1部では、**アクション作品の中核**を扱う。第1章で、あらゆる物語を対象とした二十一世紀のストーリー分類の考え方を、基本ジャンル（内容による分類）と形式ジャンル（表現形式による分類）に分けて概説する。第2章から第5章で、基本ジャンルの主要な構成要素――中核の価値要素、中核の登場人物、中核の出来事、中核の感情について確認し、これら四つの基本要素がどのようにアクション作品を息づかせるかを見ていく。

第2部では、**アクション作品の登場人物**を扱う。第6章と第7章で、アクション作品の内なるエネルギーを生み出す三つの役柄であるヒーロー、悪役、被害者を中心に解説する。

第3部では、**アクション作品の設計**を扱う。第8章から第16章で、契機事件（inciting incident）からクライマックスに至るまで、アクション作品の構造について確認する。

第4部では、**アクション作品のサブジャンル**を扱う。第17章から第22章で、アクション作品の四つのサブジャンルと、それぞれに四つずつあるサブジャンル内サブジャンルについて解説し、またアクションのジャンルで最も尊重される形式であるハイ・アドベンチャーについても詳述する。第4部の最後は、独創性の必要を説いて締めくくっている。

具体例についての注

本書の解説で具体例としてあげた作品は、どれも公開時もしくは刊行時に人気を博したものだが、それ以上に重視したのは、ジャンルのさまざまな原則をわかりやすく正確に表すことである。以下のなかに観ていないものがあれば、鑑賞することを勧める。

『ダイ・ハード』(一九八八)、

『ミッション:インポッシブル/ゴースト・プロトコル』(二〇一一)、

『ターミネーター』(一九八四)&『ターミネーター2』(一九九一)、

『バック・トゥ・ザ・フューチャー』三部作(一九八五、一九八九、一九九〇)、

『メン・イン・ブラック』(一九九七)&『メン・イン・ブラック2』(二〇〇二)&

『メン・イン・ブラック3』(二〇一二)、『スター・ウォーズ』シリーズ(一九七七〜)、

『ガーディアンズ・オブ・ギャラクシー』(二〇一四)、

『ダークナイト』(二〇〇八)、『007/カジノ・ロワイヤル』(二〇〇六)、

『マトリックス』(一九九九)、『LOOPER/ルーパー』(二〇一二)、

『アベンジャーズ/エンドゲーム』(二〇一九)。

はじめに――アクション作品への愛

何万年ものあいだ、遊牧生活を営んでいたわれわれの祖先は、言い合い、取っ組み合い、殺し合いという危険な体験の数々を、火明かりのなかのダンスで讃えてきた。ことばが発達するにつれて、そうした身体表現による行為の数々は、吟遊詩人たち（ホメロスが最も名高い）によって何十万語もの長さを持つ韻文に作りなおされ、記憶され、そのまま朗唱されるようになった。何十年、何百年ののち、そうした長大な口頭伝承を写字生たちが書きことばへ移し替え、それらは古代ギリシャの『オデュッセイア』や『イリアス』、古代インドの『マハーバーラタ』、古代メソポタミアの『ギルガメシュ叙事詩』などの傑作として結実した。

ホメロス以降の三千年間にこのジャンルを支えたのは学識あるエリート層で、詩と散文の両方を用いたイギリスの『ベオウルフ』、アイスランドの『ニャールのサガ』、ドイツの『ニーベルンゲンの歌』、フランスの『ローランの歌』、アラブの『バイバルス物語』などの作品がある。やがて、識字能力と映像作品がともに社会のあらゆる階層に浸透し、アクション作品は現在の地位――世界で最も人気のあるストーリーテリングのジャンルに位置づけられるようになった。

アクション作品への愛が芽生えるのは、遊びが冒険になるときだ。這い這いがよちよち歩きに変わり、やがて部屋から部屋へと駆けまわる体験を積むなかで、われわれの想像力は階段の昇降を砦への攻撃や怪物からの逃走へ変えていく。居間の絨毯が戦場と化し、玩具がヒーローや悪役に変化する。われわれは想像の世界で罪なき者を救い、悪党に罰を与え、善と悪との永遠の戦いを直感的に演じる。

歳を重ねるとともにアクション作品への愛は成熟し、より革新性のあるものを求める気持ちが強まる。毎年毎年、すぐれたアクション作家たちはわれわれのその望みをかなえるだけでなく、まぶしいほどの独創性で世界を表現している。それどころか、最高の作家たちの手にかかれば、このジャンルの約束事は旧友の生まれ変わりのように、新鮮でありながらなじみ深く感じられるだろう。

アクション作品はその人気ゆえに、いまや創作するのが最も困難なストーリーテリングのジャンルとなり、独創性を発揮するのがきわめてむずかしい。前世紀だけ見ても、同じような作品が何万、いや何十万とページ上やスクリーン上やゲームの画面上に出現してきた。見渡すかぎり、陳腐なクリシェばかりだ。犯罪やホラーなど、作品数の多いジャンルは、すでに膨大な数のアクション作品で飽和状態にある。

どうすれば現代の作家は、これまで散々観たり読んだりしてきた物語とはまったく異なるアクション作品のシーンを、未来のファンのために生み出せるのだろうか。どうすれば古くからつづくクリシェとの闘いに勝つことができるのか。単なるよい作品ではなく、極上の作品を生み出すにはどうすればいいのか。本書は難題に光をあて、作家がうまく独創性を発揮できるよう導いていく。

第1部　アクション作品の中核

1　現代のジャンル

多種多様な人生は、ひとつどころか千の物語にすらおさまるものではない。この世で起こりうるあらゆる出来事、想像しうるあらゆる人物、心を奪うあらゆる価値要素、体験しうるあらゆる感情のなかから、作り手は何を選び、何を削るかを決めなくてはならない。作品が語られ、演じられ、書き記され、映像化された何千年もの期間を経て、そうした選択はわれわれがジャンルと呼ぶストーリーの型へと収斂してきた。

読者や観客は、自分の好むジャンルの作品を何度も味わうなかで、それぞれが固有の体験に対する愛着を深め、喜びが得られなければ損をしたと感じる。それゆえ、ジャンルを決めて作品を作るということは、なじみ深いと同時に類例のない内容と形式によって、そうした欲求を満たそうとつとめることにほかならない。

基本ジャンルと形式ジャンル

基本ジャンルは出来事、登場人物、感情、価値要素といった内容を創出する。語り方によって登

基本ジャンル	形式ジャンル
ストーリーの内容	**ストーリーの表現形式**
中核の価値要素、登場人物、出来事、感情など、ストーリーの**内側**の構成要素を設定する。	ストーリーの内容を特定の形式によって**外側**へ表現する。

場人物の人生がプラスまたはマイナスへ転じ、それが観客や読者に有意義な感情体験をもたらす。こうしたストーリーの型のおもなものとしては、犯罪、恋愛、ホームドラマ、アクションがある。

形式ジャンルは内容の表現の仕方を規定する。喜劇か悲劇か、散文的か詩的か、実話かファンタジーか、どんな舞台設定にするか、上演や上映の時間をどの程度にするか、本、演劇、映画のどれにするかといったことが含まれる。こうした形式ジャンルの例には、ミュージカル、ドキュメンタリー、笑劇、悲劇などがある。

基本ジャンルの起源

ストーリーテリングの基本ジャンルは、物理的、社会的、個人間、内的という、人生に不可欠な四つのレベルの葛藤とともに進化してきた。

火事、洪水、地震、落雷、野獣といった大自然の力との戦いをもとにして、ストーリーの語り手たちは物理的葛藤を物語に転じてきた。しかし、人間の生活を脅かすことが最も多いのはほかの人間たちであり、だからこそ社会的、個人的な衝突の物語が生まれた。これらの三つのレベルの――物理的、社会的、個人的な――葛藤が、登場人物の外的な生活において運命を変化させていく。一方、登場人物の内なる本質の変化は、外からは見えない自己認識や潜在意識といった内的な領域で起こる。

出来事の中心となる対立や葛藤がひとつのレベルだけで起こる単純なストーリーはほとんどない。昨今のアクション作品は、ほかの基本ジャンルと混ざるか溶け合うかして、複数の対立要素をもとに展開することが多い。だが、ここでは基本ジャンルをひとつずつ選び出し、それぞれの葛藤レベルがいまよく見られるジャンルにどんな影響を与えたかを確認していこう。

自己が物理的な力に立ち向かう

古代の叙事詩

古代の冒険譚では、英雄が立ち向かうのは神として擬人化された大自然だ。ギリシャ神話の英雄オデュッセウスはポセイドンの息吹が起こしたハリケーンと戦い、古代メソポタミアの王ギルガメシュは天の牡牛を殺害するなど、その冒険はさまざまだ。

ホラー

古代の人々は自然を神に擬人化するだけでなく、怪物にも仕立てあげた。多頭の蛇ヒドラ、獅子頭と蛇尾を持つキメラ、人身牛頭のミノタウロス、単眼の巨人キュクロプス、吸血鬼モルモー、人狼リュカオーン、怪物三姉妹のメデューサ――どれも想像が生み出した悪夢だ。

自己が社会の力に立ち向かう

戦争

部族間の闘争はやがて国家間の争いとなり、古代ギリシャの詩人ホメロスによって、トロイア戦争を描いた壮大な叙事詩『イリアス』が生まれた。

政治

紀元前五〇八年に都市国家アテネで民主政がはじまると、直後から起こった政治権力をめぐる争いに刺激を受け、古代ギリシャの劇作家ソフォクレスは悲劇（『アンティゴネ』、『アイアス』、『フィロクテテス』）を、劇作家アリストファネスは喜劇（『蜂』、『雲』、『蛙』）を創作した。

犯罪

犯罪捜査を扱う物語で最初に名声を得たのは、エドガー・アラン・ポーの短編小説「モルグ街の殺人事件」と、そこに登場する天才探偵オーギュスト・デュパンだ。そして、アーサー・コナン・ドイルがシャーロック・ホームズを世に送り出したことで、犯罪小説は一気に大流行した。

モダン・エピック（現代叙事詩）

独裁主義の台頭と個人の圧殺が刺激となり、現代の作家たちは古くからある冒険譚を下敷きにして、強大な力を持つ暴君にたったひとりの英雄が挑む自由のための戦いを描いた。こうした弱者と強者の戦いの物語は、現実主義と非現実主義の世界の両方にひろがりを見せている。『スパルタカス』（一九六〇）、『一九八四年』、『ブレイブハート』（一九九五）、『侍女の物語』、『スター・ウォーズ　エピソード４／新たなる希望』（一九七七）などがそうだ。

社会ドラマ

十九世紀に社会で起こったいくつもの大変動は、経済や政治における不公正や、男女間、人種間の不平等をあらわにした。このジャンルのストーリーでは、社会的な対立や葛藤が示され、それらを解決しうる方策が劇的に描かれる。小説家のチャールズ・ディケンズや劇作家のヘンリック・イプセンは、作家としての生涯をかけてさまざまな不平等を暴いた。現代でも、社会の変化を訴える作品は文化的に大きな影響力を持つ。

出世

この種のストーリーは、科学者、アスリート、起業家、建築家、発明家など、専門的なキャリアにおいての成功までの苦労や挫折の危機を描く。

自己が個人的関係と向き合う

人間関係における親密さにはさまざまなレベルがあり、それがもとになって、家庭内や友人、恋人とのあいだに個人的葛藤が生まれる。

ホームドラマ

古代ギリシャの悲劇『メディア』やシェイクスピアの『リア王』、ドラマシリーズ『キング・オブ・メディア』（別名『メディア王～華麗なる一族～』）など、家族の物語は尽きることのないインスピレーションの源泉である。そこで描かれるのは献身と裏切りの行為で、それによって親子が結びついたり引き裂かれたりする。

ラブストーリー

中世末期のヨーロッパでは、全土でレイプが横行した。男たちに行動を改めさせるため、そのころ大衆文化の担い手であったトルバドゥール（宮廷詩人）が、騎士道に則った貞潔な愛のすばらしさを詩歌や物語の形で表現し、恋愛を高潔なものにした。その後、ロマン主義の波とそれにつづく反ロマン主義の潮流によって、西洋文化とそのなかで語られるラブストーリーは浮沈していく。

自己が自己との関係に向き合う

主人公の内面が変化する物語では、契機事件が発生した時点の内的自己が、クライマックスまでのあいだにどんな理由でどのように変わるのかが描かれる。では、書き手が変えることができるのは、登場人物の秘められた自己のどの部分だろうか。それは道徳、心理、人間性の三つの性質のどれかで、プラスかマイナスかのどちらかへの変化が示される。

道徳は主人公による他者の扱い方であり――よいか悪いかで示される。**心理**は主人公による現実と自分自身の見方であり――有意義か無意味かで示される。**人間性**は主人公の人間としての潜在力であり――より完全な自己へ進化するか、より小さな自己へ退化するかで示される。

こうした内面の変化は、六通りのキャラクターの変化として表すことができる。三つがプラス方向、三つがマイナス方向の変化だ。［原注1］

アクション作品では、内なる性質が変化することはほとんどない。それよりも物理的、社会的、個人的なレベルで変化を起こすことが好まれる。そこで、内なる葛藤についての考察はあとの章に譲り、ここからは人生の外面の変化を描く現代の十の基本ジャンルについて確認していこう。つぎのリストでは、もともとは人生における対立や葛藤から生まれた単純なストーリーの型が、複雑に進化してきたことに注目してもらいたい。また、アクションとほかの九つの基本ジャンルとの相違点や共通点にも目を向けよう。

外的変化を描く二十一世紀のジャンル

どの基本ジャンルにも四つの必須要素がある。中核の価値要素、中核の登場人物、中核の出来事、そして中核の感情である。

「価値要素」とは、プラスとマイナスの両面を指す。たとえば、「生／死」、「愛／憎」、「善／悪」、「勝利／敗北」、「正義／不正」、「自由／隷属」、「真実／嘘」などだ。

中核とは、物語にとって不可欠な価値を持つという意味で、それが欠けたストーリーは、ただ単に「こうなって、そうなって、ああなって……」と空疎な繰り返しがつづくだけだ。それぞれの基

各ジャンルの**必須要素**

1. 中核の**価値要素**
2. 中核の**登場人物**
3. 中核の**出来事**
4. 中核の**感情**

ストーリーの価値要素

＋ ←価値要素→ −

＋		−
愛	人間の経験の **原初の性質**	**憎**
真実		**嘘**
勝利	ストーリーのなかで **価値が変動**する	**敗北**

中核の価値要素

＋ ←価値要素→ −

＋		−
善	**基本ジャンルを推進する**力学	**悪**
正義		**不正**
忠誠	ストーリーに **きわめて深い意味と感情**を与える	**裏切り**
正気		**狂気**

本ジャンルでは、こうした二元的要素のひとつがストーリーの意味とエネルギーの源泉となる。

中核の登場人物とは、そのジャンルに不可欠な役柄である。

中核の出来事とは、そのジャンルにおいて必須の転換点（turning point）のことである。その重要なシーンがなければ、プロット上の出来事の連鎖が途切れ、ストーリーは無意味でつまらないものになる。

中核の感情とは、そのジャンルが観客や読者に喚起する特別な体験を指す。

ここからは、登場人物の人生の外面の変化をたどる十の基本ジャンルと、それぞれのジャンルの約束事である中核の四要素について見ていく。あとの章でも確認するように、これらの基本ジャンルはアクションと混ざったり溶け合ったりすることがよくあるが、ここでは個別に確認していこう。

1　犯罪

- **中核の価値要素**　正義と不正
- **中核の登場人物**　警察官、犯罪者、被害者
- **中核の出来事**　事件の発覚
- **中核の感情**　サスペンス

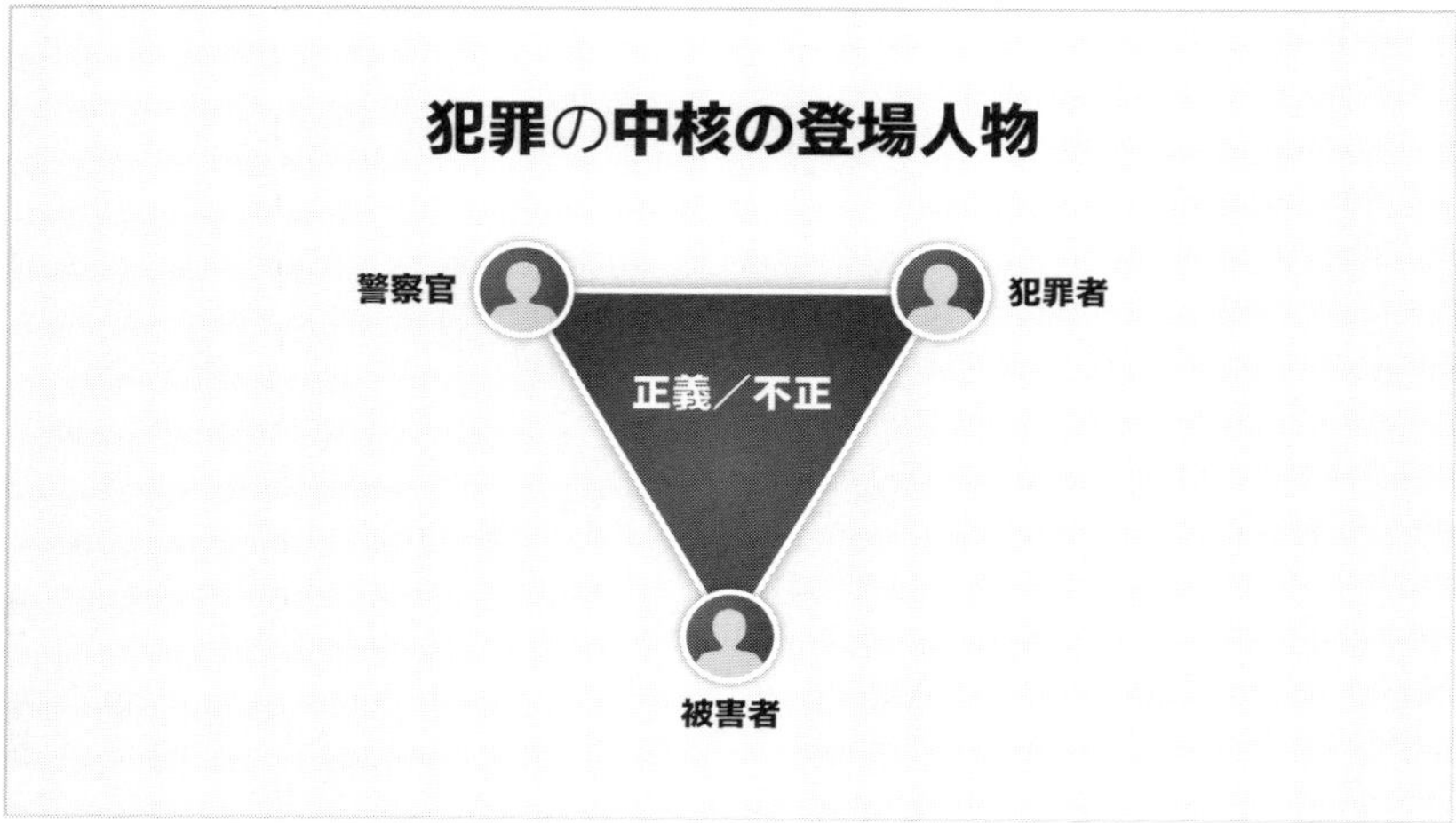

過去二世紀のあいだに、犯罪ジャンルの主人公は強い正義感を持った冷静沈着な名探偵から、確固たる道徳観を持たない、複雑な心理と感情をかかえた男女へと変わってきた（ドラマシリーズ『メア・オブ・イーストタウン／ある殺人事件の真実』を参照）。

2　戦争

- **中核の価値要素**　勝利と敗北
- **中核の登場人物**　兵士、敵
- **中核の出来事**　勝敗を決する戦闘
- **中核の感情**　心を苛む恐怖

軍事戦略が成功するか否かは、実行者の勇気しだいだ。このジャンルでは、恐怖に直面しながらも行動を起こす人物が求められる（デヴィッド・エアー監督の戦争映画『フューリー』〔二〇一四〕を参照）。

戦争の中核の登場人物

3　モダン・エピック

・**中核の価値要素**　暴政と自由
・**中核の登場人物**　暴君、反逆者
・**中核の出来事**　反乱
・**中核の感情**　道義的な憤慨

このジャンルの主人公は暴政と戦う。『ハンガー・ゲーム』（二〇一二）、『スター・ウォーズ　エピソード4／新たなる希望』、ドラマシリーズ『ゲーム・オブ・スローンズ』など、ファンタジー世界を舞台にした作品では、暴君が生き延びることはほとんどない。一方、『スパルタカス』、『ブレイブハート』、ドラマ『The Good Lord Bird（未）』などの歴史を描いた作品では、命を落とすのは主人公のほうだ。

4　政治ドラマ

・**中核の価値要素**　強者と弱者
・**中核の登場人物**　対立するふたつの党派

・**中核の出来事**　権力の勝利または敗北
・**中核の感情**　勝利への渇望

体制内で敵対する者同士が権力を求めて争いだすと、それぞれの派閥の主義主張はもはや無意味になる。政治的な戦いで大きな破滅をもたらす武器は、賄賂や裏切り、そして何より不義の密通などのスキャンダルだ。マフィア同士の抗争を主題とするストーリーの場合、犯罪ジャンルよりもむしろ政治ドラマとの共通点が多い（ドラマシリーズ『ゴッドファーザー・オブ・ハーレム』を参照）。導入部が犯罪、戦争、モダン・エピック、政治ドラマなどの設定に近い物語でも、主人公と敵がヒーローと悪役へ変わって、アクション作品に発展することがある。

5　ホラー

・**中核の価値要素**　生存と断罪
・**中核の登場人物**　怪物、被害者
・**中核の出来事**　被害者の運命が怪物の手中にある
・**中核の感情**　得体の知れない恐怖

ホラーのジャンルは、アクションヒーローを排除し、怪物と被害者の対立や葛藤に焦点をあてる。

アクション作品は興奮をもたらし、ホラー作品は恐怖を引き起こす。アクション作品は読者や観客との感情の距離を安全に保ち、ホラー作品は潜在意識を攻撃する。アクションは力、ホラーは侵略と考えればよいだろう。

アクション作品の悪役は自然の法則に従うが、怪物は超自然的な力で法則を破るか、異常な怪力で法則を曲げる。アクション作品の悪役はナルシストで、ホラー作品の怪物はサディストだ。悪役には自己陶酔の魂が、怪物には邪悪の魂が宿る。富、権力、名声は悪党を満足させるが、怪物は被害者の苦痛から至高の喜びを得るので、痛みを加えて苦しみを長引かせようとする（『エルム街の悪夢』［一九八四］を参照）。

6　社会ドラマ

- **中核の価値要素**　問題と解決
- **中核の登場人物**　社会的リーダー、被害者
- **中核の出来事**　問題が重大局面に至る
- **中核の感情**　道義的な憤り

社会ドラマは、貧困、人種差別、性差別、児童虐待などの社会問題を特定し、主人公による解決策の模索をドラマとして描いたものだ（『ブラック・クランズマン』［二〇一八］を参照）。

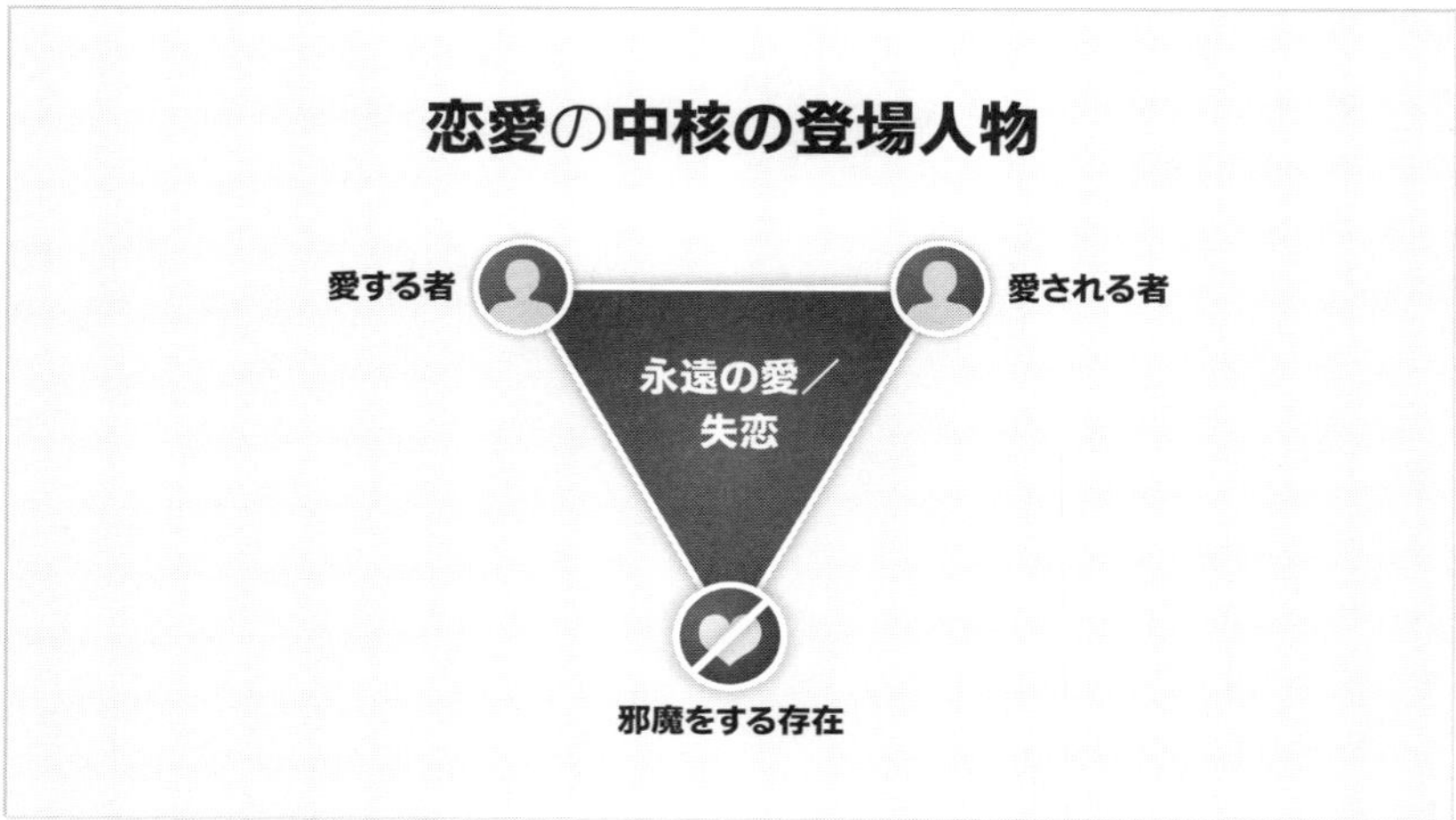

7　出世

・中核の価値要素　成功と挫折
・中核の登場人物　主人公、社会制度
・中核の出来事　職業上の失敗
・中核の感情　成功への渇望

野望をいだく主人公――起業家、アスリート、科学者など――が目標達成をめざして奮闘する（『フォードvsフェラーリ』〔二〇一九〕を参照）。

8　恋愛

・中核の価値要素　永遠の愛と失恋
・中核の登場人物　恋人たち
・中核の出来事　愛の行為
・中核の感情　愛への強い欲求

恋愛におけるさまざまな儀式は、たとえそこにどれほど深い思い入れがあろうと、ただの愛情表現にすぎない。本物の愛による唯一の行為は、匿名の自己犠牲である——承認や見返りを期待せずに黙々とおこなうことで、愛する側は犠牲になるが、愛される側には利益をもたらす。傷つかなければ、ほんとうの愛ではない。ラブストーリーを書くうえでの大きな試練は、これまでにない愛の行為を創作することだ。登場人物それぞれに独特の行為を考え出して、読者や観客の心を大きく動かさなくてはならない。

『レイダース 失われたアーク《聖櫃》』(一九八一)や『マリアンヌ』(二〇一六)など、多くのアクション作品で、ラブストーリーがサブプロットとして用いられている。

9 ホームドラマ

- **中核の価値要素** 結束と分断
- **中核の登場人物** 家族
- **中核の出来事** 家族愛が重大局面を迎える
- **中核の感情** 連帯への強い欲求

ホームドラマの登場人物は、血縁関係があろうとなかろうと、結びついたいきさつがどうであろ

アクション作品の**必須要素**

1. 中核の価値要素　**生と死**
2. 中核の登場人物　**ヒーロー、悪役、被害者**
3. 中核の出来事　**ヒーローの運命が悪役の手中にある**
4. 中核の感情　**興奮**

うと、たとえ互いに愛情を持ち合わせていなくても、その絆を守るために深くかかわり合い、ともにありつづけるために奮闘する（『インクレディブル・ファミリー』〔二〇一八〕を参照）。

10　アクション

- **中核の価値要素**　生と死
- **中核の登場人物**　ヒーロー、悪役、被害者
- **中核の出来事**　ヒーローの運命が悪役の手中にある
- **中核の感情**　興奮

アクション作品における中核の登場人物は、道徳的元型の三角形を形作っている。ヒーローは利他的、悪役は自己中心的、被害者は脆弱というのが基本的特徴である。

これら十の基本ジャンルの下には、複数のサブジャンルが存在する。たとえば、犯罪の場合は十四種類、恋愛

には六種類、アクションには四種類のサブジャンルがある。アクションのサブジャンルと、さらにその下にあるサブジャンル内サブジャンルについては第4部で詳述する。

ジャンルの組み合わせ

ひとつのジャンルのメインプロットに別のジャンルのサブプロットが加わると、その対比によって主人公の複雑さが増す。よくある例は、アクション作品のメインプロットにラブストーリーのサブプロットを組み合わせたものだ。これによって、主人公はアクション作品で求められるたくましさと、恋愛作品に不可欠な軽妙さのあいだを行き来することになる（『ロマンシング・ストーン　秘宝の谷』［一九八四］を参照）。

形式ジャンル

書き手が基本ジャンルを選んでそのなかで執筆をはじめたら、作品内の出来事にひとつの声を与えなくてはならない。形式ジャンルで焦点があてられるのは表現手法の選択だ。作品と最も相性がよい媒体はどれだろうか。映画か、小説か、舞台か。どのような設定が必要なのか。作品の視覚的、

形式ジャンル

1 トーン
2 ミュージカル
3 SF
4 歴史
5 世界観
6 ドキュメンタリー
7 アニメーション
8 自叙伝
9 伝記
10 ハイ・アート

聴覚的な雰囲気に最もふさわしいのはどんな文体なのか。長さやペースはどうするか。時代設定は過去、現在、未来のいつにするのか。以下に示すのは選びうる十の形式だ。このすべてが――ミュージカルさえもが――アクションの物語を表現できる。

1 トーン

トーンには悲劇から笑劇、厳粛なものから風刺のきいたものまで、多くの種類がある。どんな基本ジャンルでも、最初はシリアスにはじまって、軽妙なトーンへ転じ、ふたたび暗い調子にもどってもかまわない。あるいは、その反対もある。コメディからドラマに転じ、またコメディにもどるというように。

2 ミュージカル

どの基本ジャンルでも、歌や踊りを用いることができる。

3　SF

どんなジャンルでも、近未来の世界や、テクノロジー主導の現代や過去を舞台に設定できる。

4　歴史

どんなジャンルでも、過去の時代を舞台に設定できる。

5　世界観

世界観とは物語内の現実のあり方を指す。どんな基本ジャンルでも、ありのままの現実を舞台にすることができる一方、魔法の使われる世界やファンタジー世界、神秘の世界や荒唐無稽な世界など、非現実世界を舞台にすることもできる。

6　ドキュメンタリー

どんなジャンルでも、事実に基づいて語ることができる。

7　アニメーション

どんなジャンルでも、アニメーションとして作ることができる。

8　自叙伝

どんなジャンルでも、回想録としてドラマにすることができる。

9　伝記

どんなジャンルでも、ある人物の生涯としてドラマにすることができる。

10　ハイ・アート

どんなストーリーでも、芸術映画、前衛演劇、文芸作品として作ることができる。アクション作品の場合、ハイ・アートを用いるとハイ・アドベンチャーになる（第22章を参照）。

つまるところ、ジャンルとはストーリーの礎となる型であり、それに基づいて内容と外観が決まる。書き手がジャンルを選ぶのは、作曲家が自分のメロディーにふさわしいのはクラシック、ジャズ、ロック、ヒップホップのどれなのかと考え、つぎにソロにするか、インストゥルメンタルにするか、合奏曲にするか、交響曲にするかを判断するのと同じだ。作家の場合、問いかけはこうなる――自分の思い描くものを最もうまく具体化できるのは、どの基本ジャンルだろうか、そして、それを最もうまく表現できるのは、どの形式ジャンルだろうか。

ジャンルの進化

時代を経るなかで文化は少しずつ発展し、それとともにストーリーテリングも形を変えていく。そのため、作家は世界に向けてアンテナをひろげるかのようにして、観客や読者の受け止め方の変化を察知し、ジャンルの約束事を曲げたり壊したりする。作家は文化や政治の持つ力の変化に応じて基本ジャンルを作り替え、インターネットなどの技術革新に合わせて形式ジャンルに調整を加えなくてはならない。その一例が女性ヒーローの台頭であり、これはめざましい進歩だ。その結果、現代のアクション作品のストーリーは、ほんの十年前と比べて何光年も先に進んでいる。

ひとたびアクション作品の構造と技巧を身につけたら、あとは自分に合う流儀で自由に、ジャンルの約束事を用いたり変えたり無視したりすればいい。アクション作品では、設定も媒体も長さも声も好きに選択できる。創作における重要な決断をくだすのはつねにあなた自身だ。

次章からの四つの章では、そうした選択について検討を進めながら、アクションに不可欠な四つの構成要素——中核の価値要素、中核の登場人物、中核の出来事、中核の感情について考えよう。

2　アクション作品における中核の価値要素

基本ジャンルを構成する四つの中核の要素（登場人物、出来事、感情、価値要素）のなかでも、価値要素こそが各ジャンルの根幹であり、それぞれを明確に区別する。それはジャンルの主題を決めて、その意図を形作るだけでなく、語りに活力をもたらす。

価値要素とは、「真実／嘘」、「愛／憎」、「自由／隷属」など、プラスとマイナスのあいだを変動する対立要素であり、これがストーリーを動かしていく。作品内の出来事を満たすものとしては、絶えず変化する道徳上のパラドックス（「善／悪」）、社会的なジレンマ（「正義／不正」）、個人間の衝突（「忠誠／裏切り」）、内心の激しい葛藤（「正気／狂気」）などがある。どんなストーリーでも、中核にある対立要素が感情の最も深い部分を動かす。これがプラスからマイナスへ、あるいはマイナスからプラスへと変化するたびに、キャラクターは勝利と敗北、安堵と絶望を味わいながら、出来事をクライマックスへ押し進める。

観客や読者が登場人物の生き方を通して価値要素の変化を感じとることができなければ、興味は困惑へ、共感は無関心へとしぼんでしまう。中核の価値要素がなければ出来事は意味をなさず、登場人物は心を揺り動かされない。

アクション作品の中核の価値要素は「生／死」だ。

アクション作品の**中核の価値要素**

＋　生／死　−

生存のための奮闘

この力学が刺激となって、『ギルガメシュ叙事詩』（紀元前二〇〇〇年ごろ）から『００７／ノー・タイム・トゥ・ダイ』（紀元二〇二一年）に至るありとあらゆるアクション作品が生み出された。『オデュッセイア』、『白鯨』、『ダイ・ハード』、『スター・ウォーズ　エピソード４／新たなる希望』などのアクション・ドラマでも、『ガーディアンズ・オブ・ギャラクシー』、『カンフーハッスル』（二〇〇四）、『メン・イン・ブラック』シリーズなどのアクション・コメディでも、中核の価値要素はすべて同じだ。古今東西を通して、アクション作品は差異や多様さに満ちているものの、もうひと息つこうとする奮闘がそこかしこで脈打っている。

犯罪ジャンルでは、不正行為に対する法的な決着が話の中心となり、贖罪の物語では、主人公が道義的に正しく変わっていくさまが描かれる。だが、アクション作品の場合、法的義務も道義的な変化も重んじられない。代わりに、ヒーローと悪役の特徴が対極にあるものとして鮮明に描かれる。ヒーローは法を破ったとしてもヒーローのままであり、悪役はたとえ仲間内で義理堅かったとしても悪役のままだ。この道義的な二極化があるおかげで、アクション作品の作り手は最も興奮を掻き立てるもの、すなわち間近に迫る死を描くことに専念できる。

「生／死」はアクション作品にその存在意義を与える。生存が危ぶまれる状況がなければ、興奮はやがて退屈に変わる。死の脅威がなければ、どれだけ激しい格闘が繰りひろげられようと、アクション作品は空虚な舞踊にすぎない。

アクション作品で描かれる「プラス／マイナス」の中核の価値要素は多種多様であり、引き起こす感情は、アドレナリンが放出される高揚感から愛する者の死への嘆きまで多岐にわたる。そのため、ほかの価値要素がサブプロットとして盛りこまれていることが多いとはいえ、「生／死」の価値要素だけでも長編作品としてじゅうぶん多様な対立や葛藤を生み出すことができる。

3 アクション作品における中核の登場人物

それぞれの基本ジャンルには、必要な出来事をおこなう最小限の数の決まった役柄が存在する。理想的な登場人物の設計では、人間関係や人生そのものに対して同じ姿勢を示す者がふたりいてはならず、対照的な性格や正反対の性格の人物を配することになる。そのため、同じ行動をとる者はなく、出来事への反応もみな異なる。どの人物も、その人らしいやり方でそれぞれの役割を果たす。

よくある例を三つあげよう。

ラブストーリーの中核の登場人物は、愛する者、愛される者、邪魔をする存在の三者だ。主人公のふたりが出会って恋に落ちると、生涯にわたる絆へ向けて親密さが高まっていく。ところが、ある時点で**敵対する力**が割りこみ、恋人たちの互いへの忠誠が試される。この三つ目の力としては、反対する家族、社会、人種、宗教から恋敵まで、数えきれないほどの形がありうる。また、恋人たち自身の内面から否定的な力が生じ、相手に対する心理的、感情的な反発を覚える場合もある。たとえば『ラスト、コーション』(二〇〇七)では、敵対する政治勢力への忠誠が愛し合う者たちの仲を引き裂き、そのうえ命まで奪う。

犯罪ドラマを支える中核の役柄は、警察官、悪役、社会である。警察官は犯罪を捜査し、犯人を特定して逮捕したうえで報いを受けさせようとする。すなわち、社会のために正義をなす。

戦争のジャンルでは、必要な中核の登場人物は兵士と敵の二者だけだ。両者は最後の勝利または敗北の瞬間まで、自陣営の勝利のために命を賭して戦う。たとえば『太平洋の地獄』（一九六八）では、アメリカ人パイロットが撃墜されて無人島に落ち、先に漂着していた日本人兵士と決死の戦いを繰りひろげる。

アクション作品

アクション作品における中核の登場人物は、ヒーロー、悪役、被害者である。

この三者は、悪役が被害者を危機に陥れてヒーローがその被害者を助けるという構図によって、アクション作品のストーリーを形作る。登場人物が表現する独自の精神は、それぞれの立場を明らかにするだけでなく、ほかの二者との関係を対比によって強調する。

ヒロイズム——利他の精神

ヒーローの強さには、スーパーヒーロー（スーパーマン）からアクションヒーロー（ララ・クロフト『ト

アクション作品の中核の登場人物

ウームレイダー』〔二〇〇一〕)、一般人のヒーロー(フィリップス船長(『キャプテン・フィリップス』〔二〇一三〕)まで、さまざまなレベルがある。スーパーヒーローは超人的な力を使って超人的な悪役と戦う。アクションヒーローはみずからの力で人間の悪役と対峙する。一般人のヒーローは特殊技能を持たないが、苦難に耐える意志の力がある。

古典的なストーリーでは、主人公がいくつかの出来事を進めていき、観客や読者が予想だにしない結末、つまり最終的な転換点へ到達する。このクライマックスで、主人公は持てる力の限界まで試される。アクション作品の主人公はそのすべてを実行しながら、ヒーローとしてじゅうぶんな活躍を見せなくてはならない。

ヒーローということばには、勇気や戦う技術以上の含みがある。われわれは手術台で人命を救う外科医の冷静さや、麻薬依存症から子供を守るソーシャルワーカーの思いやりに称賛を贈る。それらの場合、専門家の私生活と患者や子供たちの生活とのあいだには距離があるもの

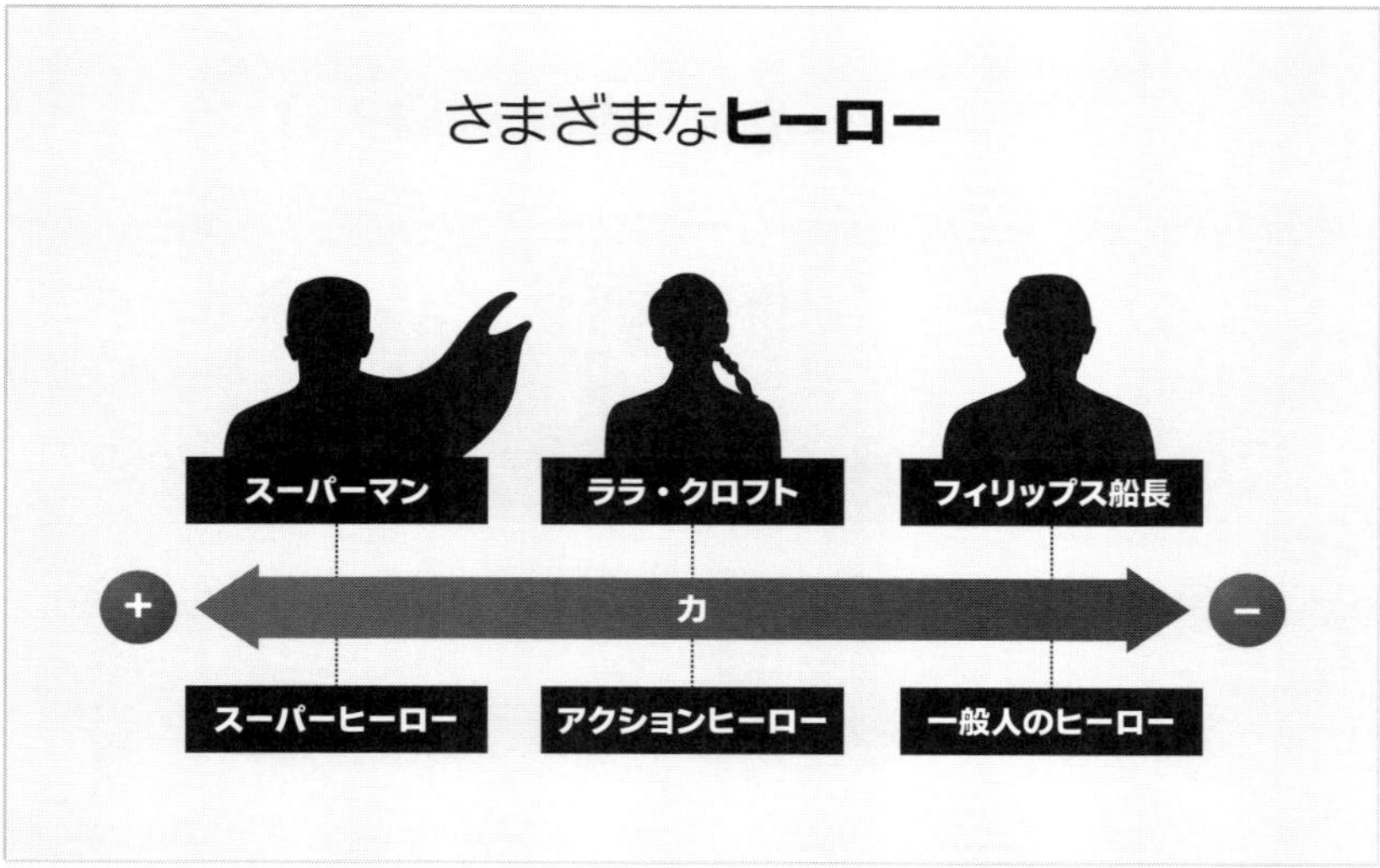

だが、真のヒーローにおいては、そのふたつが交わる。ほかの人間の生活を守るために、自分の生活を犠牲にするのだ。

ホラーのように、高い緊張がつづくジャンルでは、主人公は無惨な死から逃れるために戦う……が、それはほかのだれでもない自分の命を守るためだ。ホラー作品では、観客や読者は恐れおののく被害者に同化することで、恐怖や不安といった感情をいだいて戦慄することが多い。

アクション作品のヒーローが被害者を死の危険から救い出すとき、ヒーローは利他の精神によって勇敢さの極地に達し、観客は感動する。必要とあらばヒーローは、罪なき人々を救うためにみずからの命を投げ出す。この無意識の自己犠牲が、ヒーローをストーリーの善の中心にする。

ヒロイズム――利他の精神

ヒロイズム

勇敢さと戦う技術以上のものを持つ。
ヒーローは**自己犠牲**の本能を示す――**他者を守る**ために**自分の命を賭す**。
観客はヒーローに**共感**する。

善の中心

われわれは架空の世界の出来事を、自分の身に起こっているかのように体験することを求めている。だがそのためには、登場人物の特徴や性格を探って、善と悪、プラスとマイナスを選り分けなければならない。ただ頭で理解するだけでなく、心の底から作品に没入することを望んでいるからだ。登場人物の内面が発するプラスの光を本能的に察知すると、読者や観客はその人物と自分を結びつけ、共感し、同化し、その人生に没入する。この役柄がストーリーにおける善の中心だ。

本能的に善と自分を結びつけるのは、だれもが自分の本質を善と見なしているからだ。欠点があり、改善はむずかしいと自覚していたとしても、意識の奥底では自分には善良な心があると考えている。ストーリーの中心にプラスの性質を持つ主人公を置き、その周囲に主人公より劣っていたり、ぱっとしなかったり、性格が悪かったり、マイナスの性質を持っていたりする登場人物を配すると、主人公の内面から放たれる明るい光が読者や観客の共感を引き寄せ、感情移入を促す。いったん結びつきが生まれると、主人公に起こる出来事を自分のことのように心配したり、喜んだりするようになる。

読者や観客は作品世界に足を踏み入れた瞬間から、そこでの価値要素のあり方を模索しはじめ、プラスとマイナス、正と誤、善と悪をふるいにかけながら、共感を向けやすい安全な場所をさがし求める。

ストーリーの善の中心は、語りの奥深くにあるプラスの価値要素（正義、善、愛）と、それを取り巻くマイナスの価値要素（暴政、悪、憎しみ）の差異を浮かびあがらせる。人間はたとえ欠点があったとしても内心では自分の本質はプラスだと考えているので、マイナスよりもプラスの価値要素におのずと共鳴する。その結果、読者や観客は自分が肯定的に受け止めたものに対して本能的に共感を寄せる。

アクション作品における善の中心は、ヒーローの利他主義だ。ヒーロー自身がひどい目に遭ったとしても、たとえ血まみれになったとしても、この自己犠牲の精神があることで読者や観客は心理的に安全な距離を保つことができ、ヒーローの道徳心の強さにみずからを重ねることができる。そのため、アクション作品の生きるか死ぬかという危機は強い興奮を呼び起こすが、けっしてスリラーの戦慄や、ましてホラーの恐怖に陥ることはない。

具体例を見てみよう。『ターミネーター2』（一九九一）では、悪役のT－1000型ターミネーターとの戦いで、ヒーローであるT－800型ターミネーターは腕がちぎれ、そこから切れたコードが揺れるのが見える。最後はT－800がみずから溶鉱炉へ沈んで犠牲となる。だが、このシーンで観客は目をそむけるどころか、ヒーローの受難と殉死に大きな感動を覚える。

ヒーローの変化

ヒーローの内なる本質が変わることはめったにない。アクション作品のストーリーを動かす出来事はヒーローの外的環境の変化を軸に展開する。最初に死の脅威（マイナス）があり、紆余曲折を経て生（プラス）か死（悲惨なマイナス）かのクライマックスを迎える。ヒーローが身の危険を感じながら選ぶ行動は、本人の内なる本質を明らかにするが、変化させることはない。クライマックスまでの過程で、ヒーローはストーリーの冒頭から本質的に変わっていないのがわかり、最後にその表層の下のほんとうの姿――技量や決断力や知性の高さや、利他の精神の強さをわれわれは深く理解する。

混交もしくは融合ジャンルのヒロイズム

異なるジャンルのストーリーラインが加わると、ジャンルの混交が起こる。アクションのメインプロットと別のジャンルのサブプロットを切り替えながら展開する場合、ヒーローに新たな資質を加えて、より複雑な人間にする必要がある。

よくある混交では、アクションにバディ物の犯罪ドラマのサブプロットが加わっている――『メン・イン・ブラック』、『リーサル・ウェポン』（一九八七）、『ラッシュアワー』（一九九八）などだ。こうした作品の主人公には、ヒーローらしい利他主義という中核に、友情に必要なウィットと献身、さらには捜査の分析能力などが盛りこまれている。

ジャンルの融合では、ひとつのジャンルのストーリーラインが別のジャンルのストーリーラインの結末を決める。たとえば、アクション作品のストーリーがキャラクターの変化を追う六つのプロットのどれかと融合すると、ヒーローが自分の使命を果たそうとするなかで、道徳、心理、人間性がプラスかマイナスかのどちらかに変化する。

たとえば、ディズニーのアニメーション映画『シュガー・ラッシュ』（二〇一二）では、主人公の道徳が悪から善へと変わる。劇中のアーケードゲーム「フィックス・イット・フェリックス」のキャラクターであるラルフは、悪役としての自分の毎日にうんざりしている。ラルフの生きる目的はひとつだけで、それは毎日毎日、ゲームのたびに間抜けな巨漢を演じて、ヒーローの修理家《フィックス・イット》フェリックスに倒されることだ。気力を失ったラルフは、ゲームの悪役たちが集うグループセラピーに参加するが、そこではみな声をそろえて「おれは悪役、それでいい。ヒーローになれないのは悪いことじゃない」と言う。繰り返されるそのことばにラルフは納得できず、ヒーローになろうと別のゲームへはいっていく。

ラルフは「シュガー・ラッシュ」というゲームで消滅の危機に瀕するキャラクター、ヴァネロペに出会い、彼女を助けるために自分の命を投げ出すという、本能的かつ究極の決断をくだす。それによって、見返りを求めない自己犠牲という利他の高みに到達する。ラルフは贖罪プロットの流れに沿って、消極的な悪役から利他的なヒーローに変貌をとげる。〔原注2〕

『ガーディアンズ・オブ・ギャラクシー』では、さらにジャンルの融合を進めて、アクションに贖罪プロットとバディ物（ラブストーリーのサブジャンル）のふたつを組み合わせている。中心的な登場人物たちは無法者の集まりから友情に厚いヒーローの集団に変わり、互いを守るためには身を挺すことも厭わない。

（ことわっておくが、指導者《メンター》はアクションの役柄ではない。『ダイ・ハード』、『ジョーズ』（一九七五）、『ガーディアンズ・オブ・ギャラクシー』の登場人物には、指導者も導き手も存在しない。指導者が支援キャラクター（ストーリーの出来事の成り行きに影響を与える行動を起こす登場人物。ロバート・マッキー『キャラクター』参照）として登場することが多いのは、進化プロットのサブジャンルのひとつである自己形成プロットだ。こうした成長物語とアクションのプロットが融合すると、『スター・ウォーズ』シリーズのレイがルーク・スカイウォーカーとヨーダを必要としたように、主人公を導く存在が不可欠になる）

ジャンルを混交したり融合したりすると、キャラクターの特質が多層的になり、一部の性格がほかの面よりも突出する傾向がある。では、最も重要なのはどの面だろうか。主人公は恋に落ちたヒーローなのか、ヒーローの要素を持ったロマンチストなのか。そのふたりはまったく異なる人間だ。どの面を突出させ、どの面を脇へ追いやるか、そしてそれらが互いにどういった影響を及ぼすのかについては、複数のストーリーラインのバランスをどうとるかが鍵となる。

悪役らしさ——自己中心的な精神

超人的な存在から犯罪者のボスやストリートギャングまで、悪役にもいろいろある。悪役がためらうことなく暴力を振るうのは、被害者の人間性に無頓着だからだ。逆にヒーローは、悪役を含めたあらゆる者の人間性に無関心ではいられないため、力に訴えるのは必要なときにかぎられる。悪役にとっては、ヒーローも被害者も単なる対象物——目的に至るための手段にすぎない。一方、ヒーローにとっては、悪役を含めただれもが単なる対象物ではない。

悪役の範疇には、いじめっ子、犯罪者、怪物などが含まれる。

犯罪ジャンルでは、犯罪者が事件を起こし、発覚しないよう画策する。首尾よくいけば、日常生活にもどることができる。したがって、理屈の上では、犯罪者は買収が可能だ。社会がじゅうぶんな富を与えれば、わざわざ盗みや人殺しに手を染めたりしない。

スリラーの悪役は人格のゆがみからサイコパスとなっていることが多く、買収できない。妄想にとらわれているせいで、金に関心がないからだ。他者に与えた痛みの度合いに応じて喜びが増大する。

悪役の領域の最も遠い端にいるのは、ホラー作品にひそむ怪物だ。この生き物は妄想をいだかず、悪意は明確で純粋だ。犯罪者は被害者に苦痛を与え、サイコパスは悪夢を与えるが、怪物は悪夢そのものだ。アクション作品の悪役は、犯罪者／サイコパス／怪物と並ぶ領域のいずれかに位置する。精神疾患に関する専門家の資料によると、社会病質者《ソシオパス》はこう定義されている――「尊大で自己中心的であり、みずから特権を与えられていると考えている。自分が重要な存在だという傲慢で肥大化した意識があり、おもな動機づけとなるのは自分本位の目的である。他者を支配するために、操り、搾取し、惑わし、だまし、利用する。冷淡で、他者の欲求や感情に対しては、自分のものと一致しないかぎりほとんど共感しない。目的にかなう場合には、表面的な魅力を発散したり迎合したりもできる」。ここにあげられた特徴は、グリム童話『赤ずきん』に登場する大きな悪いオオカミにも、『アベンジャーズ／エンドゲーム』のサノスなどの悪役にも見られる。

アクション作品の悪役は、病的な精神状態にあるせいで、世界じゅうの人々が自分の足もとにひれ伏すべきだという誇大妄想をいだく。ヒーローは他者のために自分を犠牲にするが、悪役は自分のために他者を犠牲にする。

だが、アクションのジャンルには限界がある。アクション作品の被害者は悪役に命乞いをする。それはごく自然な欲求だ。ホラー作品になると、被害者は怪物に死なせてくれと懇願する。不自然ではあるが、悪の力への反応としては筋が通る。怪物がもたらす苦痛のすさまじさゆえに、死ぬことが救いに感じられるからだ。怪物は著しい危害を加えるだけでなく、被害者が苦しむさまをながめて楽しむ。

怪物の精神はサディズムだが、アクション作品の悪役の場合、核となる自己愛がストーリーを前

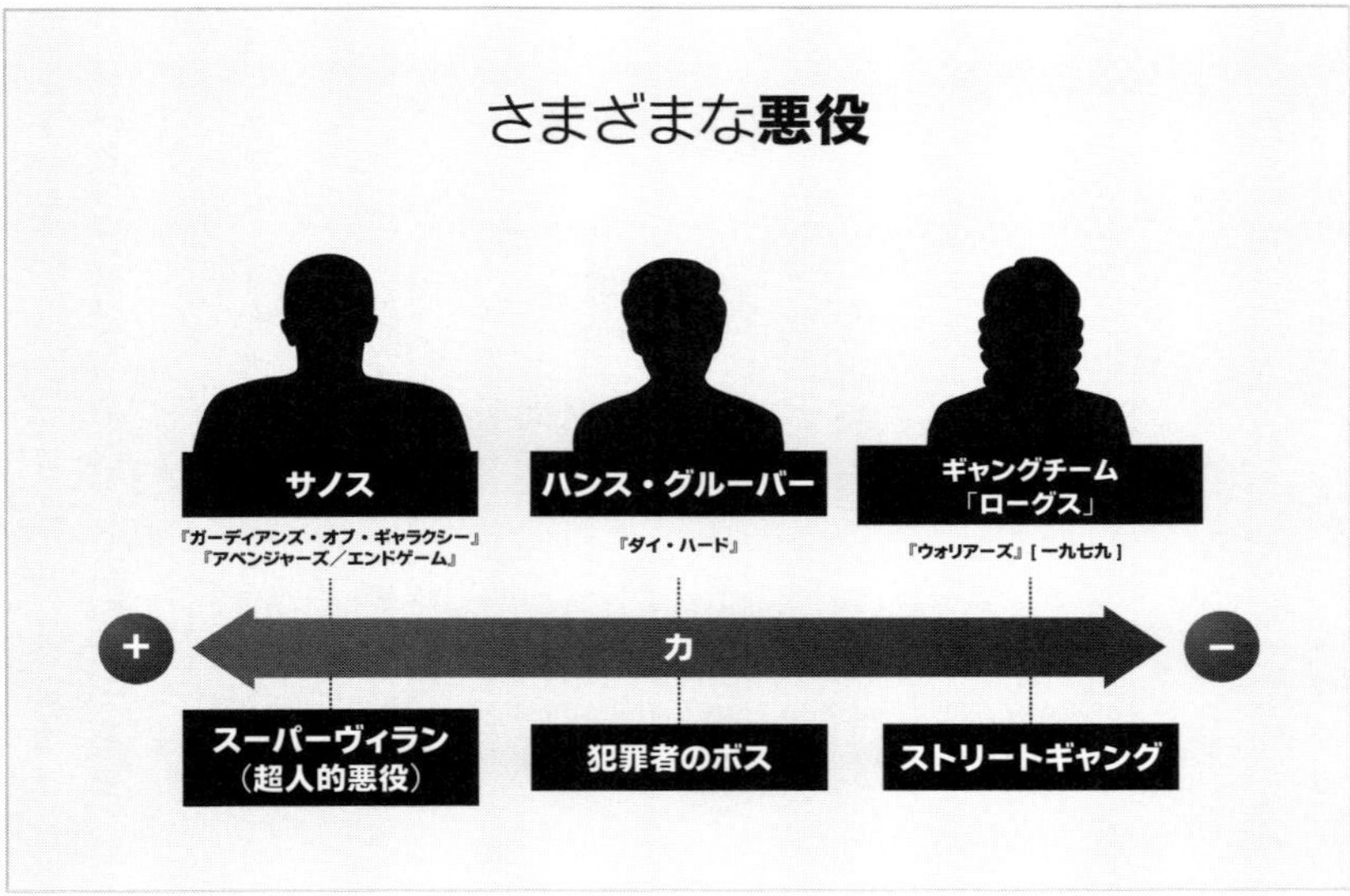

進させる。悪役は自分の行為で人が苦しむ姿にしばしの喜びを得ることがあり、ある意味で理不尽や冷淡に見えることすらあるが、心の奥底には強い自己愛がある。すべての中心は自分自身とその企てだ。

　犯罪物の犯人とはちがい、アクション作品に登場する悪役は買収できない。悪役には人生そのものと言うべき企みがあり、それは自分の存在よりも大きく完璧な計画だ。その策略は不透明で謎が多く（そうでなければ、ただの違法行為だ）、桁ちがいに破壊的でもある（そうでなければ、ふつうの警察官でも対処できる）。

　悪役がみずからの欲求に従って計画を実行すると、ハイジャック機に乗り合わせた人質、空爆下の民間人、人工的に作り出された疫病の感染者など、被害者がおのずと生まれる。悪役の望みがなんであれ、代償を払うのはほかの人々だが、悪役にすればそれは当然のことだ。自分

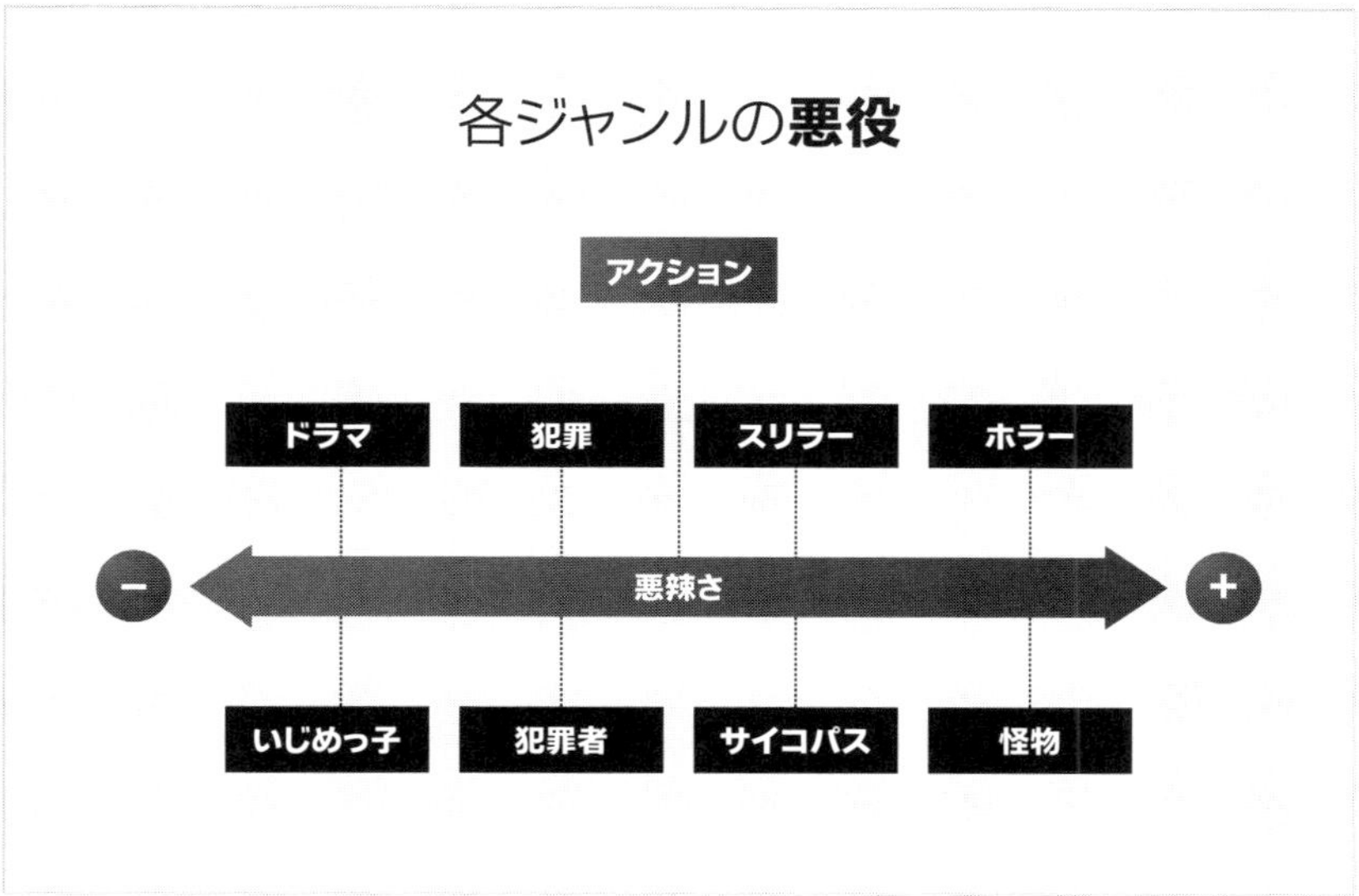

各ジャンルの**悪役**

はヒーローよりも何枚も上手で、自分の大義は被害者の命よりも尊い。だれが邪魔立てできるというのか、と。

悪役はともすれば自分を社会の不公正と戦う正義の殉教者や犠牲者と見なし、崇高な大義を説くことでみずからの悪事を正当化する。だが、生死のかかった重圧下の選択によって、そのほんとうの特質が見えてくる。悪役が悪役であることをさらけ出すのは、つねに他者よりも自分を優先し、それらの行為をこう考えて弁護するときだ――「わたしの望みは絶対だ。それをかなえるためなら、ほかの人間は使い捨てにしてもいい」。

まとめてみよう。悪役の虚栄心はヒーローの利他主義を対比によって強調し、両者の道徳が対極にあることを示す。作家は悪役に命を脅かす役目を課し、被害者には自分を救う力を与えず、ヒーローには悪役を倒して被害者を救う必

悪役らしさ——自己愛の精神

悪役

悪役は**自分のために他者を犠牲**にできる。
悪役の**虚栄心**はヒーローの**利他主義**と対をなす。
誇大妄想を示すことが多い。
観客や読者は悪役に対して**反感**を覚える。

然性を与える。ヒーロー／悪役／被害者は一体となって、アクション作品を動かす三角形の関係を作りあげている。

被害者の特性——脆弱な精神

脆弱な被害者は、さまざまな役柄で表現される。子供、恋人、家族、小さな町、国家、地球、さらには宇宙全体ということもある。被害者は不可欠の存在だ。被害者がいなければ、ヒーローはヒーローになれず、悪役は悪役になれない。個性的で現実味のある被害者は、ヒーローや悪役同様にアクション作品に欠かせない。

表現豊かに描かれた脆弱さがなければ、アクション作品は成り立たない。被害者が反撃して勝利したら、悪役の威嚇はどうなってしまうのか。被害者が自分の身を守れるなら、ヒーローは何をすればいいのか。だが、作家が被害者の心理を深く突きつめて、その脆弱さをきわめて複雑に描けば、悪役は魅力ある悪役に、ヒーローは印象的なヒーローになり、こ

被害者の特性——**脆弱**な精神

被害者

被害者は**自分を救う能力**を持たない。
脆弱だが、**臆病**とはかぎらない。
観客や読者は被害者に**好感**を持つ。

のジャンルは豊かになる。

脆弱だからといって、被害者が臆病だとはかぎらない。ただ、自分では自分を救うことができないだけだ。勝ち気な子供は悪役に対して執拗に抵抗するかもしれないが、どれほど独創的で深みのある筋書きを作家が考えついたとしても、脱出を実行するには身体能力が足りない。ヒーローの利他主義が観客や読者の共感を誘うのと同様に、表現豊かに描かれる被害者の脆弱さは好感を引き寄せる。ちがいはこうだ。われわれがヒーローには共感し、一体化さえするとき、その姿のなかに自分を見つけ、「このヒーローは自分のようだ。だから、もし自分が同じ立場になったら、きっと同じことをする」と考える。しかし、被害者には自分を重ねたりしない。被害者に対する感情は「自分のようだ」ではなく、ただの好感や同情だ。そして、こう考える。「この被害者は弱い。自分がこの場にいたら救ってあげるのに。この人には自分が必要だ」と。ヒーローは共感を誘い、被害者は好感を引き寄せ、悪役は反感を買う。

4 アクション作品における中核の出来事

中核の出来事にはジャンルの精髄が表れる。この重大な転換点では、ジャンルの中核の価値要素が最も力強く表現され、中核の感情もきわめて強く喚起される。それに加えて、登場人物を読み解く鍵となる問いの答ももたらす。登場人物の奥底に隠れているのはどんな人間か。だれが道徳的で、だれが非道徳的か。意志が弱いのか、頑固なのか。勇敢か、臆病か。頭がいいのか、悪いのか。衝動的か、冷静か。

中核の出来事はそこまでに張られたすべての伏線を回収し、その後に起こるあらゆる出来事の伏線を張る。モダン・エピックの幕あけを告げる反乱のようなストーリーの契機事件の形をとる場合もあれば、戦争物の最終決戦のようなストーリーのクライマックスになることもある。犯罪ドラマであれば犯人の特定が物語の軸となるが、この転換点は物語の最初に来ることも後半に訪れることもある。『アイリッシュマン』（二〇一九）の主人公フランク・シーランのように逮捕を免れる犯人もいるが、犯人の正体がまったくわからないままの作品はない。だれが犯人かを明かさない犯人あて作品《フーダニット》は、それ自体が犯罪だ。

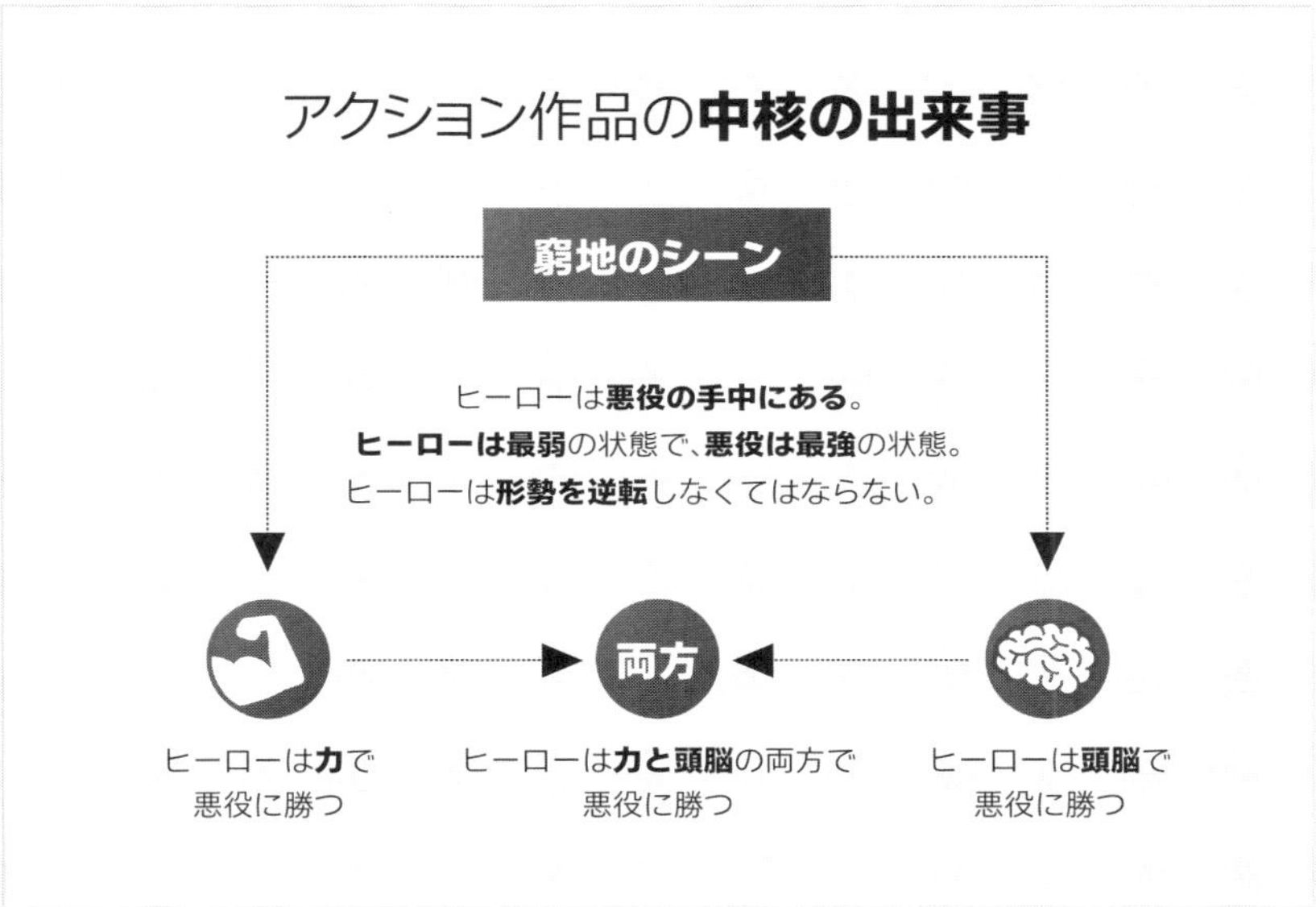
アクション作品の中核の出来事
窮地のシーン
ヒーローは悪役の手中にある。
ヒーローは最弱の状態で、悪役は最強の状態。
ヒーローは形勢を逆転しなくてはならない。
両方
ヒーローは力で
悪役に勝つ
ヒーローは力と頭脳の両方で
悪役に勝つ
ヒーローは頭脳で
悪役に勝つ

窮地のシーン

アクション作品で緊張が極限まで高まるのは、ヒーローが悪役の手中に落ちる瞬間だ。この窮地のシーンでは、主人公は武器を持たずどうにもならない状態にあり、悪役は豊富な武器を背景に最強の状態にある。そのなかでヒーローはどうにか形勢を逆転し、勝利をおさめなくてはならない。

緊迫感を生み出すエネルギーを最大限に高めるために、このシーンでは必要なだけ時間を止めることができる。ヒーローはここまでは悪役に殺されずにすんでいたが、この凍りつくような瞬間、無防備に壁際に追いつめられて、悪役の勝ち誇った笑みを見あげるしかない——何もかもがもう終わったかに感じられる。

窮地のシーンでは、こんな疑問が生じるだろう。チャンスが訪れたとき、悪役はなぜヒーローをすぐに殺さないのか。その答は悪役の弱点にある――自己陶酔だ。虚栄心に駆り立てられた悪役は不運なヒーローを見おろして悦に入り、勝利の喜びに浸って、たとえば情報への関心やサディスティックな快楽のために、ヒーローを拷問にかけずにはいられない。

ヒーローの苦痛が増すにつれて、緊張は高まる。最高潮に達するのは窮地のシーンで対決の決着がつくぎりぎりの瞬間、悪役がヒーローにとどめの一撃を加えようと狙いを定めて武器を構えるときだ。ヒーローはどのようにして一瞬のうちに敗者から勝者に変わるのか。方法は三つある。力でまさるか、頭脳でまさるか、その両方かだ。

悪役に力でまさるためには、ヒーローは悪役の強みを把握し、それを梃子にして相手を倒さなくてはならない。力と力の戦いだ。格闘系の映画では、もっぱらこの手法が用いられる。中華圏の文学にはアクション物の傑作が多く、そのひとつが『射鵰英雄伝《しゃちょうえいゆうでん》』だ。作者の金庸は英雄譚に戦争・政治・恋愛などのジャンルや進化プロットを混ぜ合わせていて、登場人物たちは武術と心理的洞察の両方を使って悪役を倒す。

悪役に頭脳でまさるためには、ヒーローは悪役の弱点を見つけ、そこを攻めることで打ち負かす。多くの場合、強すぎる力や途中で止められない勢いが弱点となり、ヒーローは柔道の返し技のように苦境から勝利へ一気に転じる。また、悪役の最もよくある欠点は傲慢さだ。勝利を手にしたと思いこんだ悪役は、急に注意散漫となって隙を見せる。

『ダイ・ハード』の窮地のシーンでは、ヒーローは頭脳と力の両方で悪役をしのぐ。まずは頭脳で勝利する。血まみれで両手をあげた主人公のジョン・マクレーンは、即興でみごとな一手を繰り出す。悪役ハンス・グルーバーと手下のエディに対峙する局面で、突如としてその状況のばからしさを大声で笑いだし、ふたりの気をそらすのだ。悪役が同じくおかしさに気づいて笑い声をあげると、マクレーンは背中にテープで貼ってあった銃をつかんで力で優位に立ち、エディを殺してハンスに傷を負わせる。そして、ヒーローと悪役の緊迫したやりとりのあと、ハンスをナカトミ・プラザの三十階から落とす。

窮地のシーンの伏線

物語に登場する時点で、ヒーローには味方となる人や物が存在する。ヒーローを窮地に陥らせるためには、出来事が進むなかで武器や仲間を奪い、無防備で孤立無援の状態にしなくてはならない。事前にヒーローの強さを示せば、力を徐々に失って危機に陥る過程の効果と衝撃を高める。ヒーローが力を失うと、それに比例して悪役の力は大きくなり、最後の窮地のシーンでの対決へ向けた準備が整う。

配置

窮地のシーンでは、アクションの約束事である四つの中核の価値要素（「生／死」）、感情（興奮）、登場人物（ヒーロー／悪役／被害者）、出来事のすべてが、ひとつの転換点のなかで究極の形として表現される。そのため、書き手は最高のものを最後にとっておき、『ダイ・ハード』のようにストーリーのクライマックスにしようと考えがちだ。しかし、その必要はない。

このシーンを最後から二幕目の締めくくりとして配置し、最後のクライマックスのお膳立てをすることも可能だ（『００７／スカイフォール』〔二〇一二〕）。窮地のシーンを契機事件にしてストーリーを開始し、その先は非常に複雑なアクションを満載にする例もある（『ザ・レイド』〔二〇一一〕）。きわめて珍しいが、ヒーローが形勢を覆せず、敵が勝利をおさめるパターンもある（『パーフェクト　ストーム』〔二〇〇〇〕）。窮地のシーンは、作品の世界と登場人物に最もふさわしいと感じられる場所で使うべきだ。

不出来な窮地のシーン

観客や読者は、自分の好きなジャンルの中核の出来事に強い思い入れを持っている。窮地のシーンがなかったり、その出来に納得できなかったりした場合は、強盗に遭ったかのようなショックを

アクション作品の**中核の出来事**

不出来な窮地のシーン

- ✕ 悪役の不在
- ✕ アキレス腱
- ✕ よくある注意のそらし方
- ✕ 偶然
- ✕ 土壇場の救いの手

受ける。失望した正確な理由を認識していなくても、不出来なものは不出来だとわかるものだ。

窮地のシーンは、アクション作品を書くうえで解くべき最難関の暗号だ。独創的で鮮やかな機転が求められる。そのため、過去の作品には期待はずれも多い。失敗に終わった手法はつぎのようなものだ。

1 悪役の不在

力や知能を使えば手下は難なく倒せることをだれもが知っている（『ジョン・ウィック』シリーズ［二〇一四〜］を参照）。ヒーローの始末を子分にまかせれば、形勢の逆転はトランプの手品のように簡単だ。その結果、窮地のシーンは平板になり、読者や観客はこう思いはじめる。「悪役が立ち会わなくてよいほどのどうでもいいシーンを、なぜわたしは観なきゃいけないんだろう？」

窮地のシーンの裏の目的は、重圧下のヒーローの並はずれた冷静さと、悪役の自己中心的な盲目さが対極にあると示すことだ。そのためには、ヒーローと悪役を直接とはいかないまでも、せめて電子通信によって対峙させる必要がある。

2　アキレス腱

作家が自分で生み出した悪役の裏をかく手立てに窮した場合、この中核の出来事の状況を覆す手がかりとして、見え透いた欠点や弱点を悪役に用意しがちだ。当然ながら、ジャンルに精通した読者や観客は、窮地のシーンでそれがアキレス腱となるよりもはるか前に気づき、「そうなると思った」と嘆く。

3　よくある注意のそらし方

気をそらして敵を出し抜くという手は大昔からあるので、「危ない、後ろを見ろ」や「おい、靴紐がほどけてるぞ」といったクリシェをいたるところで見かける。

4　偶然

偶然起こる幸運についても同じことが言える。外の通りでたまたま車がエンジンのバックファイアを起こし、それを悪役が攻撃を受けたと勘ちがいして窮地のシーンから逃げ出す、といったものがその例だ。

5　土壇場の救いの手

ラテン語の「デウス・エクス・マキナ」ということばは、二千五百年前のアテネやローマの舞台を起源とするプロットの仕掛けを指す。古代の劇作家たちはいい結末を思いつかなかったとき、舞台上に突如として神を降臨させて、主人公のかかえる問題を解決させた。この全能の神を演じる役者は一段高い壇にいて、天国からやってくるかのようにロープで舞台におろされた。そのときに用いられた滑車つきのロープがデウス・エクス・マキナ――「機械仕掛けの神」――の語源となった。

現代の創作では、作家が自分の筋書きに収拾をつけるために用いるお粗末な外的要因もデウス・エクス・マキナに含まれる。陳腐なアクション作品では、ヒーローを救い出すのは文字どおりの神でなく、「相棒仕掛け」、「恋人仕掛け」、「幸運仕掛け」、「悪役の仲間内の裏切り者仕掛け」の神がその代わりを果たす。

安易な手段によってヒーローや悪役による大いなる決断や行動の機会を消し去れば、アクション作品のストーリーは骨抜きにされ、観客や読者からこのジャンルの中核の感情である興奮を奪うことになる。

5 アクション作品における中核の感情

感情は変化の副作用だ。成功で失敗の埋め合わせをする、安心感で危機感を鎮めるというように、人生を決定づける価値要素が均衡を保っていれば、人は落ち着いて理性的に日常を過ごすことができる。だが、人生の価値要素に急な変化が生じてその均衡が崩れると、感情が一気にあふれ出す。たとえば、仕事の状況がマイナスからプラスへ動く（プロジェクト上の問題が解決する）と、ドーパミンやセロトニンといった幸せホルモンで上機嫌になる。人間関係がプラスからマイナスへ変わる（親友に裏切られる）と、ストレスホルモンが分泌されて、怒り、不安、悲しみなどの感情が湧く。

感情と意味

実生活では、感情と意味が同時に訪れることはない。まずは感情、つぎに意味がやってくる。予想外の出来事で人生のバランスが崩れると、激しい感情に襲われる。事態が収束していくうちに、出来事の原因や変化の理由について考えられるようになる。

たとえば、旧友に突然侮辱されて友情が終わったとしよう。その衝撃とつらさで、何日も何週間も、なぜそうなったのか、自分がいったい何をしたのかと思い悩むだろう。

歳月とともに、思考の積み重ねが人生に対する知識を深める。将来同じようなことが起こったとしても、感情が起こす反応は弱まり、以前より的確に対処できる。人間や自分自身についてなんらかの知見を得たということだ。つまり、人生経験のパターンはこうだ——最初に感情の反応が起こり、つぎにその意味を見いだそうとつとめる。

架空の物語では話がちがう。日常で起こる事件はたいがい生々しく複雑で、その意味を理解するのに時間がかかる。一方、ストーリーの転換点はわれわれを驚かせて、瞬時にして頭のなかを直感のひらめきで満たし、過去のさまざまな背景に埋もれていたその出来事の原因を瞬時に理解させる。同時に、それまでのいきさつや遠因が垣間見え、プラスであれマイナスであれ、怒涛のような感情のエネルギーにわれわれは呑みこまれる。

『アイアンマン』(二〇〇八)では、大企業の社長である主人公トニー・スタークに対する副社長オバディア・ステインの裏切りが明らかになると、観客は頭のなかでそれまでの伏線を一気に振り返り、一瞬にしてステインの冷徹で貪欲な野心を理解する。

この感情と意味の融合こそが、芸術体験と日常体験の大きなちがいである。すばらしい楽曲に耳を奪われたり、みごとな彫刻に視線が釘づけになったりするとき、われわれの内面の本質の側面——思考と感覚——がつながって、それぞれの深みにふれ、日常では顧みることのないさまざまなものを形作る。日々の生活によって切り離された理性と感性というふたつの領域を、芸術作品はひとつにする。簡単に言えば、芸術は感覚に意味を与える。

共感と距離

ストーリーテラーにとって、意味のある感情体験を与える要となるものは共感だ。登場人物への思い入れがなければ、観客や読者は大筋の流れをつかめたとしても、ただ椅子にそっくり返って冷ややかに傍観するだけになる。出来事の裏にあるいきさつや遠因と、出来事による変化で起こる感情的な衝撃とを結びつける転換点の力を生かすには、読者や観客が主人公のなかに共通する人間性を見いだす必要がある。

『アイアンマン』の観客がトニー・スタークに感情移入していなければ、オバディア・ステインの裏切りは筋が通っていると思うだけで、心を乱すことはないし、ましてつぎはどうなるのかと案ずることはない。

前にもふれたとおり、アクション作品で善の中心となるのは、ヒーローの利他主義——自己犠牲的な性向だ。観客や読者がアクション作品の世界に足を踏み入れた瞬間から、潜在意識はこうささやきだす——「このヒーローは自分と同じく、被害者のために捨て身になれる心ある人間だ。だから、行動を起こし、成功してもらいたい。自分がヒーローの立場なら、同じことをするはずだから」。利他主義に同化し、ヒーローの空想上の成功に向けて声援を送ることで、読者や観客は実生活で目標に向かう自分自身を間接的に応援している。この感情移入という行為がやり場のない感情を解放し、興奮の波を味わわせてくれる。

興奮——アクション作品の中核の感情

中核の感情とは、観客や読者がストーリーを味わう際に不可欠な感覚や体験のことだ。たとえば、ラブストーリーでは、愛への憧れが涙を誘う。スリラーでは、冷酷な犯罪者のもたらす死へ主人公が近づくにつれて、中核の感情である緊迫感が強烈に高まる。ホラーでは、無慈悲な魔物の足もとで被害者が無防備に身をすくませるとき、恐怖心が燃えあがる。

一方で、アクション作品の悪役は怪物ではないことが多く、善の中心は怯える被害者ではなく勇敢なヒーローだ。その結果、生と死、危険と安全というように、緊張状態が目まぐるしく移り変わり、それ自体が読者や観客の喜びとなる。急降下するジェットコースターに乗っているかのように、安全ベルトでしっかり固定されながら大惨事の衝撃を味わうのだ。矛盾しているようだが、この危険と安全の二面性、恐怖と喜びの同時性こそが、アクション作品の中核の感情——興奮——を生み出す。

ジョークで生まれる滑稽さや、悪役の凶行による巻き添え被害への怒りなど、興奮にほかの感情が混じることは少なくない。こうした感情は作品を豊かにするものの、興奮がないアクションは牙のないティラノサウルスのようなものだ。

興奮の度合い

目を血走らせ、顎から唾液をしたたらせてうなる猛獣に興奮を掻き立てられるのは……そこが動物園で、猛獣は檻の向こうにいて危険が及ばないからだ。しかし、もしその獣が檻から抜け出したら、だれもが悲鳴をあげて一目散に逃げるだろう。つまり、興奮の度合いは脅威との距離に応じて変わる。危険が少しずつ（あと数秒、あと数センチと）近づくにつれて、興奮はいっそう増す。悪の脅威が強力になるほど、そして鮮やかに生々しく描かれるほど、興奮もまた増幅される。

巧みに語られたアクション作品のストーリーは、興奮を高めては落とし、つぎにいっそう高めるというように興奮の度合いを変化させる。最も一般的なのは、ストーリーの冒頭を強い興奮ではじめ、いったん和らげて力を蓄えたあと、何度か上下を繰り返しながらクライマックスの最終対決へ雪崩れこむというパターンだ。

興奮を急上昇させるには、つぎの五つの方法がある。

1　権威に抗う

社会制度の頂点に立つ者には権威が生まれる。権力者は命令をくだし、ほかの人々はそれに従わなくてはならない。この力が濫用されるとき、それに立ち向かう者とその戦いに人は興奮を覚える。

興奮を引き起こす五つの**技巧**

1. **権威**に抗う
2. **未知**を探る
3. **障壁**を乗り越える
4. **制約**を克服する
5. **禁忌**を破る

2 未知を探る

真っ暗な部屋で目を見開く子供のように、見えないものに対する恐怖は痛いほどの不安をあおる。フィクションの世界でも、キャラクターたちは未知のものに対する不安で押しつぶされそうになるが、外の世界の安全な場所から鑑賞すれば、それは胸躍る興奮に変化する。

3 障壁を乗り越える

もう少しで目標に到達できるときに、登場人物の前に壁が立ちふさがると、怒りという副作用が当然起こる。だが、観客や読者の立場から見ると、主人公がさまざまな困難に直面し、目の前のゴールから遠ざかるにつれて、その場面は強い興奮で満たされる。

4 制約を克服する

同様に、物理的な制約や時間の制約もある。タイムリミットが迫るなか、踏破しなくてはならない山がますます険しくなるとき、刻一刻と時間が過ぎ、岩場で足を踏みはずすたびに興奮が喚起される。

5 禁忌を破る

禁忌（タブー）も行動に制約を与える。そこには神聖さが付きまとい、その神聖さは文化によって強められる。禁忌を犯すことは、雷を落としてみろと神に挑むような一種の冒瀆だ。その不敵さが興奮を誘う。

例――『逃亡者』（一九九三）

この映画の最初のいくつかのシーンでは、この五つの技巧の最後を除く四つを使って興奮の大攻勢をかけている。

殺人犯の濡れ衣を着せられて死刑を宣告された主人公リチャード・キンブルは、ほかの囚人とともに護送バスで刑務所へ向かう。突然、ほかの囚人が逃亡しようとする（技巧1）。バスは崖を転がり落ちて線路の上で止まり、そこへ列車が迫りくる。時間のないなかで、キンブルは護送官の命を救い、間一髪で衝突に巻きこまれずにすむが、列車は脱線する（技巧4）。

キンブルは山のなかを走って逃げ、連邦保安官と保安官補がその後を追う（技巧1）。保安官たちは幹線道路でキンブルの姿を見失う。キンブルはひそかに迷路のような排水トンネルに逃げこんでいた（技巧2）。保安官はそれに気づくが、ふたたび行方を見失い、また発見する（技巧3）。ついにキンブルは、はるか下方にダムの放流口が見える崖っぷちに追いつめられる。保安官が投降を呼びかける（技巧1）が、キンブルは決死の思いで川へ飛びこむ（技巧4）。

結論——約束事とクリシェ

基本ジャンルが進化するなかで、設計上の論理に刺激されてジャンルごとに特有の設定、役柄、出来事、価値要素が生まれた。時が経つにつれて、観客や読者はそうした要素を特定のジャンルや型のストーリーに不可欠な約束事であると見なして心待ちにするようになった。戦争物には戦場（設定）、ラブストーリーには恋人たち（役柄）、犯罪物には犯罪（出来事）が必要であり、アクション作品の場合、それは生か死か（価値要素）というリスクだ。

いまもつづくこうした特徴は作家を縛るものではなく、絶対に失敗しないレシピでもない。約束事とは、ストーリーの主題を提示し、さまざまな創意の可能性に沿って好奇心を集めるためのものだ。ところが、すぐれた作家がこうした要素を巧みに表現して一定の完成度に達すると、その手法は何度も何度も何度も模倣される。やがて、予想のつきやすい空虚でつまらないものになる——すなわちクリシェだ。

古典的なクリシェ

ラブストーリーでは、恋愛関係を求める孤独なふたりが中核の登場人物だが、出会いのサービスを通して知り合うなら、それはクリシェだ。

犯罪物では、「正義/不正」が中核の価値要素だが、不正の描写が路地裏の死体からはじまるなら、それはクリシェだ。

戦争物では、最終決戦が中核の出来事だが、戦闘部隊が包囲されるなら、それはクリシェだ。

アクション作品では、悪役が中核の登場人物だが、その人物が腐敗しきった世界的企業の堕落しきった社長で大富豪なら、それはクリシェだ。

アクション作品を台なしにするクリシェは、何十年、何百年前にはじめて使われた時点では、どれもジャンルの約束事の意義を深める斬新で独創的な選択だった。それがあまりにみごとだったので、怠惰な作家たちが何度も使いまわしてすっかりくたびれてしまった。

クリシェとは無縁のアクション作品を書くには、まずこのジャンルの中核の約束事への理解を深め、それぞれの要素の本質的な意図に深い敬意を向けることだ。つぎに、自分のストーリーの設定、社会、歴史や主要な登場人物について調査をおこない、自分が書こうとしている主題について膨大な知識を得よう。第三に、想像力を駆使して知りえた情報を掘りさげ、ひろげよう。その困難な作業によって創作上の選択肢が増え、それをもとに特異な設定の世界に生きるキャラクターならでは

約束事とクリシェ

ジャンル	約束事	クリシェ
ラブストーリー	**中核の登場人物** 恋人たち	✖ シングルズバーで出会う
犯罪ドラマ	**中核の価値要素** 正義／不正	✖ 路地裏の死体発見で幕があく
戦争物	**中核の出来事** 戦闘	✖ 主人公の部隊が包囲される
アクション作品	**中核の登場人物** 悪役	✖ 悪役は腐敗した多国籍企業の社長で大富豪

の行動を生み出せるだろう。最後は、自分が思い描いたとおりにそれぞれの場面を作ろう。

たとえば、ある種の窮地のシーンでは、主人公がだれも予想しなかった方法で敵を出し抜いたり打ち負かしたりするが、そのときのヒーローの行動は過去の出来事から見て完全に筋が通っていなくてはならない。

まずは、唯一無二の悪役について調査し、想像力を働かせよう。力と頭脳でヒーローに倒される役柄だが、たやすくは打ち負かせない魅力的で恐ろしい悪役だ。第二に、立場を変えてヒーローの視点に立ち、自分の創作した人物を倒そう。いんちきはなしだ。悪役についてじっくり考え、隠れた弱点を掘り起こす。前のほうの場面では強みに見えたが、心理的な盲点をヒーローが弱点だと見抜くかもしれない。あとはその知識を使って独創的な手立てを考案するだけだ。

第2部　アクション作品の登場人物

役柄と登場人物

第3章では、アクション作品を構成する中核の登場人物――ヒーロー、悪役、被害者――と、それぞれの性質――利他主義、自己中心主義、脆弱さ――について考察した。しかし、これらの役柄は（少なくともまだ）キャラクターではない。役柄はストーリーの社会秩序における一般的な立場（母親、上司、芸術家、弁護士、一匹狼）を担い、それに応じた役割（子供に食べさせる、従業員を管理する、キャンバスに絵を描く、依頼人を弁護する、他人を避ける）を果たすにすぎない。まっさらなキャンバスを囲む額縁のように、役柄は独自の創作物を描きこむための空白のスペースを作家に差し出す。

ヒーロー、悪役、被害者がストーリーに登場するとき、それぞれが親、科学者、兵士、警察官など、その役柄にふさわしい役割を引き受ける。役柄がそのつとめを果たすなかで、ほかの登場人物との関係が固まっていく。性格のなかに互いに矛盾する側面がふたつあると、その人物にひと組の対立要素が生まれる。こうした対立要素が増えるにつれて、平板な役柄は重層的になり、よくある設定から個性的なキャラクターへ変わっていく。

6　アクション作品における三つ巴

性格描写と実像

性格描写とは、ある役柄の年齢、性別、服装、ふるまい、声など、読者や観客の目と耳を通して伝わる身体的、外見的な特徴のことだ。**実像**とは、ある役柄の道徳観、心理、感情、意志といった内なる本質を指す。これらの奥深い特質はサブテクスト（言外の意味）にひっそりと隠れているので、キャラクターがとる選択や行動から感じとるしかない。

アクション作品の役柄の実像

人の性《さが》は行動に表れる。危険で葛藤に満ちたジレンマを前にして、キャラクターがみずからの意志で選択するとき、そこにはかならず真の自己が見える。また、失うものが大きいときほど、選択は重みを増す。失うものがないときは、その人物の選択や行動に本質が表れるとはかぎらない。だが、自分の命を含めたすべてがかかった状況で、勝利をおさめようと奮闘しているときの行動の選択には、その人物の本質が表れる。ほんとうはどんな人間なのか。道徳的か、不道徳か。思いやりがあるのか、無神経なのか。賢いのか、愚かなのか。用心深いのか、衝動的なのか。強いのか、弱いのか。重圧を受けながらの選択は、それらを教えてくれる。

ゲームのなかの実像

ゲームはアクション作品のなかでも特殊なケースだ。ゲームでは、それぞれのプレイによってストーリーラインが変わるので、こんな興味深い問いが浮かぶことになる。葛藤のさなかの行動の選択によってのみ実像があらわになるとしたら、そうした内面をさらす選択をゲーム内でおこなうのはだれだろうか。プレイヤーなのか、あるいは主人公なのか。

役柄に表向きの性格描写を与えるという点で、ゲームの作者は脚本家や小説家と変わらない。ちがうのはつぎの点だ。フィクションという仮想の世界では、観客や読者は主人公に自分を重ねつつ、その主人公がみずからの意志で選択し、それによって本性をあらわにするのを受動的に見守る。ゲームの場合は、主人公の表面的な性格描写によってプレイ時の役柄が決まるが、その行動には自己認識も自発性もない。つまり、決断して行動を起こすのはだれかと言えば、考えられるのはゲームを開発してそのゲームの世界の制約を定めた作者であり、さらには、その制約のなかでゲームを進めるプレイヤーでもある。ゲーム内の登場人物はプレイヤーのアバター——自己認識のない分身——であり、内なる自己を持たない。

そのため、ゲームを映画化すると、たいがい予測のつきやすい平板な作品になる。ゲーム内の役柄に奥行きがなければ、映画の大画面でもそれは同じだ。

だが、プレイヤーが主人公を動かすなかで自己発見と深い洞察を体験するということは、いくら強調しても足りないほどだ。カスタマイズ性の高い長大なロールプレイング・ゲームの場合、プレイヤーは何年とは言わないまでも、何か月ものあいだキャラクターとして過ごし、長く没入することによって、ゲームという媒体ならではの複雑な潜在意識下でのつながりを醸成していく。ゲーム内で提示される選択肢が多く、どれを選ぶかによってストーリーの流れが変わる度合いが大きいほど、プレイヤーが体感する自己発見はより深い層で起こる。

ゲームの作者は、プレイヤーとは別の自由意志を持つように感じられる主人公を生み出すことができるだろうか。映画や舞台や小説のキャラクターのように、内に秘められた性格をあらわにする独自の選択をする主人公を作れるのだろうか。

『World of Warcraft』は、ＭＭＯＲＰＧ（多人数同時参加型オンライン・ロールプレイング・ゲーム）のひとつで、広大な世界で数えきれないほどの冒険が提供され、ゲーム管理者が見守るなかでほかのプレイヤーとつながることもできる。目的は最上位のレベルへあがることだ。プレイヤーはヒーローについて細かな設定ができ、種族（人間から人間以外の種族まで）、容姿（髪型や服装）、職業（あらゆる種類の仕事）、役割（殺し屋から祈祷師まで）といった特徴づけができる。

こうした選択でヒーローの詳細が決まるが、結局のところ、ゲームのストーリーがどう展開したとしても、そこで明らかになる実像は画面上のアバターではなく、プレイヤーのものだ。

キャラクターの平板さと多元性

ヒーロー／悪役／被害者の三者には、圧倒的に有利な立場の悪役、弱い立場のヒーロー、無防備な被害者というように、アクション作品のストーリー内での上下関係がある。利他主義、自己中心性、脆弱さというそれぞれの本質のあり方によって中核の役割は決まるが、形式ジャンルを少なくともひとつ融合しなければ、どの役柄も平板なままで多元的なキャラクターに成長することはない。たとえば、トーンの形式ジャンルを用いることで、作品に喜劇から悲劇までの表現の幅ができ、深みを持たせることができる。

これによってキャラクターにも、愚か者から聖人まで、そして喜劇的（『ガーディアンズ・オブ・ギャラクシー』）、風刺的（『デッドプール』［二〇一六］）、劇的（『マイ・ボディガード』［二〇〇四］）、悲劇的（『LOGAN／ローガン』［二〇一七］）というように、トーンの幅がひろがる。

世界観のジャンルで考えると、現実世界から不条理の世界まで、舞台にもさまざまなタイプがある。

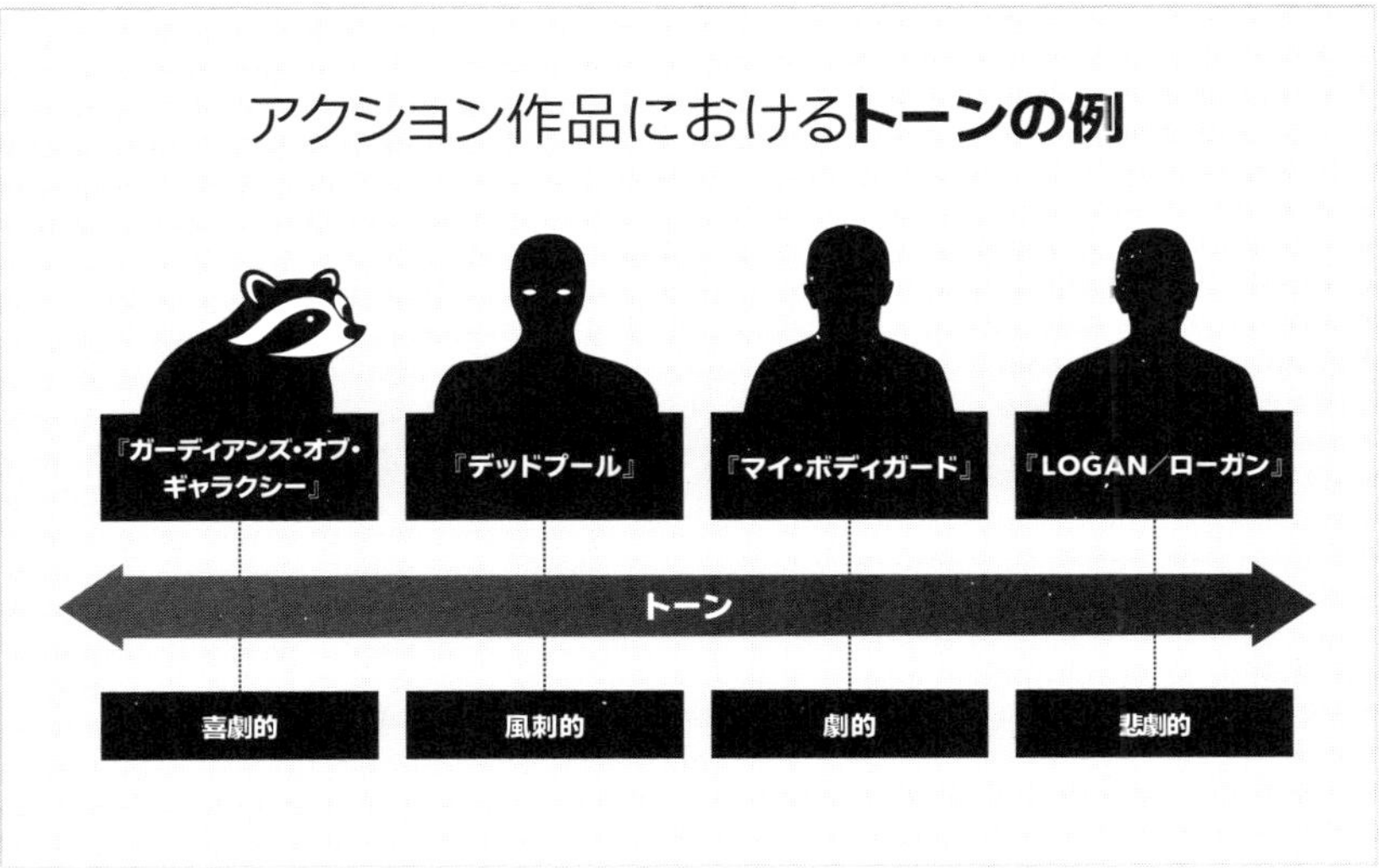

アクションのプロットはたいがい現実と同じ設定のなかで進んでいくが、出来事が魔法やファンタジーの世界、超自然や奇想天外な世界などで展開することがある。こうした世界観の変化によって、ヒーローにもさまざまな選択肢が生まれる。たとえば、『キャプテン・フィリップ』のフィリップ船長のような一般人から、『96時間』(二〇〇八)のブライアン・ミルズのような命知らず、『ワンダーウーマン』(二〇一七)のダイアナ・プリンスのようなスーパーヒーロー、ハリー・ポッターのようなファンタジーのヒーロー、『ダフィー・ウォーズ』(一九五三)のダフィー・ダックのような常軌を逸したヒーローまで存在する。

仮想未来を舞台にしたアクションでは、性格描写に技術的なノウハウがある程度求められる。過去が舞台のときも同じような調整が必要となる。歴史上の人物であれば、その時代にふさわしい立

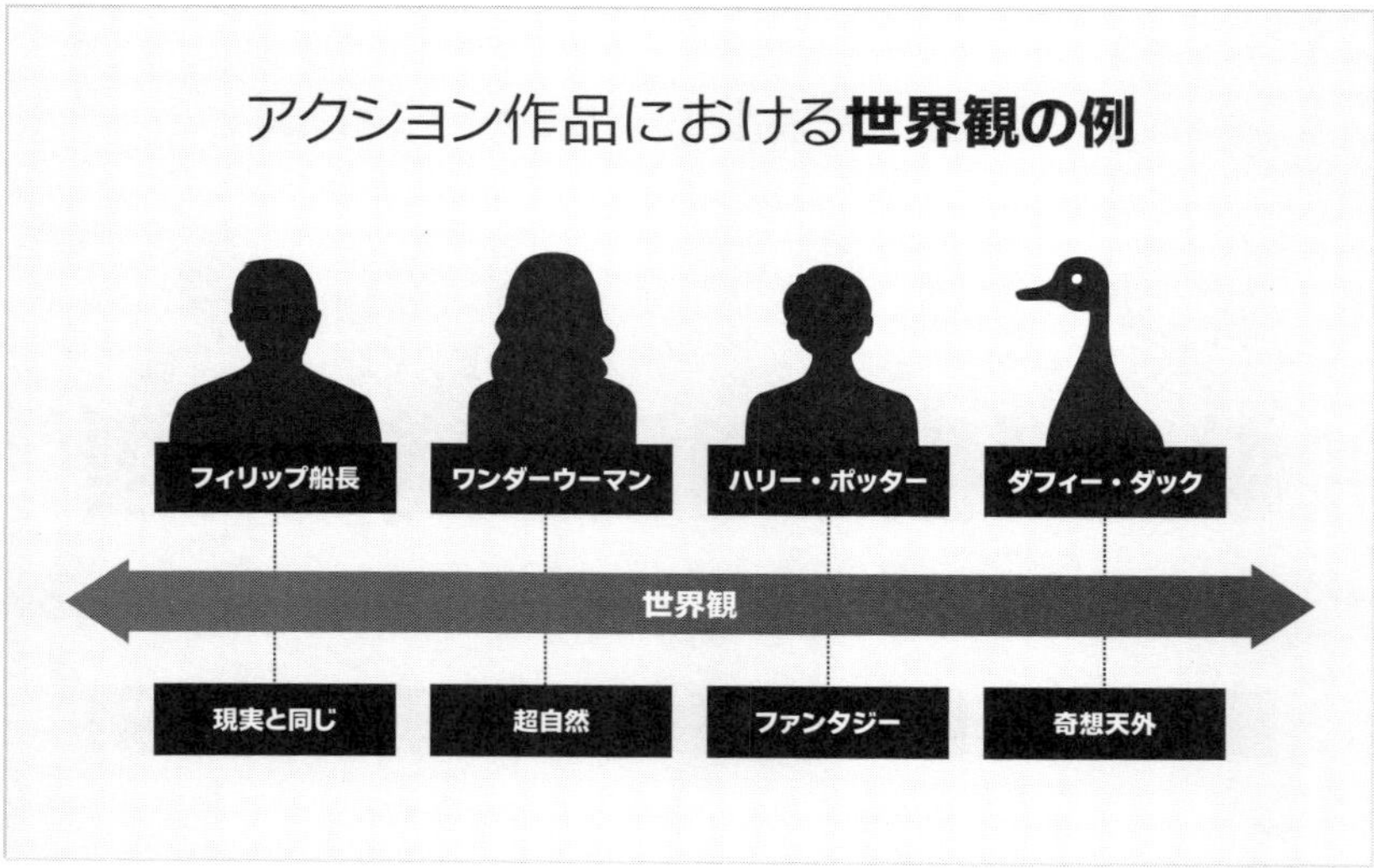

ち居ふるまいをしなくてはならない。アニメーションやファンタジーでは、過去でも現在でも未来でもない、時を超越した世界が構築されるが、登場人物のことばづかいや服装や所作には、その架空の世界にふさわしい様式が必要だ。

基本ジャンルは中核の価値要素、登場人物、行動、感情といったストーリー内の構成要素を決めるが、形式ジャンルは内容を観客や読者に表現する際の外面的な形式を表す。この内か外かという感覚を登場人物の役柄に適用すると、類似のパターンが浮かびあがる。

アクション作品の登場人物の多元性

多元性とは、キャラクターに内在する互いに矛盾した特質の組み合わせを指す。それは、正反対のふるまい（人懐っこい笑みと冷酷な行為）のこともあれば、異なる身体的属性（頭の弱さと体の強靭さ）、正反対の感情的特性（あるときは陽気で、つぎの日は悲観的）、精神面の特徴（天才だがだまされやすい）のこともある。最も一般的な矛盾は、登場人物の外見と内なる真実のあいだ、つまり性格描写と実像のあいだに存在する。たとえば、外見は美しいが内面は醜悪な人物などだ。

ストーリーが進むなかで、登場人物はその選択や行動によって実像をさらけ出し、それと同時に、内在する対立要素がプラスかマイナスへ変化していく。意気地なしから勇敢な人物に変わることもあれば、その逆もあり、冷静な人物が衝動的になってまた冷静にもどることもある。愛情深さが冷酷さに変わり、最後にどちらか一方が優位になるというように、その人物の本質が明らかになる。そのため、キャラクターの対立要素には一貫性があって、ほかの資質と調和している必要があり、その人らしさを壊すような一過性のものであってはならない。

観客や読者からすれば、キャラクターの対立要素の綱引きがあるおかげで、つぎに現れるのがどちらの面か、最終的に勝つのがどちらか、とはらはらしながら引きつけられる。そのため、多元性のある登場人物は意外性に富み、ずっと見ていたいと思わせることになる。

複雑なヒーロー

一次元という表現は、ただ平板であることを意味するのではない。これは、登場人物の内面に（望

むらくは）魅力的な対立要素がひとつは具わっていることを表す。古典的なアクション作品の多くのヒーローは、「秘密の自己／表向きの自己」という内と外の動きを行動の軸としている。

穏やかな新聞記者クラーク・ケントには、スーパーマンという矛盾する秘密の生き方がある。ダイアナ・プリンスはワンダーウーマンであることを隠し、トニー・スタークはアイアンマンに変身し、ブルース・ウェインは罪なき人々を守るためにバットマンになり、ピーター・パーカーも同様にスパイダーマンとして活躍する。

秘密のアイデンティティが読者や観客を魅了するのは、だれもが自分のなかに隠れた独自性——他人には見せない内的自己——の存在を感じているからだ。同じ秘密を持つ者同士という意識が、ヒーローへの共感の呼び水になる。そこにヒーローの利他の精神の崇高さが加わると、観客や読者は本能的にアクション作品

の主人公に感情移入し、その勝利を願う。

よく用いられる対立要素は、ヒーローが親しい人に向ける慈愛と、敵に向ける非情さだ。『96時間』シリーズのブライアン・ミルズは、冒頭でひとつの強烈な矛盾を体現していた。彼は家族に対しては頼りになる愛情深い人物だが、敵に対しては容赦なく命を奪う存在である。

『ダイ・ハード』のジョン・マクレーンは、ふたつの対立要素を併せ持つ。

1　妻には弱いが、敵に対しては恐れ知らずである。

2　正義に忠実だが、権威には従わない。

『ダークナイト』のバットマンも、ふたつの対立要素を示す。

1　大富豪でプレイボーイのジョン・ウェインと

2
闇の騎士《ダークナイト》。
ヒーローの役割から逃れたいという思いと、ゴッサム・シティでのジョーカーによる被害を食い止めたいという使命感とのあいだに起こる、内なる葛藤。

『ガーディアンズ・オブ・ギャラクシー』シリーズのピーター・クイルの行動には、三つの対立要素が表れる。

1
マーベル・コミックスに最初に登場したとき、クイルは銀河警察の一員だったが、映画『ガーディアンズ・オブ・ギャラクシー』では、盗みを働くスター・ロードとなる。

2
行きあたりばったりの対応が多く、ほかのキャラクターとのあいだに冷ややかに距離を置いている。その無頓着な態度は、死んだ母親への病的な執着や横暴な父親への憎しみといった内なる悲哀と矛盾する。

3 盗み稼業は善良な心と矛盾するが、最後には利他主義の本能が息を吹き返し、ヒーローになる。

アクションの登場人物に必要とされるのは、せいぜい二、三組の対立要素である。力強い矛盾がたくさんあると、いくつもの層で起こる内なる混沌によって、外面的な対立や葛藤が複雑になりすぎるからだ。また、そうした見えない問題は、ヒーローを内なる地獄の対処へと追い立て、そのあいだは生死の危険に背を向けることになりかねない。内面の悪魔に気をとられているシーンはどれも、悪役との対決の価値を削ぐことになる。

内なる葛藤はアクション作品のストーリーのペースを落とし、軸となるべき対立の効果を薄めて、読者や観客が味わうはずの興奮に水を差すことになりかねない。とはいえ、登場人物に多元性がなければ、行動が単調でありきたりになり、単なる見せかけのタフガイになる。そのため、魅力的なヒーローには意外な一面が添えられる。バルカン星人と地球人とのあいだに生まれたミスター・スポック（『スター・トレック』シリーズ）の人間的な面、エレン・リプリー（『エイリアン』シリーズ）の母親らしい顔、ウォーリー（『ウォーリー』［二〇〇八］）のロマンティックな一面、ハリー・ポッターの破壊的な力、デナーリス・ターガリエン（ドラマ『ゲーム・オブ・スローンズ』）の度を超した理想主義、ジェームズ・ボンドの機知などだ。

複雑な悪役

戦いを仕掛けるのはヒーローではなく悪役だ。したがって、ヒロイズムは悪に対する反応であり、悪役の行動がヒーローの反応を誘発しなければ、アクション作品のプロットの契機事件が最大の効果を発揮することはない。この行動（アクション）と反応（リアクション）の組み合わせが生じるのは、悪役が計画を思いつくときでも、実現に向けて第一歩を踏み出すときでも、陰惨な計画を実行するときでもいい。その過程のどこかでヒーローはその事実に気づく。契機事件が起こってからは、悪役の計画がストーリーの脊柱を刺激し、ヒーローがクライマックスに行動を起こして計画を阻止することで終わりを迎える。

だから、悪役のスケールの大きさとその策略の並はずれた巧妙さが、アクション作品としての評価に直結する。悪役が度肝を抜く存在になれば、おのずとヒーローはより高い資質を持つことになる。悪役の企みが独創性を増すほど、ストーリーテリングにも巧みな運びが求められる。

ゆがんだ心理

見たこともないようなゆがんだ心を持った絶対的な敵を生み出すには、悪役の目から見た世界を想像する必要がある。そうすれば、悪役自身が大義のことなど端から考えていないことがわかる。それでも、悪役は自分の目的が正しく、筋が通り、必要なものだとつねに信じている。

ある人物が「正義／不正」の尺度のどのあたりに位置するかは、ほかの人物の要望や欲求に対する態度を見ればわかる。ヒーローに、その根幹に利他主義があるので、プラスの端に位置する。一方、悪役は倫理を拒絶し、他人を気にかけるのは弱く愚かなことだと考えている。

「善／悪」の尺度は、その人物の自分自身に対する態度――個人的な要望やひそかな欲求――を反映する。悪役の心を占める自己中心的な執着は、あらゆる価値をゆがめて見せる。自分の欲望を満たすための行為はすべて正しく、それを邪魔するものはすべて絶対的にまちがっている、と。

磁力、反感、謎

悪役は磁力、反感、謎という三位一体の特性を持つ。最初のふたつ（「磁力／反感」）は、悪役に具わる最大の対立要素だ。

三つ目（謎）は、悪役の鍵となる特徴だ。これら三つが合わさって、興味を呼び起こす危険な雰囲気が醸し出される。

アクション作品のファンは、悪役を嫌悪しつつその力に惹かれずにはいられない。巧みに描かれた悪役はその両方を喚起し、だからこそ読者や観客を魅了する。秘密のベールをまとわせれば、悪役は人々の心をとらえて、さらにはつぎつぎに新たな事実を明かして驚かせ、愛される憎まれ役となる。

では、これらの三つの特性についてくわしく見ていこう。

1 磁力

観客や読者はカリスマ性と力に強く引かれる。多くの人にとって、ハンニバル・レクター（『羊たちの沈黙』〔一九九一〕ほか）、ダース・ベイダー（『スター・ウォーズ』シリーズ）、アントン・シガー（『ノーカントリー』〔二〇〇七〕）、ジョーカー（『ダークナイト』ほか）、T－1000（『ターミネーター』シリーズ）、HAL9000（『2001年宇宙の旅』〔一九六八〕）、ヘンリー・ドラックス（ドラマ『北氷洋―The North Water―』）といった偉大な悪役は、好きなキャラクターの上位にはいるだろう。

『ダイ・ハード』のカリスマ的な悪役ハンス・グルーバーは、自分の行為がほかのだれかを利するというような幻想は少しもいだいていない。窃盗計画が多数の人間の犠牲の上に成り立つものであっても、抜け目ない計画を誇りに思い、容赦なく人を殺す。そのあいだもずっと自分の才能に酔っている……われわれと同じように。

2 反感

異様な精神や醜い欲望を目のあたりにしたとき、人は不快に思う。だが同時に、興味を引かれて目を離せなくなる。

複雑な悪役

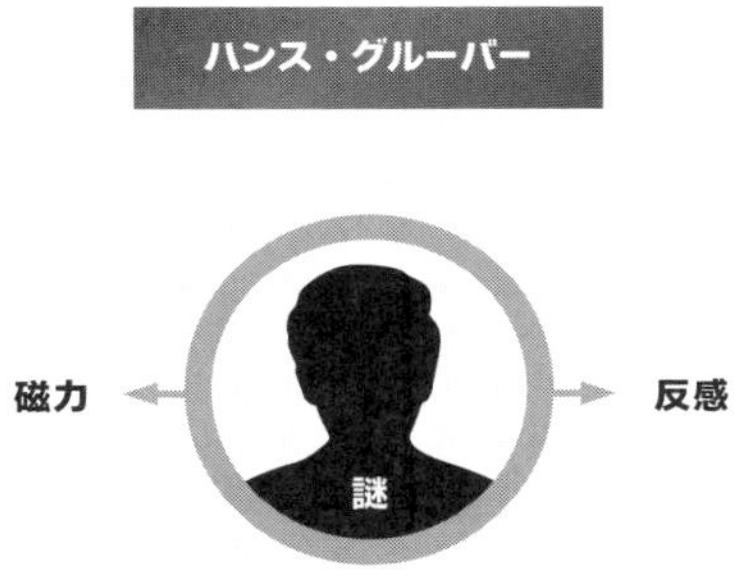
ハンス・グルーバー
磁力
反感
謎

複雑な悪役

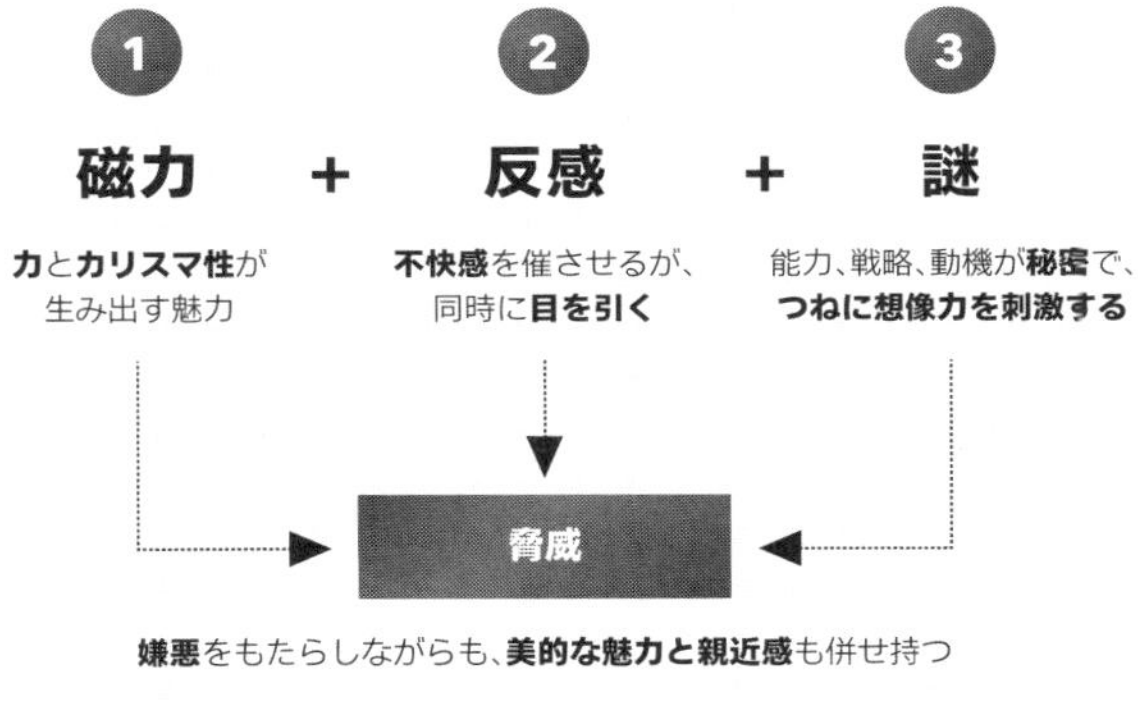
1
磁力
+
2
反感
+
3
謎
力とカリスマ性が
生み出す魅力
不快感を催させるが、
同時に目を引く
能力、戦略、動機が秘密で、
つねに想像力を刺激する
脅威
嫌悪をもたらしながらも、美的な魅力と親近感も併せ持つ

『ミッション：インポッシブル／ゴースト・プロトコル』の悪役クルト・ヘンドリクス、通称コバルトがこの「磁力／反感」という悪役ならではの対立要素を持っているのは、価値の反転に基づく。ヘンドリクスは自分が正しいだけでなく、道徳的だと信じている。核戦争を目論むのは、現存する文明を消し去って人類を正しい未来に向けて再出発させるためだ。言い換えれば、人類発展のために人類を焼きつくそうとしている。いびつな狂気の下に魅力的な悪辣さを隠しているとも言える。

3　謎

悪役には秘密が欠かせない。アクション作品の賢明な書き手は、悪役の力をできるだけ伏せておき、驚きと衝撃が徐々に高まるように、ひとつずつ明らかにする。しかも、ヒーローにとっては最悪の瞬間、観客や読者にとっては最も驚きが大きくなる瞬間を狙ってそうする。隠された力があるからこそ、悪役は絶好のタイミングで衝撃的な事実を明かし、シーンを動かすことができる。それがなければ、行動が予測できて退屈になる。

『ターミネーター2』のT－1000は、冒頭で警察官の姿になるが、その後ショットガンで撃たれて上半身が大きく裂けると、光沢を帯びた銀色の中身があらわになる。そこからは、この液体金属のターミネーターが秘めていた肉体変形の妙技にわれわれは圧倒されるばかりだ。はじめのうちは、人間の姿にしか変形できないと感じられるが、シーンが進んでつぎつぎと新手の技が出るなかで、実はどんなものにでも――白と黒のタイルでできた床にすら――変わることができるとわかる。

『ダークナイト』の悪役ジョーカーは、醜悪なメイクで正体を隠し、突如としてゴッサム・シティに現れる。口もとの不気味な傷跡に視線を向ける者に、ジョーカーは「この傷はどうしてできたと思う？　おれの親父は酒浸りで、酔っては暴れた」と語りかける。ところが、別のシーンでは傷を前妻のせいにする。

最初の嘘では、児童虐待の話で観客を煙に巻く。二番目の嘘では、女性に対する敵意に油を注ぐ。心理的な駆け引きで悪辣さと魅力を増幅し、さらに疑問も生む。実のところ、あの傷はどうしてできたのか、と。

当然ながら、単純に道徳観を持ち合わせていない悪役もいる。『ジョーズ』のサメには正誤も善悪もなく……ただ腹を空かせているだけだ。ところが、映画を観る者はサメに悪意を重ね合わせ、そのとてつもない力が邪悪でサディスティックであるとすら考える。サメに付きまとう唯一の謎は、邪悪さの程度だ。その怒りに限界はあるのだろうか、と観客は不安を覚える。

謎めいた要素がなく、磁力と反感という中核の対立要素もない悪役はつまらない。ジョフリー・バラシオンについて考えてみよう。『ゲーム・オブ・スローンズ』の脚本家たちは、この役柄を真の悪役にするのではなく、欠点だらけで癪に障る弱虫にしようとし、悪役の主たる特徴の三つを単純に反転させた。ジョフリーに磁力ではなく腹立たしさを、謎ではなく浅はかさを加え、さらに最も重要なことに、反感を生むのではなくみずから他者に反感を向ける人物にし、最後に壮絶な毒死をとげさせた。

勇敢な悪役

根気、自信、自己認識といったプラスの特徴を多く持つ悪役もいる。そのような悪役はいじめに加担しない。いじめとは臆病者が弱者に矛先を向けることであり、真の悪役はヒーローを相手にする。彼らはたいがいみずからの企みに誇りを持ち、それを自慢げに語り、自分に匹敵する知性や力や道徳的権威を持つ者はいないと確信している。そして、勇気も本物だ。ハーマン・メルヴィル『白鯨』のエイハブ船長は言う。「わしは侮辱されれば、相手が太陽でもぶちかえす男じゃ」(富田彬訳、KADOKAWA、二〇一五年)

しかし、海兵隊員並みの勇気があったとしても、悪役が共感を呼ぶことはない。これには理由がある。悪役に共感できるとなると、アクション作品の根幹が揺らぐことになるからだ。人が悪役の心をのぞきこむときには、自分との共通点をさがし求めているのではなく、ただ悪のありように興味を引かれているにすぎない。ハンニバル・レクターに畏怖の念をいだくことはあっても、「まるで自分のようだ」と考えることはありえない。

悪役の企み

悪役の悪役らしさの所以はその企てにある。磁力、反感、謎の三つの特徴は、悪役自身だけでなく、その企みにもあてはまる。

悪役にとって、計画以上に重要なものはない。複雑な構想にも、手間暇のかかる準備にも、（読者や観客から見ると）謎に包まれた好奇心を刺激する仕掛けにも、悪役は膨大な創造のエネルギーを注ぎこんできた。まさに犯罪の粋を集めた傑作である。他人にはおぞましく非道な計画に見えたとしても、当人は道徳心を捨てた解放感で気持ちが高ぶっている。良心の鎖から自由になり、つぎはこの大事業の僕《しもべ》となるわけだ。もはや背を向けることはかなわず、その立場から脱することもできない。目標を達するためなら自分の命を懸け、あるいは犠牲にすることすら厭わない。

対立要素を持たない被害者

アクション作品では、ヒーローと悪役のあいだで確たるバランスをとる必要がある。ヒーローが情緒的な関心と共感をより多く集める一方、悪役はより大きな脅威と力を持つ。アクション作品の書き手は自分の望みどおりにこの均衡を変えられるが、まったく歯止めのきかないヒーローややさしく人情味のある悪役のように、均衡が乱れすぎると、失望や困惑をもたらしかねない。

アクション作品のストーリーの均衡を保つ策として、被害者に対立要素を内包させることは少なく、しかも当然ながらその対立要素が窮地を脱する鍵となってはならない。「機転がきく／機転がきかない」、「賢い／愚か」、「熟練／未熟」、「力がある／力がない」といった対立要素を被害者が具えているると、自分のなかのプラスの力を発揮し、ついには逃走や反撃の手立てを見つけ出すことになる。結果として、悪役は無能な、ヒーローは無用の存在になってしまう。

複数の役柄

ヒーロー、悪役、被害者には、ふたり組、三人組、あるいはほぼどんな規模の集団も割りあてることができる。

アクション作品のヒーローがひとりだと、対立要素は二、三組が限界だと思われるが、複数人いると複雑さが一気に増す。多くのヒーローはふたり組だ。バットマンとロビン（『バットマン フォーエヴァー』〔一九九五〕ほか）、ブッチ・キャシディとサンダンス・キッド（『明日に向って撃て！』〔一九六九〕）、エージェントKとエージェントJ（『メン・イン・ブラック』シリーズ）、言い合いばかりしている超能力犬コスモとアライグマの姿をしたロケット（『ガーディアンズ・オブ・ギャラクシー：VOLUME 3』〔二〇二三〕）もふたり組だ。チームで戦うヒーローとしては、『荒野の七人』〔一九六〇〕のように片手ほどの人数の場合もあれば、アニメシリーズ『Justice League Unlimited（未）』では六十人を超え、三百人（『300〈スリーハンドレッド〉』〔二〇〇六〕）にのぼることもある。

悪役もたびたびチームを組んでいる。『レイダース 失われたアーク《聖櫃》』のルネ・ベロックとアーノルド・エルンスト・トートや、ドラマシリーズ『GOTHAM／ゴッサム』のペンギンとリドラー、『マン・オブ・スティール』（二〇一三）のゾッド将軍、ファオラ、ジャクスの三人組がそうだ。ほかにも仲間として街のギャングたちを引き入れる者もいれば、『クワイエット・プレイス』（二〇一八）や『インデペンデンス・デイ』（一九九六）のようにエイリアンの大軍団が登場する場合もある。

被害者についても同様だ。その規模は身代金目的でとらわれる一家から、『スター・トレック』（二〇〇九）、『ミッション：インポッシブル／ゴースト・プロトコル』、『マトリックス』のように地球の全人口まで拡大することもある。

役柄の転換

役柄は物語全体でつねに同じでなくてもいい。たとえば、『X－MEN：フューチャー＆パスト』（二〇一四）のマグニートーは葛藤するヒーローから中心的な悪役に変わる。『LOOPER／ルーパー』では、タイムパラドックスによって主人公が二種類の自分に分かれ、それぞれに役柄の転換が起こる。ストーリーの冒頭の若きジョーは、自己中心的な悪役でだれに対しても関心がなく、未来の自分に対してもそうだ。一方、中年のジョーは、いずれ大量虐殺をもたらす未来の犯罪組織の王を抹殺するために、命懸けで過去へとタイムトラベルしてきた。ふたりの役柄は徐々に入れ替わっていく。クライマックスでは、悪役となった中年のジョーから被害者を救うため、利他主義に目覚めた若きジョーが自分の命を犠牲にする。

役柄の転換にじゅうぶんな背景と信頼性があれば、登場人物がどんな道を進もうと、たとえ堂々めぐりになろうと、読者や観客はついていく。『スター・ウォーズ／最後のジェダイ』（二〇一七）のカイロ・レンは、葛藤をかかえる悪役からヒーローへ変わるが、その立場では満足できず、非情な悪役にもどる。

役柄の併存

複数の登場人物がひとつの役柄を担うことがあるように、ひとりのキャラクターがふたつの役柄を兼ねることもある。アクション作品で可能な組み合わせはつぎの四つだ。

1　ヒーローと被害者

このキャラクターは利他主義と脆弱さの両方を併せ持つ。そのふたつが融合すると、追われる恐怖と自己犠牲を厭わない勇敢さとが交互に現れる。

『逃亡者』では、リチャード・キンブルを乗せた刑務所行きの護送車が事故を起こし、キンブルは自由になるチャンスがふいになる危険を冒してまでも、怪我をした護送官を助ける。断崖のふちまで追いつめられたときには、連邦保安官の呼びかけを振りきって、何十メートルもの高さから轟音

アクション作品における**役柄の併存**

利他主義の精神とある種の**脆弱さ**の両方を持つ。

をあげる瀑布へ飛びこむ。自分の妻を殺した犯人の手がかりを求めて、身元を隠して病院にもぐりこんだときにも、追っ手に気づかれる危険があるなかで、放置されて死に瀕していた患者を助ける。

ファンタジー世界を舞台にしたアクションゲーム『ゼルダの伝説 ブレス オブ ザ ワイルド』の背景ストーリーでは、ヒーローかつ被害者のゼルダ姫は、主人公リンクとハイラル王国を守るため、たったひとりで城内にとどまって厄災ガノンを封印している。

『ノーカントリー』のルウェリン・モスは、麻薬の取引に失敗したあとの惨劇の現場を通りかかる。そこでうわごとを言うギャングの男に気づく。重症を負っているが、まだ生きている。一方、モスはひそかに運ばれていた札束を手に入れる。その夜はなかなか眠れなかったが、良心の命じるまま、死にかけの男を助けるために現場に舞いもどると、金をさがしにきた麻薬カルテルの面々が突如現れる。
モスはその場を逃げのびて逃避行をつづけるが、悪役アントン・シガーに居場所を突き止められる。シガーはモスに、金をあきらめるならモスの妻を殺さないと提案する。モスは取引を拒否し、シガーを殺すことを誓う。不幸にも、モスは致命的なほど非力だった。結局、銃弾に倒れ、妻もシガーに殺される。モスはほかのヒーローと同様に利他の精神を持つが、被害者と同様に脆弱だ。

2　ヒーローと悪役

ヒーローと悪役の混合では、利他主義と自己中心主義が対比され、被害者を守るために自分を犠牲にする意思を持ちながら、目的のために他者を犠牲にすることもあるキャラクターが存在する。カナダのドラマシリーズ『ヴァイキング〜海の覇者たち〜』の戦士たちは、自分たちの社会のためには身を危険にさらすが、一方で外の世界の者はだれであろうと容赦なく虐殺する。多くの物語で、こうした矛盾する性質はキャラクターの内面に道徳上の葛藤を生み、最後にはそれまで虐げていた人々のためにおのれの命を抛つことになる。

ヒーローと悪役の混合が、狂信者として表現されることも多い。マーベル作品の世界では、マグニートーは超人的な悪役からアンチヒーローになり、さらにスーパーヒーローへと進化する。第二次世界大戦の直後、マグニートーはミュータント解放という大義のための激しい戦いを仕掛け、同胞である突然変異《ミュータント》した人間のために命を賭して果敢に戦う。一方で、マグニートーの目的に反する者は、Ｘ－ＭＥＮのような同じミュータントでも犠牲となった。ところが、『Ｘ－ＭＥＮ：フューチ

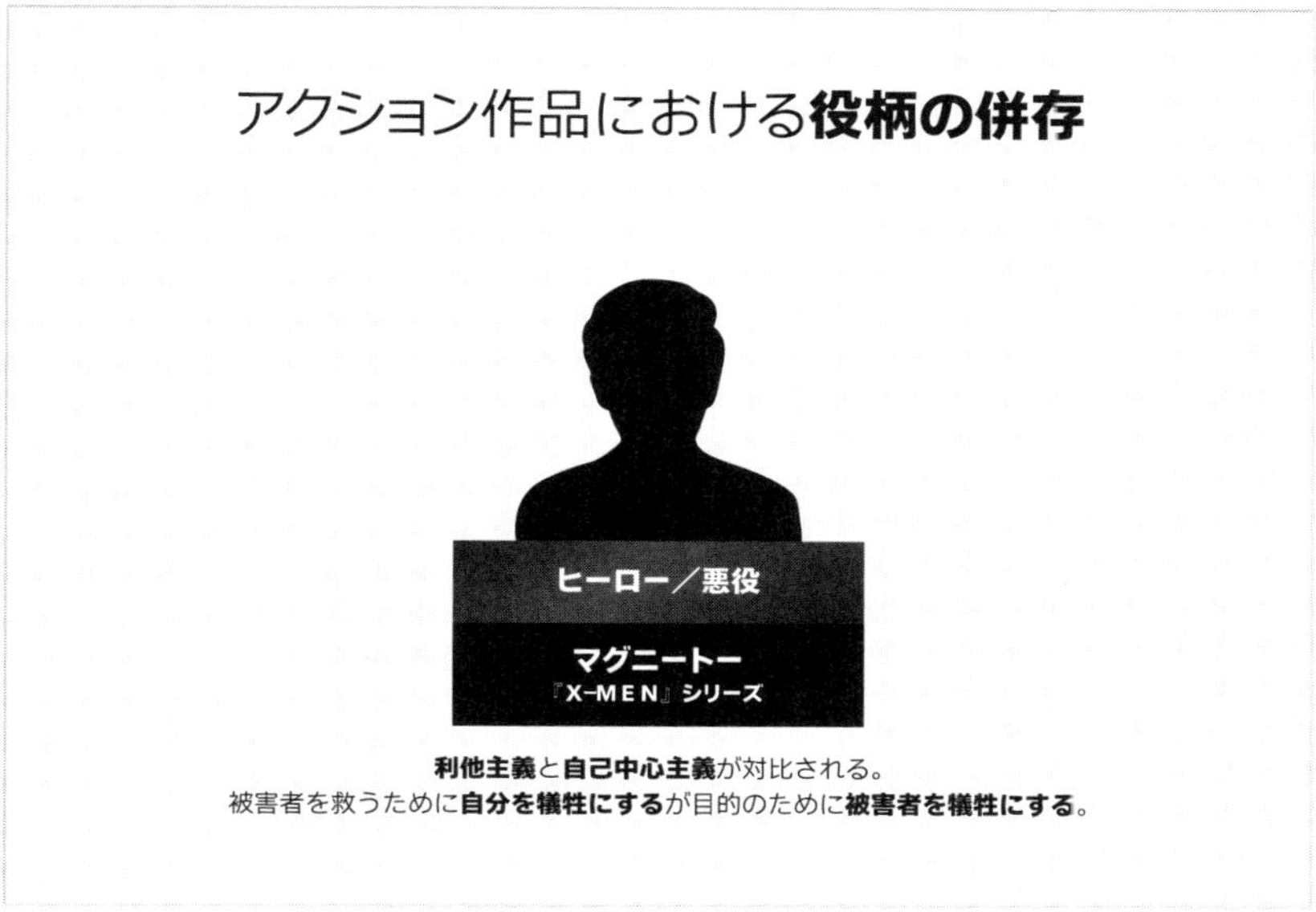
アクション作品における**役柄の併存**
ヒーロー／悪役
マグニートー
『X-MEN』シリーズ
利他主義と**自己中心主義**が対比される。
被害者を救うために**自分を犠牲にする**が目的のために**被害者を犠牲にする。**

ャー&パスト』ではX－MENのメンバーと肩を並べ、バイオメカニカル・ロボットのセンチネルのとの最後の戦いに捨て身で挑む。

ジョン・ヒューストン監督の『王になろうとした男』（一九七五）に登場するダニエル・ドレイヴォットは、この中核の対立要素を体現する存在だ。ドレイヴォットは思いがけない偶然によって、アフガニスタンの辺境に住む人々から、アレクサンダー大王の生まれ変わりだと認められたので、イギリス軍人としての手腕を頼みに、王になってその地の財宝を巻きあげようと考え、富豪としてイギリスへもどることをめざす。だが、やがて植民地主義的な強欲さよりもその地を文明化したい思いが強まり、公正な統治をおこなうことを決意する。そこで、人々を支援しようとするが、欺瞞を見抜かれて命を落とす。

アクション作品における**役柄の併存**

悪役の**自己中心主義**と被害者の**脆弱さ**が対比される。
自分が引き起こした出来事で**進退に窮する**ことが多い。

3　悪役と被害者

悪役と被害者の混合には、悪役の自己中心主義と被害者の脆弱さという複雑な対立要素が必要となる。この矛盾する要素の組み合わせによって、他人の命を脅かしつつ、みずからも最後は被害者のように無力な存在になるキャラクターが生まれる。

『キャプテン・フィリップス』のアブディワリ・ムセは海賊行為に手を染める非常に貧しいソマリア人で、アメリカの貨物船を襲う。巧妙な計画を立てて度胸もあったが、アメリカ海軍の圧倒的な武力の前では、なす術もない。自分の判断に固執するあまり、仲間たちが殺され、みずからも捕らえられる。ムセ自身が引き起こした出来事によって、悪役である海賊当人も貨物線の船長も無力な被害者の立場に陥る。

『ロード・オブ・ザ・リング』シリーズ（二

アクション作品における**役柄の併存**

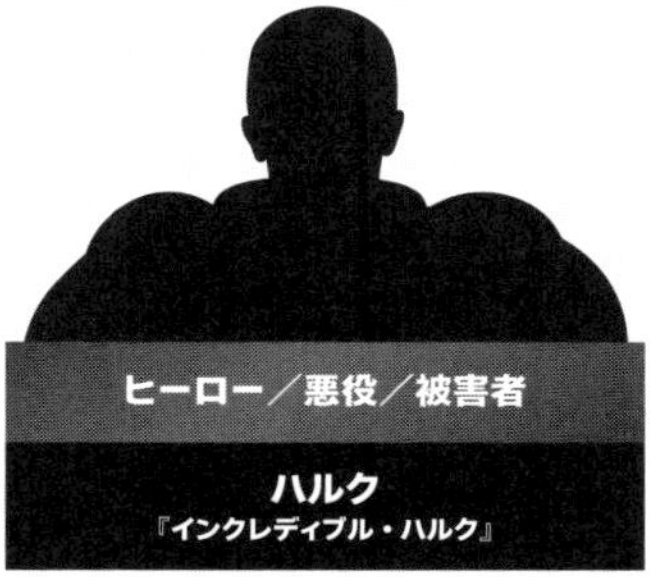

利他主義、**自己中心主義**、**脆弱さ**を併せ持つ三つの役柄すべてが混合したキャラクター。

〇〇一～二〇〇三）のゴラムは冥王サウロンの哀れな被害者だが、二枚舌を弄してフロドとサムを容赦なく裏切る存在でもある。

4 ヒーローと悪役と被害者

ヒーローと悪役と被害者が混合する場合、利他主義と自己中心主義に脆弱さが加わる。

マーベルのスーパーヒーロー映画『インクレディブル・ハルク』（二〇〇八）の主人公ブルース・バナーは、ハルクに変身すると、近くにいる罪のない人々まで殺戮する恐ろしい悪役になるが、そんな自分から人々を必死に守ろうとするヒーローでもあり、みずからの分身の犠牲者でもある。ところが、最終幕では自分の意志でハルクに変身し、敵役の怪物アボミネーションから人々を懸命に守る。ストーリーの最後には、バナーはハルクを制御できるようになり、ヒーローチームから誘いが来る。

『キング・コング』（一九三三）とそれをリメイクした多くの作品では、巨大な類人猿が挑みかかる者を叩きつぶし、愛する者を懸命に守ろうとするが、最後には鎖でつながれ、屈辱を受け、弾丸を浴びせられて高層ビルから落ちていく。

傍観者や脇役の立場から中心的な役柄へ進化し、その後、役柄を変えてもとの立場にもどる登場人物も存在する。

『スター・ウォーズ　エピソード5／帝国の逆襲』（一九八〇）のランド・カルリジアンは、最初に登場した時点ではクラウド・シティの愛想のよい有力者で、主人公たちを擁護する立場にある。しかし、主人公たちを裏切ってダース・ベイダーに引き渡す。ところが、その直後にダース・ベイダーの強権によって裏切り者から被害者の立場に落ちる。やがて反旗を翻し、主人公たちを逃がして同盟軍に加わる。

『スパイダーマン』（二〇〇二）を代表とするはじまりの物語《オリジン・ストーリー》では、一般人からヒーローになるまでの変遷が描かれる。『Mr.インクレディブル』（二〇〇四）は、かつてのヒーローが働く父親となり、ヒーローとしての役割を取りもどすという正反対の流れで展開する物語だ。すでにふれたとおり、マグニートーはヒーローから悪役に変わり、またもとにもどる。ジョン・ウー監督の『フェイス／オフ』（一九九七）のおもしろさは、テロリストのキャスター・トロイとFBI捜査官ショーン・アーチャーが顔を取り換え、それによってヒーローと悪役の役柄も変える点にある。

こうした役柄の混合は構造上の問題をはらんでもいる。窮地のシーンはどうなるのか。悪役／被害者の場合、どうやってヒーローの命運を握るのか。そもそも、ヒーロー／被害者の混合では、どうやって自分を窮地へ追いやるのか。

解決策のひとつは、悪役を複数のキャラクターに担わせることだ。たとえば、『ロード・オブ・ザ・リング』シリーズでは多数の悪役が登場するが、最後にはひとつの指輪自体が原因となって窮地のシーンがはじまり、ゴラムを死に至らしめる。

複数のヒーローが登場する物語であれば、そのうちのひとりを悪役に変え、ほかのヒーローと対立させる手もある。『X－MEN：ファースト・ジェネレーション』（二〇一一）と『X－MEN：フューチャー＆パスト』の両方のクライマックスで、マグニートーは完全な悪役になり、窮地のシーンを繰りひろげる。

役柄の融合

アクション作品のストーリーで不可欠な役柄は、ヒーロー、悪役、被害者だけだ。刑事と犯罪者、スパイとテロリスト、科学者とエイリアンといった属性は、ほかのジャンルから拝借し、出来事を前進させる動機づけとしてアクションの登場人物に組みこんだものだ。

『リーサル・ウェポン』や『メン・イン・ブラック』などのシリーズでは、アクションのメインプロットに、趣の異なるジャンルであるコメディが加わり、さらに犯罪物や仲間を救済するサブプロットが組み合わさっている。このような混交や融合の見られる作品では、利他主義のヒーローに軽妙な掛け合いをする捜査官としての性格描写がなされ、ウィットや仲間意識、さらには犯罪に対する分析能力などの特徴が加わる。

役柄の二極化

アクションの中核の登場人物である三者以外については、その役割は中心的なキャラクターを援助するか妨害するかのどちらかだ。相棒、同僚、専門家など、ヒーローに協力する人物は悪役の邪魔をする。手下、無能な役人、スクープ狙いの記者など、悪役を助ける人物はヒーローの邪魔をする。どんなキャラクターもヒーローに負担をかけたり、目的を阻んだりすることもあれば、ヒントを与えるなどして援助することもある。役柄が巧みに設計されたアクション作品では、中立の人間は存在しない。

『ダイ・ハード』の中核の登場人物を例に考えてみよう。ジョン・マクレーンはヒーローで、ハンス・グルーバーは悪役だ。ジョンの妻ホリーとその上司であるナカトミ商事のタカギ社長、数十人の従業員はすべて被害者だ。

増えたキャラクターは、マクレーンの運転手をつとめるアーガイルや、現場に最初に到着する警

アクション作品における**役柄の併存**

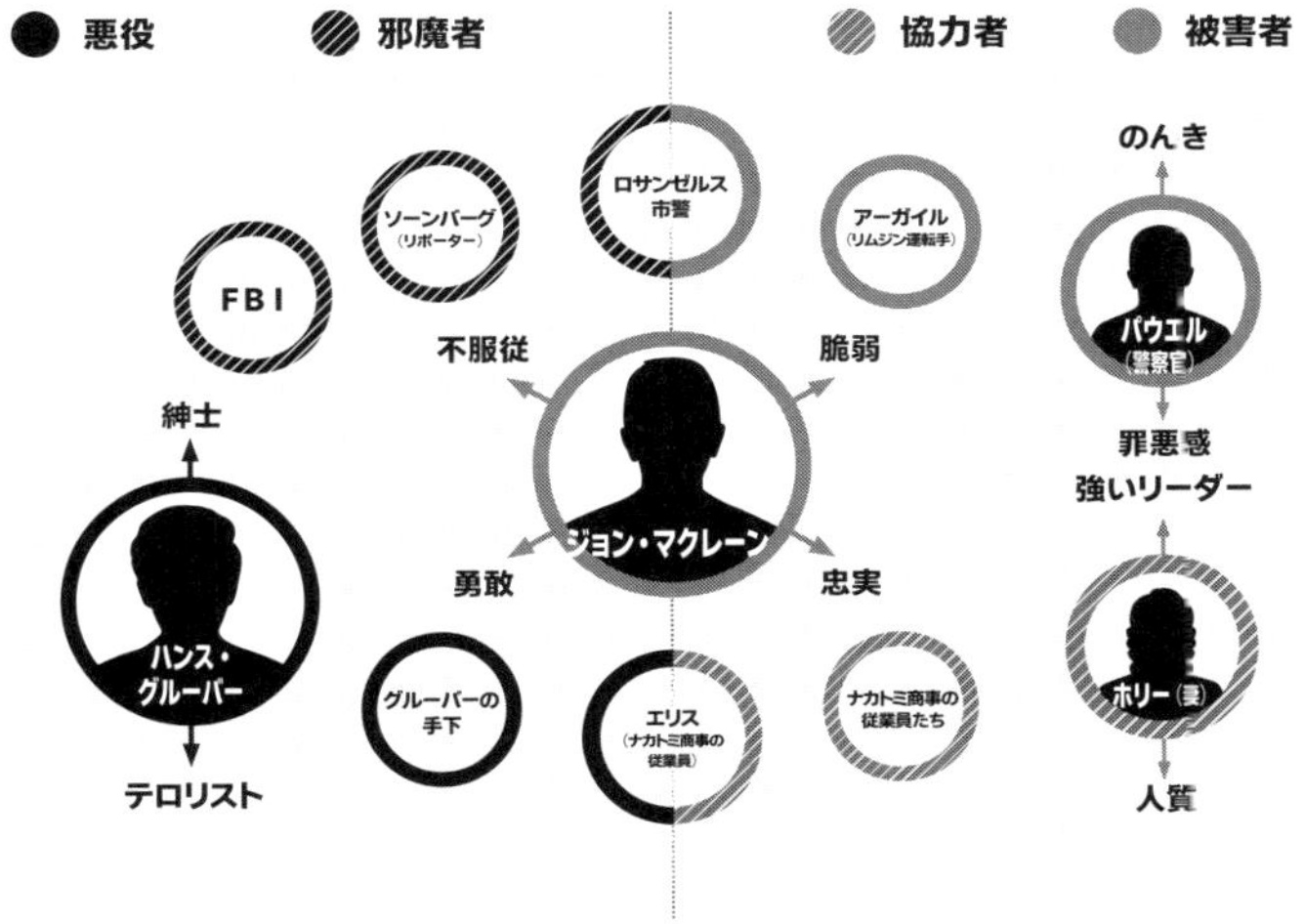

察官パウエルなど、マクレーンの協力者だ。アーガイルは悪役の逃走を阻むことで助けになり、パウエルはグルーバーの手下の最後のひとりを射殺する。ほかに、考えうるかぎりの手立てでマクレーンを邪魔する者たちがいる。リポーターのリチャード・ソーンバーグはホリーがマクレーンの妻であることを明かし、その事実に乗じてグルーバーはマクレーンの優位に立つ。ＦＢＩはグルーバーがナカトミ商事の金庫をあけるのにうっかり力を貸す。ロサンゼルス市警の上役は警察官を危機に陥れ、マクレーンはそれを助けようとして危険な目に遭う。被害者であるエリスは、グルーバーとマクレーンのあいだで取引の仲立ちをしようとして、図らずもマクレーンの立場を危うくする。

こうした支援キャラクターには、マクレーンの人物描写を補助するという役目もある。マクレーンがアーガイルやパウエルに自分の不安や恐れを打ち明けるとき、われわれはその弱さを感じとる。だが、グルーバーに立ち向かうときのマクレーンは、自信と揺るぎのない豪胆さをにじませている。怯える被害者に対しては徹底して献身的だが、無能なロサンゼルス市警やＦＢＩの職員たちのことばには聞く耳を持たない。

『ガーディアンズ・オブ・ギャラクシー』の登場人物は非常に複雑で、ヨンドゥ、ノバ軍、ブローカー、コレクターなど、ほぼすべての協力者が邪魔をする存在でもある。それどころか、ヒーローであるガーディアンズ自身も知らず識らずのうちに自分たちの妨げとなっている。

役柄の欠落

アクション作品の中核の登場人物が三角形を構成しているのには狙いがある。これによって、ヒーローが守るべき犠牲者と倒すべき悪役ができるのだ。被害者がいなければ、ヒーローはヒーローになれず、悪役は悪役になれない。こうした原則は当然のことのように思えるが、被害者、悪役、あるいはその両者が欠落しているアクション作品は多い。

被害者が命を脅かされる状況は観客や読者からの同情を集めるが、そうした生きるか死ぬかという被害者がいなければ、アクション作品のストーリーは無意味で無感動になる。

『マイティ・ソー バトルロイヤル』（二〇一七）で唯一被害者と言えそうなのは、神のような力を持つアスガルドの民だ。『ウルヴァリン：X－MEN ZERO』（二〇〇九）では、ケイラ（シルバーフォックス）の死でラブストーリーのサブプロットが終わるが、ケイラは助けを待つだけの被害者ではない。超常的な能力、ふれた相手を好きに動かす接触催眠の力を持つ。また、その死もヒーローとしてのものだ。真の被害者がいないので、興奮を呼ぶ余地は少ない。

『アンブレイカブル』（二〇〇〇）には悪役に相当する者がいない。また、被害者の役割を担えそうな子供がふたり登場するが、救われるのではなくヒーローの命を救う。

『２０１２』（二〇〇九）では、太陽フレアによって地球の核が加熱されて地殻が溶け、それによる天変地異が起こって全人類が滅亡するが、つまるところ、被害者の役柄は家畜ほどに精彩を欠いている。同情を引くことができなければ、繰り返し破壊を描いても、どれほど目を瞠るような映像や描写を示しても、観客を意味なくひどい目に遭わせる。つまり、興奮とは正反対の状態に陥れることになる。

7 力

生命を維持するために、どんな生物もエネルギーを温存する。ほしいものを安全かつ簡単に手に入れられるのに、危険をともなうむずかしい手段で得ようとすることはありえない。そんな生物は存在しない。求めるものが苦労も痛みも危険もなく最小限の負担で手にはいるなら、どんな生物もよけいなエネルギーは一カロリーも使わず、意味もなく変わろうとはせず、避けられる危険は冒さず、必要以上のことはしない。大自然の第一法則は、生命を守って維持することだ。

自然界では人間の精神だけに自己認識が存在するが、それでも、ほかのあらゆる生物と同様に人間もこの第一法則に従って生きている。主人公の生命保護の本能を奮い立たせ、魅力的で共感できて現実味のあるキャラクターを作り出すには、何が必要だろうか。その答はストーリーのマイナスの側面にある。

敵対する力の原則

ストーリーにとっての対立や葛藤は、音楽にとっての音、ダンスにとっての動き、建築にとっての形に相当する。刻一刻と変化する対立や葛藤という敵対する力がなければ、ストーリーは壁に掛かった静物画も同然だ——見る価値、それもじっくり見る価値はあるが、足を止めることはない。

ヒーローと悪役は互いを特徴づける。向かい合う壁に掛かったふたつの鏡のように、一方に映ったものはもう一方に映ったものの反転した姿だ。悪役の自己中心主義はヒーローの利他主義の対極に位置し、悪役の残酷さはヒーローが持つ他者への思いやりと均衡をなす。敵対する力が頂点に達するとき、悪役の圧倒的な力がヒーローの最後の力を打ち砕く。

登場人物がどれほどの知的魅力と感情的な吸引力を具えているかは、求めるものを得ようとする際に妨げとなるマイナスの力の大きさで決まる。この敵対する力の根源が強力で複合的になるほど、ヒーローは自分の内面のさらなる深みへ探求をつづけ、自分を異なる次元へ導いてくれる資質を見つけなくてはならない。

敵対する力そのものが大きくなるときも、主人公は自分の創造性のさらに奥へ手を伸ばして、未知の自分自身を知り、いっそうすぐれた人間に変わらなくてはならない——しかも、最後の決戦で悪役を倒そうと苦闘しながらそれらを成しとげる必要がある。

マイナス中のマイナス

それぞれの基本ジャンルの根幹をなす価値要素は、プラスとマイナスの二元性を持つ。**プラス**とは人生を肯定して創造的であること、**マイナス**とは死にとらわれて破壊的であることを意味する。戦争ドラマの中核の価値要素は「勝利／敗北」であり、犯罪物では「正義／不正」、ラブストーリーでは「愛／憎」、アクションでは「生／死」というように、基本となるほかの物語の型にもこうした価値要素がある。どの基本ジャンルでも、共感できる主人公はプラスの価値要素を体現し、ストーリー内で敵対するキャラクターはマイナスの価値要素を表す。

ストーリー内の対立や葛藤の源泉には、軽微なものから絶対的なものまで、さまざまなマイナスのエネルギーのものがあり、それに付随する悪にもありとあらゆる濃淡が存在する。戦争物における戦線の膠着、ラブストーリーにおける無関心、犯罪物における官僚の不公正といった状況下で、主人公はプラスの価値要素に相反する敵対する力に直面していく。この**相反する**力とは、プラスに対して正反対や矛盾とは言わないまでも、反対側にあるマイナスの力のことだ。

マイナスの力が敗北、憎しみ、不公正といった対極の域まで達すると、プラスとは正反対の効果をもたらす。とはいえ、その状態では、仮に対立や葛藤で大量の流血があったとしても、人間が味わう苦悩の極限には達していない。

人間という生き物はきわめて複雑で、創造性に富んでいる。人間はプラスの価値要素をしのぐ破壊的な力を増幅させる方法を知っていて、量的な悪化、つまり同じことの繰り返しだけではなく、質的な悪化、つまり、規模も種類もまったく異なる濃密なマイナスの状態を作ることができる。

犯罪物では、犯罪者による不正行為は道義に反するが、重んじられるのはあくまで法である。警察は事件を解決し、犯人を捕らえ、社会を法に則った状態にもどせるかもしれない。だが、たとえば独裁政権が社会制度を腐敗させ、犯罪が常態化していたとしたらどうだろう。こうした独裁国家では法が骨抜きにされ、力こそが正義となる。

戦争物では、敗北が勝利を無効にするが、ジョージ・オーウェルの小説『一九八四年』のように、政府がおぞましいほど劣悪な状況を輝かしい勝利だと市民に刷りこんで、その心をゆがめているとしたらどうだろう。第二次世界大戦中のドイツのように国家が人間性を捨てて戦争に勝利するとき、道徳心の破壊は敗北そのものよりもはるかに悲惨な結果をもたらす。それは国家の魂をゆがめてしまう。

ラブストーリーの場合、憎しみによる行動は愛の正反対であり、ふたりの関係を破壊する。だが、失恋を機に、気づかうべき最後の対象である自分に憎しみを向けたとしよう。自己愛がねじれて自己嫌悪になると、主人公は自分の人生を感情の崖から突き落とすことになる。

アクション作品のストーリーでは、生に相対するものは死だ。死はマイナスだが、自然な出来事だ。だれもがいずれは死ぬ。では、死よりも悪いものはなんだろうか。第一は不自然な死、殺人による早すぎる死だ。規模が大きければなおさらそうだろう。第二は、生のためと見せかけた死だ。すべての文明を滅ぼすことで人類の再生をめざした、『ミッション：インポッシブル／ゴースト・プロトコル』のテロリストであるコバルトの計画はその一例である。第三は地獄行きだ。それは果てしなくつづく壮絶な苦しみであり、死んで存在がなくなることすら慈悲に位置づけられかねない。

バランスの技巧

アクション作品では、悪の力とヒーローの力はけっして同等ではない。両者の力の均衡は、悪に大きく偏っている必要がある。前の四つの例では、ヒーローのプラスの力を悪役が打ち消し、さらに悪の邪悪な力がマイナス中のマイナスという圧倒的な領域に達したとき、その絶大な力によってもう一度打ち消す。マイナスの力を二重に加えられたヒーローは、勝利をめざす最後の奮闘のなかで、持ちうるかぎりの知力と体力の限界を追求せざるをえない（さらにくわしくは、ロバート・マッキー『ストーリー』の三八〇ページから四〇四ページの第14章「敵対する力の原則」を参照）。

弱者であるヒーロー

アクション作品のヒーローが弱者の立場にあることには、さまざまな理由がある。第一に、共感しやすいからだ。

すべての人間は、たとえ巨大な組織の長であったとしても、みずからを弱者と見なしている。窮地へ追いつめられるような感覚は、人生のところどころで直面する困難への本能的な反応だ。

架空の世界にいる弱者の葛藤に、実世界での自分の苦労が投影されていると観客や読者が感じるとき、ヒーローの人間性に対する共感が生まれる。同じ人間性を持つという意識が作品世界へ没入させて、自分の身に起こった出来事のように感じさせ、場面ごとに心を揺さぶる。これと同じ理由で、圧倒的な強者が愚かな小者を相手に勝利を重ねたところで、曲芸師の皿まわし程度のおもしろみしかない。

第二の理由も同じく重要である。サスペンスの問題だ。アクション作品のストーリーでは、つぎはどうなのか、そのつぎはどうなって、さらにそのあとは、とつねに先々の転換点に関する疑問を湧かせる必要がある。とはいえ、アクション作品の観客や読者は、このジャンルの慣例によって、結末がどうなるかを見抜いている。ごくわずかな例外もあるが、最後はプラスに転じ、悪役はヒーローの手によって敗北を喫するのがつねだ。この認識は好奇心を削ぐことになりかねない。

だから、アクション作品におけるサスペンスでは、過程や動機こそが思案のしどころだ。たとえば、窮地のシーンを目にしたとき、観客や読者はこれからヒーローが形勢を逆転することを知っている。ただし、どうやるのかはわからない。どんな裏の手があるのか。知力か、腕力か。秘密の才能が開花するのか。

アクション作品を執筆するのは、シルク・ドゥ・ソレイユの曲芸をことばでやってのけるようなものだ。ヒーローは乏しい能力、ときにはゼロに近い能力しか持たない弱者であるにもかかわらず、けっして被害者より弱く見えてはならない――これは綱渡りに等しいキャラクター設計だ。また、ヒーローが持つ能力は、キャラクターによってはきわめて強大なものであってもよいが、悪役はかならずそれ以上の力を具えていなくてはならない――これもまた離れ業だ。

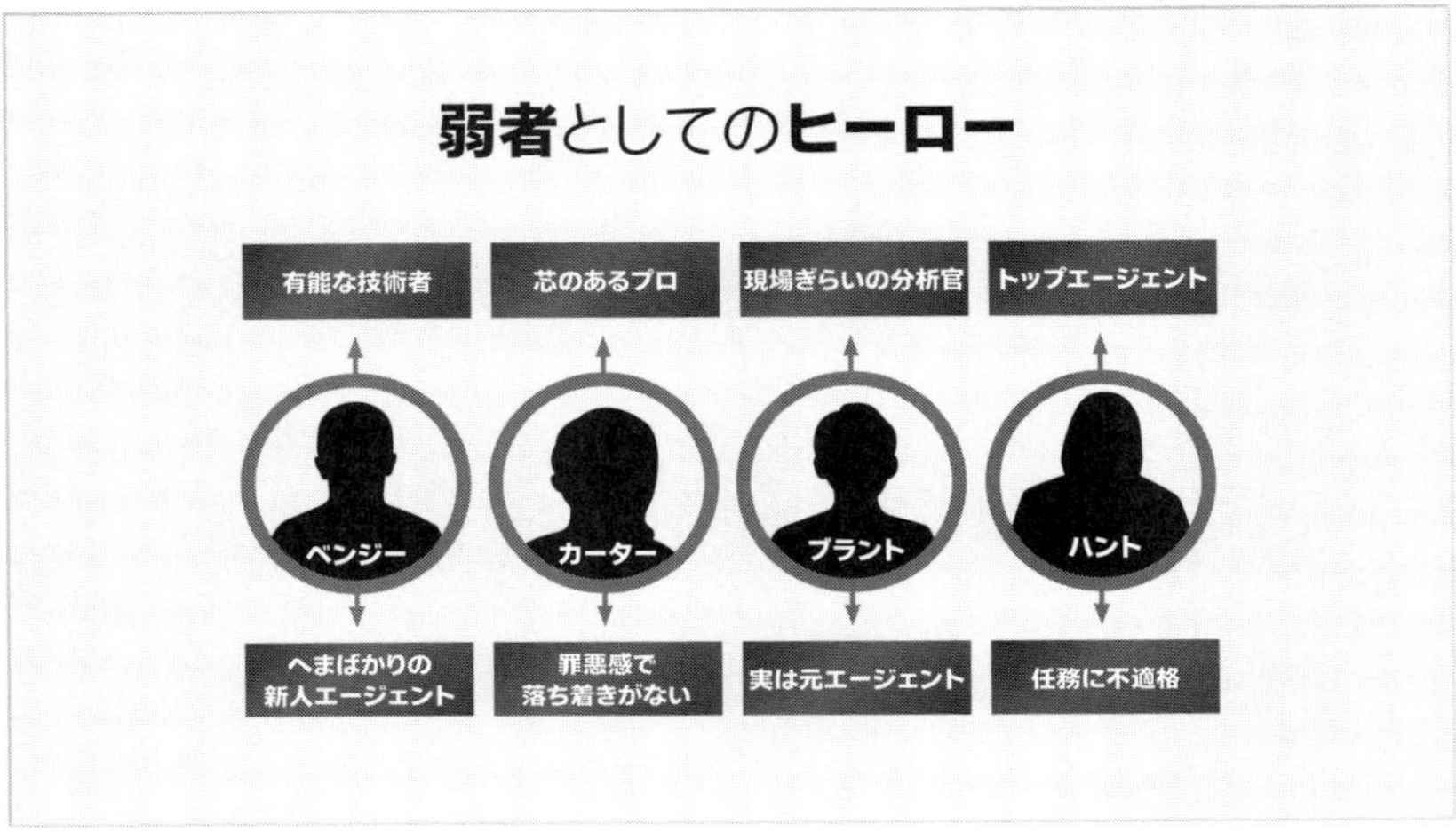

『ミッション：インポッシブル／ゴースト・プロトコル』におけるバランスの技巧を見てみよう。

脚本家たちは過去のシリーズ作品にはない対立要素を登場人物に与え、凄腕のヒーローたちをのっぴきならない状況に陥った弱者へ変えている。秘密諜報組織ＩＭＦの四人のメンバーそれぞれに、力と弱さという内なる矛盾をかかえさせたのだ。

第一に、ハイテクの専門家であるベンジーは、緊迫した状況になると落ち着きのない素人のようにぺちゃくちゃとしゃべりだし、失敗を犯す。第二に、カーターは仕事の相棒で恋人でもあったハナウェイの死に責任を感じ、自分への猜疑心に苛まれている。三人目のブラントは単なる分析官ではないが、そう装っている。四人目は主人公のイーサン・ハントであり、ＩＭＦのトップエージェントのはずだが、映画の冒頭でロシアの刑務所から救出される場面では、きわめて衝動的にふるまう。任務がはじまってからも、何度も怪我をするなど、身体能力に翳りが見える。刑務所に収監されたいきさつが明らかになると、ほかの三人はイーサンの正気を疑う。

未熟でへまばかり、自信喪失、身分についての隠し事、無鉄砲さという四人のマイナス面は、チームの力を削いで弱者へと変える。そのうえ、さまざまな不都合が起こり、変装用のゴムマスクや自動で壊れる通信機器といったＩＭＦの代名詞とも言える小道具が、肝心なときに正常に機能しない。そうしたことが重なって、チームワークの乱れや仲間内での口論に発展する。

しかも、このまとまりのないチームが敵として立ち向かうのは、コバルトという異常な精神を持つ悪役だ。コバルトはクレムリン宮殿を爆破して多数の死傷者を出し、それを巧みにアメリカのしわざに見せかける。追跡の手をうまくかわして世界を飛びまわり、最後にはサンフランシスコへ向けて核兵器を発射する。

強者としての悪役

敵対する力が弱ければ、アクション作品はもちろん、どんなストーリーでも興奮は生まれない。だから、悪役が振るう力は強大でなくてはならない。自分の力に顔を輝かせる悪役が、力を失ったヒーローを高みから見おろすとき、ヒーローに共感した観客や読者のなかでは、感情に満ちた好奇心が一気に高まる。ヒーローが命懸けの危険を冒すたびに勝ち目が濃くなり、アドレナリンが放出される。強者と弱者の極度の不均衡こそがアクション満載のシーンの土台であり、それが興奮を引き起こす。

この強者と弱者の原則を限界まで活用する手法について、スーパーヒーローを例に考えてみよう。究極の力に恵まれたキャラクターが、悪役の前でひざまずくことになるのはどうしてなのか。たとえば、スーパーマンはどういういきさつによって、宿敵レックス・ルーサー、ゾッド将軍、ブレイニアックの前で弱者となるのか。

『スーパーマン』（一九七八）で、レックス・ルーサーはスーパーマンの唯一の弱点であるクリプトナイトという鉱物を使って動きを封じ、地理上のジレンマに追いこむ――核爆弾を搭載した二基のロケットを正反対の方向に発射するのだ。一方はニュージャージー州ハッケンサック、そして、もう一方はサンアンドレアス断層を目標とし、大地震を起こしてカリフォルニア州を海へ引きこむのが狙いだ。スーパーマンはまずハッケンサックを救ったあと、すでに崩壊をはじめたサンアンドレアス断層へ飛んでいき、自分の体の摩擦熱でカリフォルニアをふたたび北アメリカ大陸に融合させる。けっしてたやすいことではない。

だが、この地震によって、愛する女性ロイス・レーンが命を落とす。ここでスーパーマンは道徳上のジレンマに直面する。人間の運命に干渉するなという実父の貴い戒めに従うのか、愛する女性の命を救うのか。結局、スーパーマンは後者を選ぶ。量子の力を使って地球を逆回転させ、時間を巻きもどすことでロイスを生き返らせる。

スーパーマンのはじまりの物語を描いた『マン・オブ・スティール』では、クリプトン星出身の権力欲の塊であるゾッド将軍が、ワールド・エンジンという巨大な装置で地球の環境を破壊し、この星全体を自分たちの生態に合わせた新しいクリプトン星に変えようする。スーパーマンはワールド・エンジンを破壊し、殴り合いのすえにゾッド将軍を打ち負かす。『スーパーマンII／冒険篇』（一九八〇）は最初の映画『スーパーマン』の続編で、ゾッド将軍がふたたび登場する。今回はクリプトン人の仲間ふたりを引き連れているため、超人的な悪役三人に対してスーパーヒーローはひとりとなり、数の多さで鉄の男《マン・オブ・スティール》は弱者となる。

『スーパーマン　アニメ・シリーズ』では、超人的意識を持つコンピューター、ブレイニアックがクリプトン星の文明の全情報を宇宙船の記憶装置にダウンロードし、みずからをアンドロイドに造り変えて、クリプトン星が爆発する寸前に脱出する。のちのエピソードでは、スーパーマンがブレイニアックの地球殲滅計画を知り、おおもとのコンピューターを壊せばブレイニアックを倒せると考えて、記憶装置を乗せた宇宙船を破壊する。ところが、そのあとの放送回では、ブレイニアックが事前にレックス・ルーサーのコンピューターにみずからをダウンロードし、新たなアンドロイドの体を造らせようとしていることが判明する。

三人の悪役のなかで最も強いマイナスの力を発するのは、ジレンマの力を熟知するレックス・ルーサーだ。ゾッド将軍とブレイニアックはスーパーマンの命を脅かすが、ルーサーはスーパーマンに対して、父親が定めた掟を破るか、愛する女性をむざむざ死なせるかという、ふたつの悪のどちらかを選ぶことを強いる。この手詰まりの状況では、どちらを選んでも愛するものが犠牲になる。

最強の悪役は、どれを選んでも代償を払うしかない敗北必至の立場にヒーローを誘いこんで弱者へと転落させる。

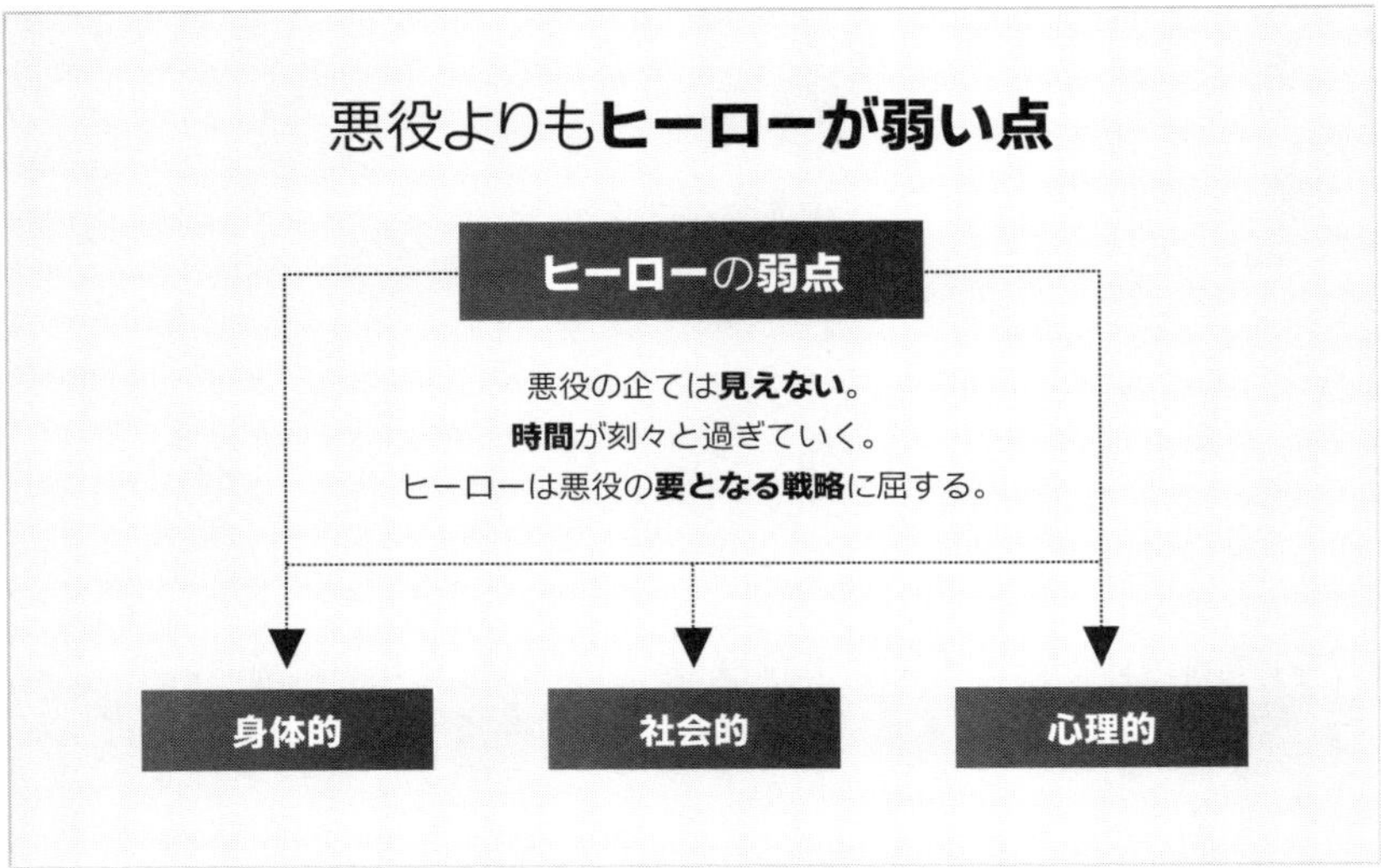

欠点はヒーローをより人間らしく、より多面的にするが、アクション作品では対立要素がひと組かふた組あるだけでじゅうぶん複雑だ。あえて隙となる弱みを作る必要はない。大事なのは悪役の武器のほうだ。それは、とりわけヒーローに対して効果を発揮するものでなくてはならない。ヒーローがどんな技能や力を持っていようと、悪役の要となる戦法の前では劣勢になる。

こういった脆弱さには、身体的、社会的、心理的なものがある。

身体的

アクション作品で最も有名な身体的な弱点と言えば、無敵に見えるスーパーマンがクリプトナイトによって力を奪われることだろう。

社会的

『ジョン・ウィック』シリーズの殺し屋たちは、

世界じゅうに存在するコンチネンタル・ホテルを中立の領域とする掟に従っている。ホテル内ではあらゆる暴力が御法度とされる。コンチネンタル・ホテル・ニューヨークの代表ウィンストンをはじめ、各国のホテルの支配人たちはこの掟をみなに遵守させ、また理由は不明だが、国際的に活躍するプロの殺し屋たちは、ジョン・ウィックを含めただれもが、(自分がそむくまでは)名誉にかけてこの掟を守ろうとする。

心理的

ヒーローの弱点は、インディ・ジョーンズの蛇ぎらいのように恐怖症の形をとることもある。『ダークナイト』のバットマンは、正体を隠しているせいで組織犯罪のターゲットにならずにすむが、ジョーカーは心理的洞察でマスクの下の真実を探ろうとする。正体を明かすまで毎日市民を殺すとジョーカーが宣言すると、バットマンは良心に従い、マスクを脱いでブルース・ウェインだと明かすことを決意する。

それより謎めいた流れで進むのが『ジョン・ウィック:パラベラム』(二〇一九)だ。世界の十二の犯罪組織の長が委員をつとめる主席連合が、ジョン・ウィックに千四百万ドルの懸賞金をかける。そこでウィックは、その主席連合を統括するモロッコの謎の首長をさがし出す。理由は明らかにされないが、このきわめて強大な力を持つ人物に対して、ウィックは心理的に無防備そのものだ。首長はウィックに、左手の薬指を切り落として結婚指輪を捧げよと命令する。その指輪は真実の愛、亡き妻ヘレンを象徴するものだ。ウィックは命令に従い、首長は賞金を取りやめる。

悪役が持つヒーローに対する耐性

ヒーローが戦いで繰り出す技がどんなものであっても、相対する悪役には効かない。そのため、悪役を暗殺するのは不可能で、脅すこともむずかしい。ヒーローは無敵の悪党と対峙し、成功の見こみのないまま、あらゆる手を尽くさなくてはならない。打つ手が捨て鉢になるほど、新しい戦術の可能性はしぼみ、勝機もなくなっていく。

徐々に戦況が悪化するなかでも、ヒーローは敢然と立ち向かい、内面の奥深くを探求し、新たな作戦を見いだすとともに、自分のなかの新たな才能をも発掘しなくてはならない。ヒーローがあきらめずに取り組んで独自性と意外性のある戦法を編み出し、悪役の耐性を打ち破ったり、機転をきかせて悪役の耐性を逆手にとったりすると、サスペンスは一気に燃えあがって興奮を呼び起こす。

悪役の耐性にも、身体的、社会的、心理的なものがある。

身体的

『ターミネーター2』で考えてみよう。ヒーローであるT－800の主たる強みは、身体的な強靭さと高火力のショットガンだ。しかし、自在に形を変えられる液体金属のボディを持つ悪役T－1000は、殴られてもさざ波ひとつ立てずにパンチを呑みこみ、ショットガンにもほとんど動じない。どうあがいても倒すことはできないように思える。

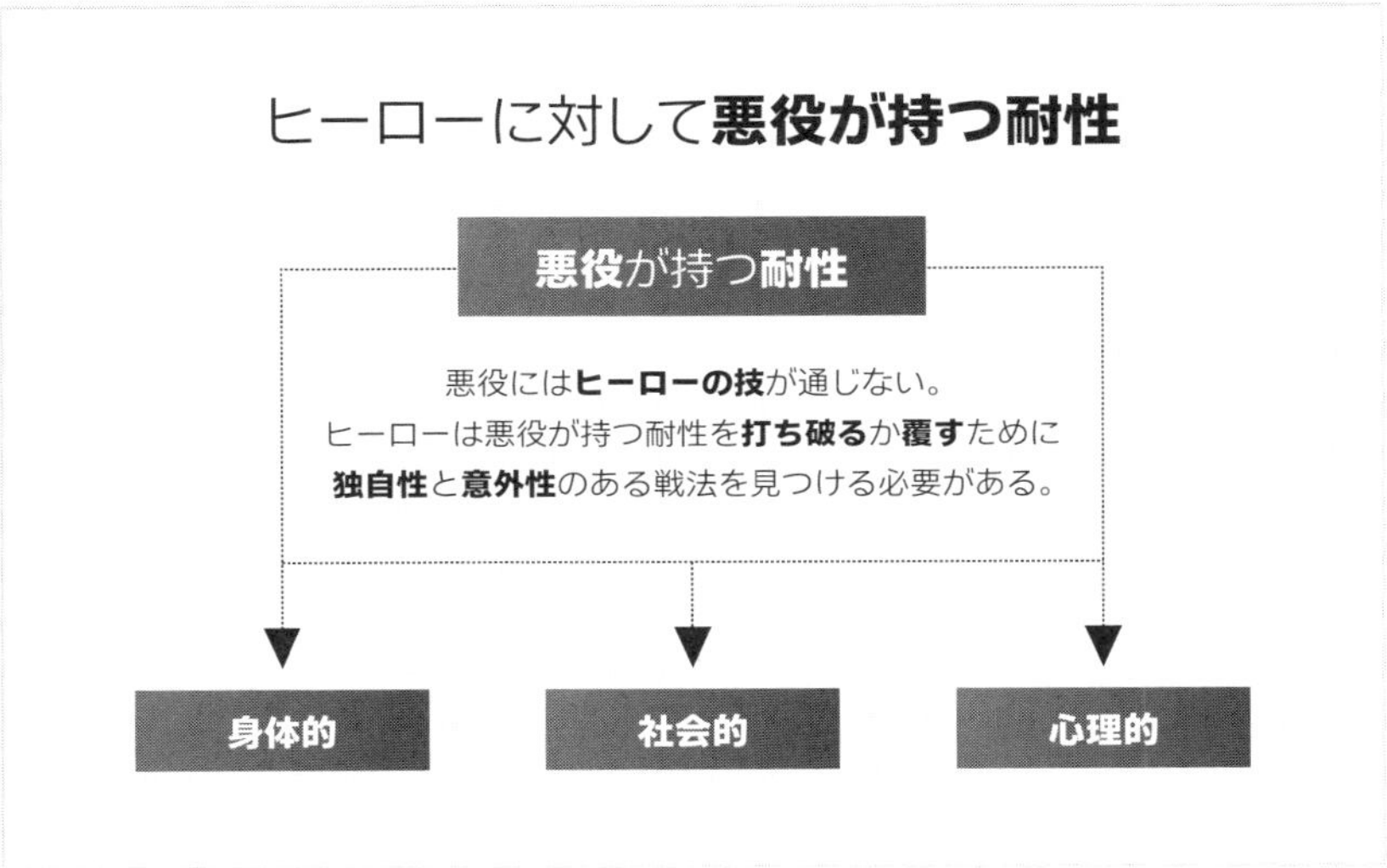

サム・ライミ版『スパイダーマン』シリーズに登場するドクター・オクトパス、ヴェノム、グリーン・ゴブリンといった悪役たちは、あっさりと蜘蛛の糸を蹴散らす。サンドマンに至っては、糸が砂の体を貫通しても平然としている。

社会的

耐性の第二の源は、社会における力関係である。『ダイ・ハード』のジョン・マクレーンはニューヨーク市警の刑事だ。ニューヨークでは、警察官のバッジを見せて「逮捕する」と言えば、被疑者は両手をあげ、あとは手錠をかければいい。そのため、主人公は最初に悪役のチームのひとりと遭遇したとき、逮捕しようとする。ハンス・グルーバーならば笑い飛ばしそうな考えだ。グルーバーの一味はどの国の法律にも従わない。頭のなかは人を殺すことだけで、投獄のことなど考えていない。そこでマクレーンは戦術を変え、高層ビル内でゲリラ戦士となる。

心理的

バットマンのおもな武器は、その威圧的で恐ろしげな姿だ。とはいえ、それで怯むような敵はいない。中でもジョーカーはそうだ。警察署の尋問室でバットマンがジョーカーを問いただす場面では、ジョーカーはバットマンを前にして大笑いする。バットマンにぶちのめされながら、ジョーカーはそれを楽しんでいるのだ。

序列の力

人間関係で力のバランスが対等であることはほとんどない。たいがいは一方が上の立場にあって、より多くの力や資質を持つ。こうした偏りのある関係は、腐敗や不当な扱いや圧政のせいとはかぎらない。親は子供より、上司は部下より、教師は生徒より力を持つ。

悪役を強者にするため、アクション作品の書き手はつぎの五つのいずれかの手法で悪役に序列の力を付与することが多い。

1　同じ組織内で格差がある

ヒーローと悪役が同じ社会組織に属する場合、立場が上になるほど力は大きくなる。悪役の階級がヒーローよりもはるかに上位であれば、最高位でなくてもよい。

『ボーン・アイデンティティー』（二〇〇二）では、主人公ジェイソン・ボーンはＣＩＡの職員で、悪役はその幹部だ。

2　別組織で格差がある

悪役とヒーローがそれぞれ別の組織で活動しているのであれば、悪役は自分が属する組織内でヒーローよりも上の立場にいる。

『ダイ・ハード』のジョン・マクレーンはニューヨーク市警の一介の刑事だが、相対するハンス・グルーバーは国際的な犯罪組織のリーダーとされている。

3　大きな組織内の重要度の低い組織

ヒーローは小規模な組織のリーダーだが、悪役はその母体組織に所属し、比較にならないほど大きな権力を持つという場合もある。

『スター・ウォーズ』シリーズでは、ルークと反乱同盟軍が巨大な力を持つ帝国に対して銀河を舞台に内戦をおこなう。『Ｍｒ.インクレディブル』の主人公Ｍｒ.インクレディブルは、一家の夫かつ父親であり、巨大企業を営む悪役シンドロームから任務を受ける立場に置かれている。

4　小さなチームで強大な組織に抗う

この方針をとると、群像劇になることが多い。『七人の侍』（一九五四）、『荒野の七人』、『300〈スリーハンドレッド〉』、『三銃士』（一九七三、一九九三ほか）などでは、ヒーローのチームが悪の軍団との戦いを繰りひろげる。アクションSFゲーム『Halo』シリーズでは、主人公のマスターチーフことジョン117の相棒はAIのコルタナだけだ。

力の格差をいっそう際立たせるため、『シェーン』（一九五三）、『アウトロー』（一九七六）、『マッドマックス2』（一九八一）といったアクション作品で見られるのが、頼る者のいない一匹狼が大人数を相手に戦う場面だ。チャン・イーモウ監督の中国映画『SHADOW／影武者』（二〇一八）では、武人ではなく下人の境州《ジン・チョウ》が、難攻不落の要害の地に住む隣国の将軍、楊蒼《ヤン・ツァン》との果たし合いに臨む。

悪役が最初から組織の最高位についているストーリーにはリスクがある。悪役が圧倒的な力を持っているので、個々の策が似たものの繰り返しになって予想がつきやすくなる可能性があり、そのため、作家は各シーンに意外性を持たせるための斬新な手をそのつど考え出さなくてはならない。

悪役が持つ組織的な力を見せつけるため、書き手がよく用いるのはおおぜいの手下をつけるというものだが、人数が増えるほど繰り返しが増えて退屈になる。興奮を高めたいのであれば、見えないものが見える秘術など、組織的な強みを持つ悪役ならではの唯一無二の力を与えることを考えよう。

5　ひとりの悪役にヒーローの組織が立ち向かう

『ミッション：インポッシブル／ゴースト・プロトコル』では、テロリストのコバルトが壮大な仕掛けでアメリカとロシアの国家間の競争関係を操り、両国の力を削ぐ。アメリカ政府に秘密諜報組織ＩＭＦを切り捨てさせ、チームからハイテク機器をあらかた奪い、クレムリン宮殿を爆破し、ロシアの諜報員にイーサンを追跡させ、原子力潜水艦への命令を偽装し、核ミサイルを発射させる。

ストーリーが進むなかで力を手に入れる悪役もいる。『ダークナイト』のジョーカーは映画がはじまる時点では強盗にすぎないが、つぎからつぎに策を弄して人を殺し、やがてはこのサイコパスが街のマフィアを牛耳って、ゴッサム・シティに無理な要求を突きつける。このような進化は悪役の台頭を劇的に描き出し、大きな興奮を掻き立てる。

組織における悪

社会に存在する団体や組織は、特定の価値要素に基づいて使命を追求する。政府は「脅威／安全」という対立に向き合いつつ市民を守る。創造的才能を持つ者は、あらゆる芸術形式の根幹にある「美／凡庸」という対立と格闘する。高等教育機関では、学者が「知識／無知」の対立で苦闘する。宗教では「道徳心／不道徳」の対立が見られる。そして、それぞれの頂点には、その組織の中核の価値要素を重んじるリーダーが立っている……少なくとも、そうわれわれは信じようとしている。

悪役は組織の中核の価値要素を完全なプラスから完全なマイナスへ反転させることで組織を腐敗

させる。では、「正義／不正」に基づいた組織を例にして、腐敗が進む四つの段階について見ていこう。

1　不公平

第一段階では、悪役が幹部をだましてライバルが解雇されるように仕向け、自分の力を増大させる。悪役の反道徳的なふるまいは組織の価値要素を公正から不公平へと落とすが、この時点ではまだ違法ではない。

2　不正

だが、つぎの段階では法にそむく。悪役は新たな地位を悪用して研究開発部門から社外秘の技術情報を盗み出し、別の会社へ転売したあげく、無実の被害者を犯人に仕立てあげる。この策略は見破られず、気づかぬ組織は不公平から不正の段階へ移る。

3　絶対的支配

プラスからマイナスへと価値要素が単純に逆転しただけでは、悪のきわみには至らない。法治社会ならば、正義が果たされる可能性はまだある。法が破られたときには、犯罪と戦う者たちが正義を取りもどそうとするからだ。しかし、天才的な悪役による重大な犯罪は、事態をマイナスの価値要素のさらに先へ押し進める。

悪役がみずからの莫大な富を使って社会を腐敗させ、絶対的な支配を確立すると、不正から絶対的支配の段階へ変わる。法はもはや存在しないか効力を失い、悪役が支配の礎とするのは法ではなく、「力こそ正義」という信条だ。

『スター・ウォーズ』シリーズの世界に登場する、フォースを操るシスの暗黒卿たちは、目的のためには手段を選ばない権謀術数《マキャベリズム》主義、自己中心主義、サイコパスという三つの特性を併せ持つ。こうした強権体制下の醜悪な信奉者たちには、やましさのかけらもない。互いの残虐さを公然と讃え合い、本性や野心、さらにはそれを実現する手段についても隠そうとしない。

4 欺瞞

最強の悪役が用いる最も悪辣な手法は、嘘を武器にすることだ。腕っぷしや魔法、突然変異能力やタイムトラベルといった超自然の武器ではなく、頭脳を強みとするキャラクターを描くことは際立ってむずかしい。圧倒的な力の有無にかかわらず、こういった悪役は計略を弄してヒーローを出し抜き、窮地の局面へ誘いこむ。この転換点で、作者は自分で作り出した悪役の狡猾な作戦のさらに裏をかき、ヒーローが苦境を脱する方法を考え出さなくてはならない。これには才能が必要だ。

ここまで見てきた悪役のストーリーを終えるにあたって、この悪役が組織を完全に掌握したあとで暴君にならない場合を考えてみよう。善良なリーダーを装って、正義に忠実であるふりをするわけだ。その結果、嘘で塗り固めた支配は、その信奉者を被害者に変える。

強者の物腰

堂々たる悪役を作りあげるには、そのキャラクターのことばづかいや身のこなし、態度や外見について考えなくてはならない。

強い立場にある人間はエネルギーを無駄使いしない。暴君は奴隷を所有し、金持ちは従者を雇っている。命令を発する立場の者は物事の進捗を見守って分析するが、その立場にない者は実際に体を動かして必要な作業をする。地位が安定している者には周囲の人々が代わりに動くことを当然と見なす人間特有の雰囲気があり、立場が不安定な者にはぴりぴりと張りつめた空気がある。

『ミッション：インポッシブル／ゴースト・プロトコル』では、主人公率いるＩＭＦのチームは輸送手段や武器にも事欠き、その場にあるものでどうにかしのいでいるが、敵役のコバルトは必要なものを必要なときに手にして、どの場面でも悠然としている。

『ダイ・ハード』のジョン・マクレーンは、裸足になった自分をなじりながら、ガラスの破片が散らばるなかを大きく飛び跳ねるように進まざるをえないが、敵役のハンス・グルーバーは上階のフロアでゆったりと過ごし、服装の好みについて語る。

真の強者は声を荒らげる必要がない。口を開きさえすれば、だれもが言うことを聞くからだ。セシル・B・デミル監督の『十字軍』（一九三五）では、ヨーロッパ諸国の統治者たちが中東のスルタン（イスラム王朝の君主の称号）であるサラディンと対峙して、意気揚々と大声を張りあげる。「われらはおまえを恐れぬ。多数の王が集いて、この軍を率いてきたのだ」サラディンは静かに笑みを浮かべる。「こちらの王はわたしひとりだが……大軍勢がある」

『ゲーム・オブ・スローンズ』で、最上位貴族のスターク家にとって、より大きな脅威となるのは、頭に血がのぼりやすいジョフリーか、その母親で落ち着いた口調のサーセイ・ラニスターか、どちらだろう。ふたりのちがいは、真の強さを持つ人格と臆病な神経症とを分ける性格描写の重要な特質にある。つまり、品格だ。

品格がなければ、ヒーローは道徳的権威としての信頼を失う。品格がなければ、悪役は組織を背景とした権威を失う。富と虚飾にまみれた悪役であっても、ある種の冷徹な品格を身につけることは可能だ。

『ジョン・ウィック』（二〇一四）の悪役、ヴィゴ・タラソフを例に考えてみよう。

強者の物腰

詩的な印象と**マフィアらしい下品さ**が混在する。
鋭い洞察力はジョン・ウィックの**無遠慮な冷静さ**を強調する。

幼少期にキーウのスラム街から抜け出し、裏社会のピラミッドをのしあがってタラソフ・ファミリーを率いるまでになった人物だ。ジョン・ウィックはかつてヴィゴに殺し屋として仕え、親子のような信頼関係を築いていたが、ヴィゴの実の息子ヨセフがジョンの愛犬デイジーを殺したことで敵同士となる。

ヴィゴは極悪人だが魅力にあふれている。口にすることばには詩的な印象やマフィアらしい罵倒語が混じり、ゆがんだ性格は度を越した暴力に滑稽さを覚える。その炯眼はジョン・ウィックの無遠慮な冷静さと対をなし、皮肉な笑みはマフィアとしての矜持をうかがわせる。

サブテクストに隠された力

マント姿や筋骨隆々の体、勲章をずらりとつ

けた軍服は、力の存在を暗示することはできるが、決定づけるものではない。力とはキャラクターの奥深くから発散されるものだ。観客や読者はそれを本能的に感じとる。

テクスト　芸術作品の知覚できる表層部分。目や耳で認識できるもの。彫刻であれば目で見えるもの、音楽であれば耳で聞こえるものだ。ストーリーの場合、キャラクターのことばや行動など、外形的なふるまいを指す。

サブテクスト　芸術作品の内面に息づくもの。彫刻であれば、その実体と見た目のあいだにある緊張状態。音楽であれば、音の響きのなかに脈打つ感情のエネルギー。ストーリーであれば、キャラクターの台詞や行為の裏にたゆたう、隠された意識的思考や押さえこまれた感情、さらにはそれより深層にある無意識の欲求や衝動を指す。

キャラクターが登場すると、観客は目や耳で知覚するテクストによって手がかりをつかんでから、キャラクターが言動に出さなかったサブテクストの思考や感覚を直感的に察知し、それをもとに力の有無まで感じとる。また、たとえキャラクターがたいした行動をとっていなくても、最初の数シーンのうちに、それぞれの人物が社会階層の底辺から頂点のどこに位置するのか、無力なのか絶大な力を持っているのかを把握する。

アクション作品では、暗示されるサブテクストが静寂に緊迫感を与える。表面では脅威に淡々と向き合っているように見せつつ、サブテクストで興奮をあおれば、観客はその人物を深く知りたいという思いに駆られる。見えないものの存在を示唆するだけで、ことばや行動にはっきりとは表れていなくても、その人物の内面を駆けめぐっているであろうものを知りたいという欲求が生まれる。『007／カジノ・ロワイヤル』の冒頭のシーンで検証してみよう。

ビート1

○屋内　プラハ局長室——夜

局長が自分のオフィスにはいってきて、壁の金庫があいているのを見て驚く。

ボンド（暗がりにひそんだまま）Mはあんたが多少の小遣い稼ぎをしても気にしない。だが、機密を売るのはまずいぞ。

サブテクスト——**局長を裏切り者だと指摘している。**

局長がゆっくりと椅子に腰かけ、ひそかにデスクの抽斗をあけると、そこに銃がある。

サブテクスト——**ボンドを殺そうとしている。**

ビート2

局長　芝居がかった脅しなど通じないぞ、ボンド。何かのまちがいだろ。Mが裏切り者を始末するときは00《ダブルオー》を送る。

サブテクスト――**ボンドを見くだしている。**

ボンドはことばを返さず、局長をじっと見つめる。

サブテクスト――**局長が話すよう促す。**

ビート3

局長　（つづけて）わたしは局長だから、だれがダブルオーに昇格したかも知っている。

サブテクスト――**ふたたび、ボンドを見くだす。**

ボンドはターゲットから視線を離さず、笑みを浮かべている。

サブテクスト――**この対決を楽しんでいる。**

ビート4

局長　おまえはまだひとりも殺していない。昇格の条件は……

サブテクスト――**三たびボンドを見くだす。**

ボンド　（さえぎって）ふたりだ。

サブテクスト――**局長を威圧している。**

ビート5

○回想シーン　屋内　公衆トイレ――夜

ボンドが相手と激しく、だが落ち着いて格闘している。

サブテクスト――**激情と臨機応変さ。**

ビート6

○屋内　プラハ局長室――同

局長が銃を取り出してボンドに向ける。

局長　残念だ。知り合って間もないのに。

サブテクスト――**自分のほうが上手《うわて》だとボンドに見せつける。**

局長が引き金を引く。銃がカチリと音を立てる。銃弾は発射されない。

サブテスクト――**ボンドの罠が明らかになる。**

局長は自分の銃をじっと見る。

サブテクスト――**愕然としている。**

ビート7

ボンドが銃の弾倉を掲げて見せる。

ボンド　弾なら抜いておいた。おれを見なおしたか？

サブテクスト――**局長を挑発している。**

局長　まあな。あいつはどう殺した？

サブテクスト――**自分の末路を覚悟している。**

ボンド　あんたの手下か？　ひどいものさ。

サブテクスト――**この一瞬を楽しんでいる。**

ビート8

○回想シーン　屋内　公衆トイレ――同

ボンドは敵を手洗いシンクで溺死させ、死体を見おろしながら落ち着きを取りもどす。

サブテクスト――**激情を鎮めている。**

ビート9

局長　殺した気分はどうだった？

サブテクスト――**自分の運命を受け入れようとしている。**

ボンドはじっと見返す。

サブテクスト――**局長に最後の時間を与える。**

ビート10

局長　つらいか？　心配ない。二度目の殺しは――

サブテクスト――**死に臨んで威厳を保とうとしている。**

局長が話を終える前に、ボンドが撃ち殺す。

ボンド　そうだな。ずっと楽だ。

サブテクスト――**殺しを楽しんでいる。**

これはあくまでも暗殺シーンであり、観客に「撃つのはいつか」と思わせるのがポイントだ。しかし、ボンドと局長の双方が真意や感情をサブテクストに隠していることで、緊迫感が増し、サスペンスが高まり、最後の命を奪う行為に意外性が生まれる。

第3部　アクション作品の設計

第2部では、アクション作品の中核となる三つの役柄に焦点をあて、キャラクター像の全貌を思い浮かべたうえでストーリーに組みこむことをめざした。第3部では逆の見方をしていく。ここからのいくつかの章では、だれがそれらの役柄を担うにしても、アクションのストーリーでかならず起こることについて説明する。ここまではキャラクター作りと出来事の設計を切り離し、あなたが両方を使いこなせる芸術家となってリングにあがれるよう訓練してきた。しかし、いったんキーボードを叩きはじめれば、ふたつが完全に切り離されることはない。

ほぼすべてのアクション作家が、創作過程では才能を縦横に駆使して、設計の両極、すなわちキャラクターと出来事のあいだを行き来する。出来事にふさわしいキャラクター、キャラクターにふさわしい出来事を作るのが、作家の毎日の仕事の両面である。

キャラクターは出来事を生み、出来事は変化を生む。ビートが進んでいくなかで、作家は化学者のように、ふたつのもの――人間の性質と、変化が生む力――をひとつにし、新たな第三のもの――ストーリー――を作りあげる。

キャラクターのアクションが周囲の世界に影響を与えると、それに対するリアクションが人生のバランスを変化させ、キャラクターや当人が経験する出来事がプラスまたはマイナスの方向へ進んでいく。価値要素がシーンのはじめから終わりまでまったく変わらなければ、本質的な変化がない、つまり何も起こっていないことになる。偶然何かが起こる場合を除けば、キャラクターの手で引き起こされた転換点を含まないシーンは期待はずれで、おそらく退屈なものになる。

では、アクション作品における出来事の設計を見ていこう。

8 契機事件

人生の最終決定権を自分が手にしていると感じられれば、日々の煩わしい出来事にも対処できる。求めるものはみな同じで、それは自分という存在の主導権だ。

契機事件はこの主導権を打ち砕くことでストーリーを動かしはじめる。契機事件となる出来事は主人公の人生を根本から覆し、重要な価値要素のバランスをプラスからマイナスへ（裕福な人物が貧困に陥る）、またはマイナスからプラスへ（奴隷が脱走して自由を得る）と揺り動かす。大きな転換点のきっかけとなりうるものはふたつだけ――選択と偶然だ。

例をあげよう。犯罪ストーリーでは、はじめに犯罪者が殺人を犯すという選択をし、それによって捜査側から見た世界のバランスが正義から不正へ（プラスからマイナスへ）と変化する。ラブストーリーでは孤独な他人同士がたまたま出会って惹かれ合い、ふたりの人生のバランスが孤独から親密へ（マイナスからプラスへ）と変化する。

人生を揺さぶられてバランスが崩れると、均衡を取りもどしたいという本能的な欲求に火がつく。最初はとまどうかもしれないが、やがてバランスの回復した未来や、人生を立ちなおらせてくれる変化を思い描く。いずれはバランスのとれた未来に焦点が合っていき、具体的な目標や**欲求の対象**が明確になる。

ストーリーにおける欲求の対象とは、主人公が人生のバランスを取りもどすために必要だと信じるものや状況のことだ。スパイの秘密が隠された親指大のメモリードライブなど、手に持てるものかもしれない。あるいは、ラブストーリーにおける愛する人との結婚や、ホームドラマにおける家族の団結のような、人間関係の変化かもしれない。戦いに勝って国の平和や人々の自由を取りもどすことのように、社会としての目標の場合もある。

欲求の対象を動機と混同してはならない。欲求の対象は主人公が望むもので、動機は主人公がそれを望む理由だ。ジェームズ・ボンドにとっての動機は、『007／カジノ・ロワイヤル』では道徳心から来る義務感、『007／慰めの報酬』（二〇〇八）では復讐心、『007／スカイフォール』では罪悪感、そして『007／スペクター』（二〇一五）ではそれら三つすべてだ。こういったさまざまな動機が、ボンドをひとつの欲求の対象、すなわち悪役の死へと駆り立てる。アクション作品のヒーローの動機は、そのヒーローとストーリーに固有のものだ。あるキャラクターが何を求めるか、なぜそれを求めるかを執筆するには、それぞれ別の、だがいずれもきわめて重要な創造力が必要となる。

アクション作品のストーリーでヒーローの人生が完全にバランスを崩してマイナスへ転じるのは、つぎの三つが現れたときだ。

1 悪役
2 悪役の計画
3 悪役が計画を実行するために必要なマクガフィン（ストーリーを展開するきっかけとなるもの）（マクガフィンについては10章でくわしく述べる）

これら三つが明らかになると、ヒーローは悪役を倒すこと、その計画をつぶすこと、被害者を救うこと、安全を取りもどすことを目標とする。三つすべてがひとつの対決シーンで明かされる場合もあれば、三つの異なる出来事に分かれる場合もある。どれかひとつの要素でも現れると、物語が動きだす可能性がある。

『007／スペクター』のジェームズ・ボンドは、悪役フランツ・オーベルハウザーを目にした時点では、相手が何を求め、それを手に入れるために何を計画し、どのように使おうとしているかを知らない。『ガーディアンズ・オブ・ギャラクシー』のストーリーはスター・ロードことピーター・クイルが作中でマクガフィンとなる謎めいた球体《オーブ》を盗むところからはじまるが、その球体の隠れた力や用途について、クイルは何もわかっていない。『24－TWENTY FOUR－』の主人公ジャック・バウアーは、各シーズンの第一話で悪役の計画を知るが、悪役の正体や、悪役が計画実行のために何を必要としているかは知らない。

五幕構成の映画『ミッション：インポッシブル／ゴースト・プロトコル』では、冒頭二幕のそこかしこに契機事件がちりばめられている。第一幕の冒頭では、暗殺者がＩＭＦの諜報員を殺して極秘文書を盗む。正体不明の悪役コバルトに売るためだ。コバルトはイーサン・ハントのチームに正体を突き止められる前にロシア政府の中枢クレムリンを爆破し、その罪をハントに着せる。これが第一幕のクライマックスとなる。ここまでの契機事件の意味は、第二幕のクライマックスで明らかになる。コバルトの正体に気づいたイーサンは、ロシアの原子力潜水艦がミサイル（マクガフィン）を発射してサンフランシスコを攻撃し、それによって第三次世界大戦を引き起こすという謀略を見抜く。

悪役や謀略やマクガフィンを知ったヒーローは行動を起こすが、知りえたことのすべてが正しいとはかぎらない。偽の悪役が物語の幕をあけ、話が進んでから本物の悪役が姿を見せる場合もある（『ダークナイト』）。ロキのような悪役なら、自分の計画について嘘をつきかねない（『マイティ・ソー　バトルロイヤル』）。悪役が偽のマクガフィンでヒーローを欺くこともある（『ダイ・ハード』）。

鍵となる三つを見抜いたとしても、ヒーローが行動を拒む場合もある。『スパイダーマン』のピーター・パーカーは終始消極的なヒーローでありつづけ、スーパーヒーローを演じるという決断に疑問をいだきつづけている。実のところ、コミック版『The Amazing Spider-Man（未）』の第五十号は、「スパイダーマン・ノー・モア！（もうスパイダーマンはやめた！）」というタイトルだ。

アクション作品はいくらでも複雑にできるが、契機事件はたいがい単純だ。たとえば、『ジョーズ』では、サメに襲われて引きちぎられた被害者を警察署長が発見する。

契機事件の配置

契機事件の配置を決める原則は単純だ。メインプロットの契機事件は、その事件が最大の衝撃を与えうるようになった時点で、なるべく早く登場させるのがよい。

契機事件を配するのに適した時点は物語によって異なり、冒頭のシーンから第一幕のクライマックスまでのどこでもありうるし、『ミッション：インポッシブル／ゴースト・プロトコル』のような珍しいケースでは、それよりさらにあとに来る場合もある。正確にいつ物語を動かしはじめるべきかは、準備としてどれだけの説明が必要かによる。観客や読者は、状況をじゅうぶん理解できる前に契機事件が起これば混乱するが、知るべきことをすべて知ったあとで長く待たされれば興味を失うだろう。

予備知識が不要な場合は、『ジョーズ』のように冒頭いきなり契機事件を起こす手もある。一方、役柄や状況、時や場所について深い背景知識が必要なら、契機事件はずっとあとになってもかまわない。

たとえば、クエンティン・タランティーノ監督の西部劇『ジャンゴ　繋がれざる者』（二〇一二）では、観客はヒーローふたりのこと以外にも、一八五〇年代アメリカ南部の奴隷制に基づく慣習や、職業としての賞金稼ぎについても理解しておかなければ、映画がはじまって三十九分経ったところでジャンゴたちが三人の白人奴隷監督を殺して自由を勝ちとっても、じゅうぶんに反応できない。

先にふれたように、『ミッション：インポッシブル／ゴースト・プロトコル』では、非常に複雑な説明が必要なので、ヒーローが三つのことを発見する過程をはじめの二幕に分散させている。この映画のマクガフィンは四つの部分から成り、それらの関係は入り組んでいる。このようなマクガフィンに加えて、悪役の正体や計画までをひとまとまりの前置きとして冒頭シーンで説明してしまうと、重要な要素が見落とされたり、忘れ去られたり、混乱を生んだり、単に退屈がられたりしかねない。それぞれの説明に劇的な場面を用意することで、各段階に動きをつけて観客を引きつけ、興奮を掻き立てたところで契機事件を起こすのがよい。

ヒーローと悪役の出会い

例外はあるものの、アクション作品で悪役が契機事件以前にヒーローを知っていることは珍しい。そのため、作家はある問題に直面する――悪役の計画を知ってはじめてヒーローが行動を起こすなら、最初の出会いはどのように設定すればよいのか。進行中の計画をヒーローに明かそうとすると、ぎこちない仕掛けが必要になりかねないが、作家が自然な動機を見つけられれば話は別だ。

たとえば、『ダイ・ハード』の警察官ジョン・マクレーンは、超高層ビルで起こった強盗のさなかに、たまたま実行犯のリーダーであるハンス・グルーバーに出くわすが、グルーバーはそれまで相手のことなど聞いたこともなかった。この偶然の出会いは、マクレーンに別居中の妻の様子を見にいくという別の動機があったから実現した。

ヒーローの多くは警察官や軍人など、アクションをともなう職に就いている。こういった職業の人物なら、生きるか死ぬかの状況に遭遇し、自分ばかりか他人の命まで救える技能を持っていても嘘くさくない。

これまで見てきたとおり、ヒーローは偶然か選択のどちらかによって登場する。偶然による場合、ヒーローはまずいタイミングでまずい場所に居合わせる（『ゼロ・グラビティ』［二〇一三］）か、うまいタイミングでうまい場所に居合わせる（『スター・ウォーズ　エピソード4／新たなる希望』）。選択による場合、悪役がヒーローを巻きこむことを選ぶとき（『ダークナイト』）と、ヒーロー自身が介入を選ぶとき（『007／カジノ・ロワイヤル』）がある。偶然と選択を組み合わせた第三の方法もあり、この場合、ヒーローがまずい事態に足を踏み入れるところまでは偶然だが、そこにとどまることをヒーロー自身が選ぶ場合がある（『ダイ・ハード』）。ひとたび危険に陥ると、ヒーローは強大な敵の邪悪な計画に対抗するため、即座に戦略を練る。

冒頭の見せ場

アクション作品のストーリーに没入した観客や読者たちの心には、「ヒーローはだれで、何ができるのか」という疑問が湧く。冒頭の見せ場、たとえば『レイダース　失われたアーク《聖櫃》』のはじめにインディ・ジョーンズが巨大な岩から逃げる一連のシーンや、『007／カジノ・ロワイヤル』でジェームズ・ボンドがふたりの悪役を殺して物語に火をつけるシーンは、こういった問いにすぐさま答を与えつつ、ヒーローの能力を劇的に描き、観客の好奇心をしっかりととらえて、あとにつづく契機事件に備えさせるものだ。

一方、別の語り方をすることもでき、その場合はヒーローに謎めいたオーラをまとわせて、さまざまな顔や才能を、物語全体を通して徐々に明かしていく。

伏線となるサブプロット

アクション作品では、メインプロットの契機事件に至るまでに必要な説明が広範囲に及ぶ場合、その下準備としてサブプロットを設定し、観客を引きつけて説明を劇的に演出することがある。『プレデター』（一九八七）の冒頭では、ダッチ・シェーファー少佐の率いる特殊作戦部隊が南米のジャングルにある野営地を攻撃し、拘束された政治囚を、ソ連の支援を受けた反乱軍から救出しようとする。三十六分間にわたるこのサブプロットでは、シェーファーの部隊にいるひとりひとりが持つ高度な技術が描かれる。このサブプロットがクライマックスを迎えたそのとき、娯楽として人間を狩るエイリアンが襲いかかって部隊のひとりを殺し、メインプロットが始動する。

ヒーローと悪役を交互に描く

説明を劇的に演出しつつ、遅れて起こる契機事件に向かって盛りあげるには、冒頭でヒーロー視点のシーンと悪役視点のシーンを交互に見せる方法もある。『ダイ・ハード』や『ダークナイト』や

『スター・トレック2　カーンの逆襲』（一九八二）の冒頭は、ヒーローの登場するサブプロットと、悪役の登場するサブプロットを行き来するように構成されている。両者の距離が縮まるにつれて緊張感が高まり、ついに衝突したところで契機事件が起こる。

メインプロットの契機事件は、物語の冒頭二十五パーセントまでのあいだに起こるのがふつうだ。それ以上長く待たせると、観客は大掛かりな準備の必要な契機事件が待っていると予想する。そのため、契機事件の準備段階で作家がどのようなテクニックを使って興味を引きつづけたとしても、読者や観客は大きな驚きがあるのを待ちかまえる。待たされれば待たされるほど、その期待は大きくなる。

『スター・トレック2　カーンの逆襲』の契機事件が訪れるのは開始から四十五分の時点で、物語の半分が終わろうとしている。映画の冒頭では、ふたつのサブプロットが交互に語られる。ひとつ目では、古びた宇宙船エンタープライズ号で惑星連邦の士官候補生たちを訓練しているカークが、人生の意味を見失いそうな心境と格闘している。ふたつ目のサブプロットでは、カーンが草木もない不毛の惑星から逃げる場面が描かれる。カーンは惑星連邦の宇宙船をハイジャックしてエンタープライズ号を足止めし、カークを罠にかけて降伏を迫る。ふたつのサブプロットのクライマックスは、第一幕のクライマックス、メインプロットの契機事件、窮地のシーンをすべてまとめたひとつの大きな転換点となる。第二幕はさらにつづく窮地のシーンで、意味ある行動でふたたび人生を満たしたカークがついにカーンを出し抜き、言動の中核が一気に白熱していく。

9　言動の中核

言動の中核とは、物語全編を通して主人公が欲求の対象を追い求める際のもとになるものだ。アクション作品における言動の中核は、契機事件に対するヒーローのリアクションからはじまり、クライマックスでヒーローが示す行動で終わる。そのあいだ、ヒーローは転換点ごとに強さを増していく敵対する力を追いつづけ、悪役の計画を打ち破ろうとして、ますます大きな危険に身をさらしていく。

悪役の計画

悪役の計画が発する暗黒のエネルギーはそれぞれの出来事に浸透する。計画にはたいてい謎めいた部分があるので、悪役はいつも一歩先を行くことができる。悪役が計画を放棄しようものなら、アクション作品は頓挫する。救うべき人も危険にさらされたものもなかったら、ヒーローはすべきことがないという壁に突きあたる。

巧みに練られた悪役の計画に必要な条件は五つ。合理性、可能性、危険性、利益性、キャラクター固有性だ。

1 合理性

悪役の計画は理にかなっていなくてはならない。論理的な作戦を練るだけの頭脳がない悪役は自滅するだけだ。それではヒーローが存在する必要はない。

『ダイ・ハード3』（一九九五）の悪役が立てた計画は明快だ。ニューヨーク市の学校を爆破すると電話で予告するが、どの学校かは明かさない。市はパニックに陥り、あわてた警察は総力をあげてすべての学校から人を避難させようと考えるが、それもかなわない。警察がすっかり行きづまるなか、悪役はウォール街――マンハッタンで唯一学校のない区域――の銀行の金庫から千億ドルを超える価値の金塊を盗み出す（この映画の筋書きがあまりに巧妙だったせいで、脚本家はＦＢＩから、ほんとうに実行するつもりではないかと尋ねられたという）。

2 可能性

悪役の計画は、完全無欠とは言わないまでも、成功する可能性が高くなくてはならない。『ダイ・ハード』で、もしジョン・マクレーンが邪魔をしなければ、ハンス・グルーバーは人質たちを殺し、数億ドル相当の無記名債券を持ち逃げできただろう。『ミッション：インポッシブル／ゴースト・プロトコル』のクライマックスで描かれるブリーフケース争奪戦でイーサン・ハントが勝たなければ、コバルトは世界大戦の引き金を引いたことだろう。

最も重要なのは、計画が偶然頼みではないことだ。たまたま都合のよいタイミングで、都合のよい場所に、都合のよいものが必要だというのではまずい。

シリーズ五作目となる『ダイ・ハード／ラスト・デイ』(二〇一三)の悪役はロシアで裁判を受ける。脱獄計画を実行するために、この悪役は同時に異なる三つの陣営――ＣＩＡと、ロシアのギャングと、自分の娘が率いる救出チーム――によって誘拐される必要がある。そのうえ、計画の成功は三つの誘拐作戦のうちふたつが失敗することにかかっている。悪役は成功をめざした計画を立てて、失敗に備える――その逆であってはいけない。

一見失敗に思えるものの裏に成功が隠れているというストーリーには長い歴史がある。敵をだまして防御の内側へはいるというアイディアは、三十二世紀前には斬新だった。ギリシャ軍がトロイアの街への贈り物として(中に戦士たちがひそむ)巨大な木馬を残して去ったときのことだ。策士オデュッセウスが考案したこの仕掛けを再利用し、『ダークナイト』のジョーカーは自分が捕まることを要とした計画を実行した。同じ仕掛けはその後、『ダークナイト　ライジング』(二〇一二)、『００７／スカイフォール』、『スター・トレック　イントゥ・ダークネス』(二〇一三)、『ダイ・ハード／ラスト・デイ』と二年のあいだに何度も繰り返され、しだいにばかげたクリシェと化していった。

3　危険性

物の価値を測るとき、観客は人がそのために何を危険にさらすかを見る。だから、悪役の計画はありえそうに感じられるだけでなく、目標に比例して危険度が高くなければならない。得ようとするものが大きいほど、冒すリスクも大きくなる。

『ダークナイト』のジョーカーがゴッサム・シティを混乱に陥れるには、銀行を襲い、マフィアを襲い、その復讐から逃れたうえに、マフィアと裁判官と警察本部長を殺さなくてはならない。

ハンス・グルーバーは、単にナカトミ商事のコンピューターをハッキングして富を吸いあげればよいわけではない。大金を盗むためには、ビル一棟ぶんの人質をとり、そのうえテロリストになりすましてＦＢＩと市警を攪乱させる必要がある。

4 利益性

悪役がほしがるものはきわめて大きな価値を具え、とてつもない富か権力、あるいはその両方をもたらさなくてはならない。そうでなければ、人命を奪ってまで手に入れる理由がない。

5 キャラクター固有性

悪役の計画は悪役の本性を反映する。そのキャラクター固有のものである必要があるのは、悪役の計画に対するヒーローのリアクションと同様だ。

うぬぼれと権力欲の強いふたりの悪役について考えてみよう。『ガーディアンズ・オブ・ギャラクシー』のロナンと、『ミッション：インポッシブル／ゴースト・プロトコル』のコバルトは、どちらも文明を破壊する計画を立て、新たな文明を創造して神同然の力を持つ自分を崇めさせようとする。ロナンが持つこの欲求は、何世代も昔の正義を求める、異常なまでの信念に根ざしている。ゆがんだ思考を持つコバルトは、世界を破壊すれば人類は再出発でき、自分が人類の守護天使になれると考えている。

したがって、アクション作品のストーリーを作る過程では、まず悪役を設計し、つぎに独自の材料と戦略をもって、この悪に対抗するヒーローを設計することになる。あらためて強調しよう。アクションのプロットは悪役の心理やそこから生まれる計略によって進展し、それに対するヒーローの反応が言動の中核に動きを与える。

襲いくる悪党たち

『スパイダーマン』シリーズのようなフランチャイズ作品や、『マンダロリアン』のような長編ドラマシリーズでは、ひとりの主人公の前に何人もの悪役が現れ、それぞれ異なった方法で主人公を試す。特に印象に残る悪役は、それまで見えなかったヒーローの資質を引き出す者だ。

『バットマン』シリーズでは、ジョーカーが重圧下での冷静さを試し、リドラーがなぞなぞで推理の力を引き出し、スケアクロウが勇気に挑み、キャットウーマンが道徳心を惑わし、ベインが強靭さを測る。ヒーローが一作に登場しようと百作に登場しようと、悪役は自分の力と計画によって、その悪役だけが創造できる唯一無二の試練を生み出し、対するヒーローだけが思いつく唯一無二の解決策を引き出す。

悪役の秘密

計画が見え透いていればいるほど、悪役は予想がつきやすい存在となり、脅威ではなくなる。計画が謎めいていればいるほど、悪役はより危険になり、言動の中核がより驚きに満ちたものとなる。『ダイ・ハード』のハンス・グルーバーには秘密がある。実はテロリストではなく、強盗なのだ。『スター・ウォーズ　エピソード5／帝国の逆襲』の最大の悪役ダース・ベイダーには秘密がある。実はヒーローである主人公の父親なのだ。人間でない悪役にすら秘密がある。『THE GREY 凍える太陽』(二〇一一)の冒頭では、飛行機墜落を生き延びた乗客たちをオオカミの群れが取り囲み、狩り場から追い出そうとするかのようにうなり声をあげる。だがあとになって、乗客ははじめからずっとオオカミの巣穴へ向かって追い立てられていたことを知る。

悪役の秘密は、本名や投獄歴や幼少期の虐待といった、単なる事実の説明であってはならない。秘密が明るみに出たときに、対立が生じたり増大したり複雑になったりし、それによって出来事を大きく揺るがして、新たな方向へ動かすものであるべきだ。

アニメーション映画『バットマン　マスク・オブ・ファンタズム』(一九九三)とクリストファー・ノーラン監督の実写映画『バットマン　ビギンズ』(二〇〇五)を比べてみよう。両作ともバットマンの来歴を描いていて、ブルース・ウェインがなぜ、どのようにしてマントとマスクを身につけることになったのかが語られる。どちらの作品でも、悪役は秘密の顔を持っている。

『バットマン　マスク・オブ・ファンタズム』では、ファントムの名で知られる覆面の人物が、ゴッサムでマフィアのリーダーたちをつぎつぎと処刑する。疑惑の矛先を向けられたのはバットマンだ。ブルース・ウェインは容疑者として警察に追われながらも謎に挑み、自分の過去とのつながりを見いだす。十年前、犯罪と戦うために秘密訓練を受けていたブルースは、カール・ボーモントとその美しい娘アンドレアに出会った。ブルースはアンドレアと恋に落ちたが、親子は突然姿を消した。悲しみのなか、ブルースははじめてバットマンのマントを身につけた。

話は現在にもどり、ブルースはファントムの犠牲になった人々とアンドレアの父カールとのあいだにつながりを見いだす。カールは以前、マフィアたちの金を運用していたのだ。しかし、大金を失ったカールは、マフィアの雇った殺し屋に追われる。カールは娘を連れて逃げ、時間を稼いだ。金を工面したカールは利子をつけてマフィアに返済したが、結局殺されることになった。

手がかりをつなぎ合わせて推理したブルースは秘密を突き止める。ファントムははじめからずっとアンドレアだったのだ。マフィア殺害は父親を殺されたことに対する復讐だった。いまやバットマンはずいぶん特殊な問題に直面する。

『バットマン　ビギンズ』で、若きブルース・ウェインはラーズ・アル・グール率いる暗殺者の秘密組織「影の同盟」の一員であるヘンリー・デュカードから戦闘技術を学ぶ。結局ウェインは組織に加わるのを拒み、組織の本拠地が燃えるなかを脱出する。このとき、ヘンリー・デュカードの命は助けるが、瀕死のラーズ・アル・グールはほうっていく。

やがて、バットマンとなったブルース・ウェインは、ゴッサム・シティを幻覚剤で汚染しようと企む悪役を追う。ウェインは敵の首謀者がラーズ・アル・グールであることを突き止める。ウェインがバットマンとして活動しているのと同様に、ヘンリー・デュカードもラーズ・アル・グールとして活動していた。「影の同盟」での火事で死んだ男は替え玉だった。けれども、それが明らかになったところで、悪役の計画にも、それを止めようとするバットマンにも影響しない。ヒーローも悪役もそれまでどおりに行動するだけだ。そんな秘密には、隠す価値もなければ明かす価値もない。

秘密について、もうひとつだけ指摘しよう。秘密は好奇心を掻き立てるが、転換点で秘密が明かされ、読者や観客が知りたいことを知ったあとは、それ以上説明を加えるべきではない。転換点のあとで、いま何がどのように起こったかを説明せざるをえなくなったら、一ページ目から書きなおしだ。

行動の進展

ヒーローがある行動によって世界にプラスの反応を引き起こそうとしたとき、期待とは異なることが起こると、そこに転換点が生まれる。噴出するマイナスの力はヒーローが予想したものとはちがって、思いも寄らなかったほど強大だ。このような予期せぬ難局のせいで、ヒーローは短期的な目標を達成できなくなり、その結果、長期的な欲求もつぶされる。

そうなった瞬間、観客や読者はもはやあともどりができないことを察知する。ヒーローはいま起こした行動の結果、求めるものを得られなかった。そのため、退却できない。同じ戦略を繰り返すことも、質や規模やリスクの劣る戦略に立ち返ることも不可能だ。先へ進み、これまで以上に頭脳と度胸と危険を必要とする作戦を実行するしかない。

物語のなかでは、言動の中核に基づいて転換点が訪れるたびにヒーローがより強い意志の力を求められ、より大きな危険にさらされ、より深さと幅と影響力のある行動に移す以外の道を絶たれて、対立や葛藤が深まっていく。ヒーローが多くのことを達成しようとすればするほど、道は険しくなる（『ストーリー』第7章「ストーリーの本質」を参照）。

出来事の進展を速めるには、アクション作品の悪役が力を増す必要がある。『ダークナイト』のジョーカーは、はじめは強盗だが、やがてゴッサムの地下社会を支配する。『X－MEN：ファースト・ジェネレーション』の悪役セバスチャン・ショウは、自分に向けられたあらゆる攻撃を吸収し、それによってさらに強くなる。強力な攻撃を受ければ受けるほど、強力な反撃を返す。アクションでありSFでありコメディでもある『エボリューション』（二〇〇一）では、火を餌とする微小な生命体が地球にやってくる。この生命体は軍の火炎放射器による攻撃を受け、巨大な怪物に成長する。

アクション作品のストーリーでは、悪役がヒーローに及ぼす影響が大きくなるにつれて、対立も大きく奥深くなる。ヒーローと悪役の衝突は、以下の四つのいずれかの方法で興奮を掻き立てる。悪役によって、対立は個人的なものか、世界規模のものか、内的なものか、目に見えないものになる。

1　個人的なものになる

悪役による攻撃の矛先がヒーローの家族や友人や恋人に向けられた瞬間、その対立は個人的なものになる。こういった戦略では、ヒーローと被害者の絆が恰好の標的だ。被害者と親密であればあるほど、ヒーローはより大きな危険を冒し、より大きな犠牲を払う。たとえば、『ダイ・ハード』のクライマックスのジョン・マクレーンは、血まみれになって両手を掲げ、足をガラスの破片に切り裂かれた状態で悪役と対峙する——すべては妻を救うためだ。

ヒーローと悪役との対立が個人的なものになることもある。『スター・ウォーズ　エピソード5／帝国の逆襲』では、父と息子が敵対する。『X-MEN：ファースト・ジェネレーション』などの前日譚シリーズでは、友人でありライバルでもあるチャールズ・エグゼビアとマグニートーが敵対する。

このような設計にひねりを加えると、ヒーローのほうが対立を悪役にとって個人的なものにし、悪役が感情を制御できなくなったところで優位に立つこともできるだろう。『ダイ・ハード』シリーズではこの手法を三度も繰り返している。『ダイ・ハード』では、悪役の手下であるカールがジョン・マクレーンに弟を殺されたことで正気を失う。『ダイ・ハード3』の悪役サイモン・グルーバーがマクレーンを追うのは、弟ハンスをマクレーンに殺されたからだ。『ダイ・ハード4.0』(二〇〇七)では、マクレーンが悪役の恋人を殺し、悪役は報復としてマクレーンの娘を誘拐する。

2　世界規模のものになる

作中の対立は内側へ向かうだけでなく、より広く、世界規模のものになることもある。『インデペンデンス・デイ』のエイリアンのように、悪役の影響力が広範囲に及ぶ、もしくは『エンド・オブ・ホワイトハウス』（二〇一三）のアメリカ大統領のように、被害者が莫大な権力を持つ場合、アクションのシーンは核分裂のように枝分かれする。

3　内面へ向かう

頭のいい悪役はヒーローを心の内側へ向かわせる。ヒーローは愛する人を殺されて悲しみの底に沈んだり（『ガーディアンズ・オブ・ギャラクシー』のドラックス・ザ・デストロイヤー）、守ろうとしたものを破壊されて自責の念をいだいたり（『スター・トレック3　ミスター・スポックを探せ！』〔一九八四〕のジェームズ・T・カーク）、自分の力を疑ったり（『マトリックス』のネオ）と、さまざまな方法で自分を傷つけ、破滅していく。

4　目に見えなくなる

暗闇で物をさがそうとすると動作が遅くなるのと同じで、欺瞞の霧のなかで真実をさがし求めるヒーローは堂々めぐりに陥る。そのため、頭が切れる悪役は嘘の陰に隠れ、欲を思いやりに、憎しみを愛に、悪を善に偽装する。ピクサー映画の悪役は、ほぼすべての作品で——『カールじいさんの空飛ぶ家』（二〇〇九）でも『ウォーリー』でも『トイ・ストーリー3』（二〇一〇）でも——親切な仮面の下に残酷な心を隠している。

『ダイ・ハード』のハンス・グルーバーははじめ、政治犯の解放を求めて取引する自由の闘士を装う。『Mr.インクレディブル』のシンドロームは、自分の邪悪さを善意のように見せかけたうえ、スーパーヒーローに好意的なふりをしながら、裏で計画した策略を通してひとりずつ殺そうと企む。

悪役の反応

自分の要塞を攻撃から守ろうとする受け身の悪役は、戦争ジャンルでは居場所があるかもしれないが、アクションではそうはいかない。もう一度強調しよう。物語は悪役が計画を実行することで外へ向かう。悪役が動くたびにヒーローは言動の中核に基づいた戦略を立て、クライマックスへつながる出来事が起こっていく。

10　マクガフィン

定義――マクガフィンとはヒーローと悪役の両者が求めるもので、それを手にした者は相手を圧倒する力を得る。

このことばは脚本家のアンガス・マクフェイルが冗談で作り、映画監督のアルフレッド・ヒッチコックが世に広めたものだ。マクフェイルのおかげで、アクション作品のストーリーで欠かせない構成要素に「マクガフィン」という覚えやすい呼び名がついた。

多様性と推進力

まず、マクガフィンが物体である場合。『マルタの鷹』(映画版は一九四一)では鷹の像、アクション・アドベンチャーゲーム『レッド・デッド・リデンプション2』ではブラックウォーターの町で盗まれた金、『ロード・オブ・ザ・リング』シリーズでは「ひとつの指輪」がこれにあたるほか、『ゴールデン・チャイルド』(一九八六)の「チャイルド」のように、物語の被害者がマクガフィンとなることもある。

マクガフィンは、キャラクターが胸に隠した秘密など、心のなかにあるものの場合もある。アルフレッド・ヒッチコック監督の『三十九夜』（一九三五）では、音楽堂のパフォーマー、ミスター・メモリーがクライマックスで暗唱する、極秘航空エンジンについての数式がマクガフィンだ。仮想空間上のものの場合もある。たとえば、『レディ・プレイヤー１』（二〇一八）に登場する、イースター・エッグと呼ばれる輝く玉だ。

犯罪やＳＦや政治といったジャンルでは、情報がマクガフィンとして使われやすい。『スター・ウォーズ』シリーズではデス・スターの弱点を示す設計図、『エネミー・オブ・アメリカ』（一九九八）では国家安全保障局《NSA》高官による汚職の証拠がマクガフィンだ。『アルゴ』（二〇一二）では、アメリカ大使館職員の隠れ場所がマクガフィンとなった。外交官たちはテヘランでの居場所が秘密であるかぎり安全だが、マクガフィンがイラン政府に見つかれば捕らえられ、処刑される。

アクション作品では、単一のものがマクガフィンとなるのがふつうだ。『００７／スペクター』に登場する世界規模の情報共有ネットワーク、暗号名「ナイン・アイズ」がこれにあたる。ときには、多数のものがまとまってひとつのマクガフィンとなることもある。『ミッション：インポッシブル／ゴースト・プロトコル』の悪役は、発射コード、発射装置、原子力潜水艦、ミサイルをすべて獲得することで、核ミサイルの制御権を手にする。

どんな特徴を持つマクガフィンも、ヒーローと悪役という両者の行動に焦点をあてたもので、これが両者の成功を左右する――マクガフィンを制する者は結末を制する。

物語の犠牲者がマクガフィンで、その人物を救うことが欲求の対象となるために、主人公の欲求の対象と物語のマクガフィンが一致することもある。一方、マクガフィンがヒーローにとって犠牲者を救う手段となる場合もある。

『カサブランカ』（一九四二）で、主人公リック・ブレインの欲求の対象は愛する女性イルザ・ラントだが、イルザを助けるためには、映画史上最も有名なマクガフィンのひとつである通行証――手にした者はだれでも自由を得て、けっして無効にならず、計り知れない価値を持つマクガフィン――が必要だ。

マクガフィンは力をもたらす。『ロード・オブ・ザ・リング』シリーズの「ひとつの指輪」は、悪役サウロンの手中に落ちれば中つ国の自由な民を征服するために使われてしまう。そのためヒーローは、指輪の性質を完全には理解しないままに、悪役から守りとおす役を担うことになる。『レイダース　失われたアーク《聖櫃》』で、インディ・ジョーンズは考古学的に重要な聖櫃《アーク》を保護したいと考えるが、聖櫃が持つ超自然的な力にはまったく気づいていない。

強力なマクガフィンは、多様性と推進力と携帯性に関してすぐれている。

多様性　追跡につぐ追跡、戦闘につぐ戦闘という繰り返しは、アクションの作家にとっていちばん厄介だ。マクガフィンを効果的に使えば、ヒーローや悪役に行動／反応を起こさせ、繰り返しを避けることができる。

推進力　シーンのなかで表面的に動きがあったとしても、しだいに対立が弱まって命の危険が小さくなれば、手詰まり感が薄れ、結局は繰り返しばかりのように感じられる。ここ

携帯性　でもマクガフィンをうまく使い、転換点ごとに危険を大きくするといい。行動を多様にし、リスクを大きくするマクガフィンは、持ち運びしやすく、失ったり見つけたり、隠したり発見されたり、盗んだり取引したりできる場合が多い。

このように多様で、つねに前進しつづけ、変化していく対立を生むには、ヒーローや悪役とマクガフィンとのあいだで、つぎの三つのうちどれかの相互作用を起こせばよい。

1　ヒーローと悪役の両者がマクガフィンを手に入れようとする。『レイダース　失われたアーク《聖櫃》』では、ナチスとインディ・ジョーンズがともに聖櫃を求めて砂漠をさがしまわる。

2　ヒーローが悪役からマクガフィンを隠す。『ロード・オブ・ザ・リング』シリーズで、フロドは「ひとつの指輪」を隠して破壊しようと必死になる。これはサウロンに見つかって悪用されないようにするためだ。

3　ヒーローが悪役からマクガフィンを盗む。『ミッション：インポッシブル／ゴースト・プロトコル』では、コバルトにとって必要な、アメリカに核ミサイルを発射する装置などを、IMFがひとつひとつ奪っていく。

アクション作品のマクガフィン

悪役の計画の鍵を握るマクガフィンは、被害者の命を危険にさらす。そのため、観客はどこかの時点でマクガフィンの持つ力を見ることができるか、少なくとも説明されると期待する。殺人ミステリーならマクガフィンを秘密にする手も使えるかもしれないが、アクション作品では、物語のあいだじゅうマクガフィンを隠していると興が削がれる。

マクガフィンがはじめて登場するのは物語のどの時点でもよく、契機事件の前でも問題ない。『ゴールデン・チャイルド』の冒頭シーンでは、「チャイルド」が死んだ鳥を生き返らせることで超自然的な力を見せつける。「チャイルド」はその後まもなく誘拐され、犠牲者とマクガフィンを兼ねた存在となる。

『ワイルド・スピード／ジェットブレイク』（二〇二一）の冒頭では、三十年前のサブプロットが描かれる。主人公ドミニクは弟のジェイコブが父を殺したのではないかと疑っている。このサブプロットを土台として、数十年後にメインプロットの契機事件が起こる。マクガフィンであるハッキング装置を、ジェイコブがドミニクから盗もうとしたのだ。

マクガフィンのすべてをはじめから見せる必要はない。むしろ、読者や観客にはストーリーを追うために必要なことだけを教えて、一部の要素を隠しておいたほうが、マクガフィンの周囲に緊張が生じ、のちに秘密が明かされたときに大きな驚きが生まれる。

『メン・イン・ブラック』では、銀河系規模の戦争の行く末をかけて、悪役とふたりのヒーローが「オリオンのベルト」にあるというマクガフィンを追う。ヒーローたちはオリオン座との関係を探るが、結局、マクガフィンはオリオンという名のネコの首輪についた玉だったことが判明する。

アクションのジャンルがスパイ物などのサブジャンルと合わさると、謎めいたマクガフィンが登場し、興奮だけでなく好奇心まで掻き立てる。『ボーン・アイデンティティー』のマクガフィンはタイトルのとおり、記憶を失ったジェイソン・ボーンの正体《アイデンティティ》だ。CIAはボーンが何者であるかを知っているが、本人は自力で秘密を探らなくてはならない。少しずつ調査を進めたボーンは、自分の素性だけでなく、踏み石作戦《トレッドストーン》というCIAの極秘計画まで暴いて、その力を骨抜きにする。

ヒッチコック監督の『北北西に進路を取れ』（一九五九）では、マクガフィンであるアメリカ合衆国の最高機密情報を国賊たちが盗み、マイクロフィルムに隠す。マイクロフィルムにはいった情報を国外の敵に売ることが目的だが、機密が何かは最後まで明かされない。脚本家のアーネスト・レーマンは、その部分を観客の想像に委ねた。観客が思い浮かべる危険な武器のほうが、自分が考えつくものよりずっと恐ろしいとわかっていたからだ。

言動の中核がひとつのシーンからつぎのシーンへ進む原動力となるかどうかは、突きつめるとマクガフィンにかかっている。対立の焦点となるマクガフィンを欠いたアクション作品のストーリーは、表面的で中身のない追跡や銃撃の合間に、キャラクターがどれだけ危険な状況にいるかを伝えるためのつまらない説明が繰り返されるだけになりがちだ。そうなると、遅かれ早かれ——たいていは早く——だれもが本を投げ捨てるか、リモコンへ手を伸ばす。

成功の瀬戸際

謎に包まれたマクガフィンも、やがてはその力を明かす。マクガフィンに対する悪役の影響力が大きいほど、ヒーローや被害者の危険も増す。危険が増すほど、悪役が勝利の一歩手前まで近づいたときに生じる緊張も大きくなる。

例をふたつあげよう。

『ミッション：インポッシブル／ゴースト・プロトコル』の第四幕は、悪役であるコバルトがサンフランシスコめがけて核ミサイルを発射したところでクライマックスを迎える。第五幕で、ＩＭＦのメンバーたちはこのマクガフィンがまだ空を飛んでいるあいだに破壊しようと奮闘する。

『ガーディアンズ・オブ・ギャラクシー』の第一幕、第二幕では、重大局面とクライマックスの前振りとして、悪役のロナンがインフィニティ・ストーンを手に入れ、自分のハンマーに埋めこむ。このハンマーでザンダー星の地表を叩くだけで、星をまるごと破壊することができる。〈ガーディアンズ・オブ・ギャラクシー〉たちは、ロナンが振りあげたハンマーが振りおろされるまでの一瞬のうちに、百二十億人のザンダー人を救わなくてはならない。

複雑なマクガフィン

マクガフィンが単純すぎると、繰り返しが起こりやすい。複雑すぎると、混乱を招きかねない。複数あると、プロットがばらばらになる恐れがある。

マクガフィンが悪役からヒーローへ、そしてまた悪役へと行ったり来たりすると、同じような追跡と戦闘と奪い合いが繰り返され、徐々につまらなくなる。

マクガフィンが複数の部分から成る場合、退屈な説明をひたすら押しつけることになりかねない――マクガフィンの部品がどう組み合わさるかを何シーンもかけて手下に質問させたり、さらにはスライドまで投影しながら複数のマクガフィンに関するすべてを講義してペースを乱したりといった具合だ。

逆に、『ミッション：インポッシブル／ゴースト・プロトコル』では、発射コード、発射装置、通信衛星、核ミサイルの四段階からなるマクガフィンがひとつに合わさり、アクション満載のみごとなシーンを数多く作り出している。成功するか否かは、落とし穴を知り、マクガフィンを自分にとって有利になるよう使えるかどうかにかかっている。

長期作品のマクガフィン

二時間の映画や標準的な長さの小説なら、マクガフィンは——複数の部分から成るかどうかはさておき——ひとつで足りるかもしれないが、長期にわたるドラマや連作小説群で展開を進めるには、何年ものあいだ興味を引きつづけうるマクガフィンが必要だ。長期作品の場合の問題を解決するための方法は四つある。マクガフィンをエピソードごとに用意するか、複数用意するか、きわめて強力にするか、キャラクター自体をマクガフィンにするかだ。

1　エピソードごとに用意する

シリーズ物のアクション作品は短いエピソードに分かれていることが多い。小説や映画やコミックでは、新たなストーリー展開に合わせて、新たな悪役や新たなマクガフィンが登場する。ジェームズ・ボンド、バットマン、ジェイソン・ボーン、ワンダーウーマン、スパイダーマン、イーサン・ハント、ドミニク・トレットといったヒーローたちは、さまざまな計画や力を隠し持つ悪党たちと出会い——そしてエピソードごとに新しいマクガフィンが生まれる。

2　複数用意する

アクションでありファンタジーでもある『ハリー・ポッター』シリーズについて考えてみよう。シリーズ七作を通して、著者のJ・K・ローリングは計十一の部分から成る三つのマクガフィンを生み出した。（1）悪役の魂を封じこめた七つの分霊箱、（2）透明マント、ニワトコの杖、蘇りの石という三つの死の秘宝、（3）ハリー・ポッター自身だ。

小説の読者なら、ゆっくりとページをめくり、必要があれば前にもどって読み返したり余白にメモをとったりすれば、複雑な内容を理解することができる。だが、映画で十一個のマクガフィンを頭に入れるのは無理だ。映画版の『ハリー・ポッター』シリーズのプロットを混乱せずに追えた観客は、先に小説を読んでいたにちがいない。

3　きわめて強力にする

『24－TWENTY FOUR－』のような長編ドラマシリーズでは、二十話以上のシーズンがいくつもあり、まとめて観るのに何週間もかかる。一部がドラマシリーズ『ゲーム・オブ・スローンズ』の原作である、ジョージ・R・R・マーティンの『氷と炎の歌』のような長編小説シリーズは、書くのに何十年も、読むのに何か月もかかる。作品が壮大になると、多様性と推進力というふたつの問題も一気に際立つ。長編アクションでこういった問題を解決するには、きわめて長持ちする、きわめて強力なマクガフィンが必要だ。

多様性と推進力の両面ですぐれたシリーズを作るために、マーベル・スタジオは六つの小さなマクガフィンからなるひとつの巨大なマクガフィン、インフィニティ・ストーンを作った。小さなマクガフィンはどれも奇妙な物体のなかに隠されていて、それらひとつひとつが六作の映画の原動力となる。

『キャプテン・アメリカ／ザ・ファースト・アベンジャー』（二〇一一）で、キャプテン・アメリカは四次元キューブ《テッセラクト》とも呼ばれるコズミック・キューブを悪役レッドスカルから奪うが、そのなかにはスペース・ストーンが隠されている。

『アベンジャーズ』（二〇一二）では、悪役ロキが持つ心を操る杖に、マインド・ストーンが嵌めこまれている。

『マイティ・ソー／ダーク・ワールド』（二〇一三）では、宇宙を永遠の闇に変える液体《エーテル》としてリアリティ・ストーンが登場する。

『ガーディアンズ・オブ・ギャラクシー』では、パワー・ストーンがおさまった球体《オーブ》がコレクターの手に渡る。

『ドクター・ストレンジ』（二〇一六）でスティーヴン・ストレンジが異なる時間へ移動できるのは、「アガモットの目」のなかに隠されたタイム・ストーンのおかげだ。

そして六つ目の『アベンジャーズ／インフィニティ・ウォー』（二〇一八）では、最大の悪役であるサノスが娘を生贄にし、五つのインフィニティ・ストーンと六つ目であるソウル・ストーンをすべて手中におさめる。そして、それらが合わさって生まれた強大な力を解き放ち、宇宙の生命の半分を消滅させる。

映画『ロード・オブ・ザ・リング』シリーズの原作であるJ・R・R・トールキンの『指輪物語』三部作は、戦争物語をほかのジャンルと組み合わせた壮大な作品で、膨大な数の登場人物と、トールキンが生み出した「中つ国」という架空の土地全体を巻きこんで語られる。だが、マクガフィンは「ひとつの指輪」だけだ。

対立を多様にし、推進していくために、トールキンは指輪に複数の力を持たせた。指輪を嵌めた者は姿が見えなくなり、永遠の命を得るが、同時に体をむしばまれ、亡霊のようになっていく。トールキンが生み出した指輪はほかに十九個あるが、「ひとつの指輪」はそれらすべてを凌駕する力を持つ。

4　キャラクター自体をマクガフィンにする

マクガフィンがだれの手にあるかによって、だれが生き延び、だれが死ぬかが決まる。だから、悪役は計画を完遂するためにマクガフィンを求め、ヒーローは悪役の成功を阻むためにマクガフィンを追う。つまり、アクション作品のマクガフィンはどんなものでもよく、中核となる登場人物のだれかであってもかまわない。

ヒーローをマクガフィンにする

ミサイルの部品や政府の情報は動きがないものなので、繰り返しを生みやすい。さまざまな側面を持つヒーローなら、観客の感情を引きつけて言動の中核を長持ちさせることで、この問題を解決することができる。

マクガフィンであるヒーローを三人あげる。

『マトリックス』では、マクガフィンであるネオをエージェント・スミスが殺せば人類の反乱は終わるが、モーフィアスが「救世主」であるネオを助け出して、力の使い方を教えれば、いずれ人類を機械から救う存在になる。一方、ネオは自分自身と真偽の感覚について、信念となるものをさがしつづける。

『ボーン』シリーズの三作――『ボーン・アイデンティティー』、『ボーン・スプレマシー』（二〇〇四）、『ボーン・アルティメイタム』（二〇〇七）――では、ジェイソン・ボーンがマクガフィンとなる。悪役であるＣＩＡ高官三人は、自分たちの危険な計画をつぶす力を持つジェイソンをなんとか抑えようとする。だが、ジェイソンはシリーズを通して記憶喪失と格闘しながら自分の過去を探っていき、三作目のクライマックスでついに記憶を取りもどす。

『スター・ウォーズ』の初期三部作と前日譚三部作では、どちらもヒーローがマクガフィンとなる。前日譚ではアナキン・スカイウォーカー、初期三部作ではルーク・スカイウォーカーだ。もしルークがアナキンと同じように怒りに身をまかせてダークサイドへ落ちれば、ひとつの銀河まるごとの犠牲者が出る。どちらの三部作でも、皇帝は銀河を支配するために両スカイウォーカーを支配しようとする。

被害者をマクガフィンにする

『ターミネーター２』で、未来の世界で悪役であるＡＩと戦うジョン・コナーは、悪役が過去へ送った暗殺者から子供時代の自分を守ることができない。そのため、子供時代のジョンは被害者かつマクガフィンとなる。

長編ドラマシリーズ『マンダロリアン』に出てくる謎の存在グローグー（別名ベビー・ヨーダ）には念力《テレキネシス》の能力があるが、当初はまだ発現していない。ヒーローであるディン・ジャリンは、この被害者兼マクガフィンを、よからぬことを企む宇宙じゅうの悪役から守る。

悪役をマクガフィンにする

悪役をマクガフィンにすると、ひとつ問題が起こる。生死を左右する強大な力を与えられた悪役はきわめて危険で刺激的になるが、あまりに強力すぎると、倒すことができると思えなくなる。

『ジョーズ』のマクガフィンであるホオジロザメは、海で圧倒的な力を持つ。そのため、ヒーローが勝つには偶然に恵まれる必要があった。署長がやすやすとサメを吹き飛ばすことができたのは、襲ってきたサメの口にたまたまはいったボンベが爆発したおかげだ。小さな幸運なしに好転しない結末は、ヒーローの手腕による終わり方ほど満足できるものにならないのがふつうだ。どうやら『ジョーズ』は例外らしい。

ヒーロー、被害者、悪役のすべてを兼ねたマクガフィン

アクションの中核となる三つの役柄を組み合わせたり、切り離したり、進化させたりする方法はいくらでもある。

ハルクやキング・コングは三つすべての役割を担い、さらにマクガフィンまでも兼ねる。生死を

左右する力を振るいつつ、その代償として罪の意識や、いつか自分やほかの人々を破滅させるかもしれないという思いをいだいて葛藤している。

『ダークナイト』のハービー・デントは、はじめはバットマンと並ぶヒーローだが、ジョーカーにさらわれ、ゴッサム市民の道徳心を試す賭けの被害者兼マクガフィンとして利用される。ジョーカーによって顔の半分を吹き飛ばされたデントは、トゥーフェイスと名乗る悪役となる。ハービー・デントはヒーローから被害者、マクガフィン、悪役へ変貌していった。

ヒーローをマクガフィンにする場合の問題

これまでにあげたようなプロット上の戦略では、どこかの時点でヒーローがマクガフィンを手に入れるか、みずからマクガフィンとなる場合がよくある。そのとたん、物語の信憑性が危険にさらされる。ヒーローがマクガフィンを手にした、あるいはみずからマクガフィンとなったのなら、なぜその力を使って悪役を倒さない？　もしそれが物語世界のルールのせいでかなわないとしても、マクガフィンを破壊して悪役に利用されないようにするか、必要なら自分を犠牲にすればよいのではないか？

小説家のＪ・Ｒ・Ｒ・トールキンが出した答は納得のいくものだ。架空の世界を舞台とした壮大なファンタジー作品『指輪物語』では、マクガフィンの「ひとつの指輪」を使った者は例外なく堕落し、自分が倒そうとしていた悪役と似た存在になる。「ひとつの指輪」は「滅びの山」で鍛えられたもので、けっして壊せないように思えるが、実はそうではない。鍛えたときと同じ火のなかでは、溶けて無に帰るからだ。

映画版の『ロード・オブ・ザ・リング』三部作では、物語の序盤で、絶大な力を持つこのマクガフィンがヒーローであるフロド・バギンズに託される。フロドは指輪を破壊しなくてはならないとわかっていながら、その力を使いたいという誘惑に駆られつづける。このジレンマが、物語のクライマックスで重要な役割を果たす。「滅びの山」の火口のふちで、フロドは選択を迫られる。指輪を火口へ投げこむか、誘惑のささやきに屈服するか？　フロドは指輪を持ちつづけることを選ぶ。

そこへ突然ゴラムが襲いかかり、フロドの指を噛みちぎって指輪を奪う。だが、うれしげに勝利を祝ったゴラムは、その後体勢を崩して灼熱の火口へ落ち、マクガフィンも消え失せる。壮大な作品の結末は、やや不幸な事故《デウス・エクス・ミスハップ》の神頼みのものだった。

マクガフィンはヒーローの欲求の対象であることもないこともあるが、いずれにせよ、成功への鍵であることはまちがいない。

11 戦術

ヒーローは、ほぼ無力な者（『127時間』〔二〇一〇〕）から全知全能に見える者（『スーパーマン』）までさまざまだ。悪役となる敵は、無情な海（『オール・イズ・ロスト～最後の手紙～』〔二〇一三〕）からエイリアンの侵略者（『インデペンデンス・デイ』）まで幅広い。被害者はどんな者でもありうる。

役柄がどれだけ多様化しようと、中核の欲求は変わらない。悪役は力を欲する。被害者は救出を求める。ヒーローは悪役から被害者を救うことを望む。それでも個性があるのは、欲求を満たすための戦略がキャラクターによって異なるからだ。そのため、独創性のある役柄を設計するうえでは**行動の戦術**、つまりキャラクターが目標を達成するために用いる方法を、唯一無二のものにすることが重要だ。

ハリー・ポッターは呪文を唱え、バットマンは恐怖をいだかせ、ジェームズ・ボンドは殺す。『X－MEN』シリーズで、サイクロップスはレーザービームを放ち、ウルヴァリンは鉤爪を伸ばし、エグゼビアは精神を操り、マグニートーは金属を操る。『オール・イズ・ロスト～最後の手紙～』では、名もなきヨット乗りが航海に関する知識を駆使する。どんなヒーローも一定の技術や力を持つが、そのヒーローが対峙する悪役はかならずそれを上まわる能力を持っている。ヒーローは挑戦し、悪役は成功する。

戦術の不均衡性に関する原則

原則——悪役はヒーローが最初にとる戦術には負けない。ヒーローは悪役が最初にとる戦術からは身を守れない。

戦術

ヒーローが特によく出くわすふたつの脅威は、悪役による秘密の計画と、時間という不可抗力だ。甚大な被害をもたらす秘密の計画を、正体不明の悪役が世界のどこかで、綿密に計算された予定に従って着々と進めていることを知ったとき、ヒーローの胸には答の出せない疑問が押し寄せる。こいつはだれだ？　どこにいる？　何を計画している？　いつ実行するつもりだ？　未知なるものの波に襲われたヒーローに、制止不能の力が追い打ちをかける。押し寄せる時間だ。時間との戦いはヒーローの最も大きな弱点となる（第20章を参照）。

『ミッション：インポッシブル』シリーズでは、最初期からずっと、これらふたつの弱点が原動力となってきた。比較的新しいふたつの作品を例にあげると、『ミッション：インポッシブル／ゴースト・プロトコル』や『ミッション：インポッシブル／フォールアウト』（二〇一八）では、イーサン・ハントらの率いるＩＭＦチームが一分一秒を争う作戦を秘密裏に遂行し、正気を失った無政府主義者による常軌を逸した計画を暴いて、核兵器の爆発を止めようとする。

ヒーローが殺人を犯す場合の問題

戦術のおかげでヒーローがきわめて強力になったら、どうやって悪役を守ればよいのだろう。舞台が架空の世界なら、物理的な方法では殺せない悪役を生み出せばいいが、現実世界のアクション作品では、ヒーローを不死身の敵やスーパーパワーを持つ怪物と戦わせるわけにはいかない。ジェームズ・ボンドのいちばんの武器はワルサーＰＰＫだ。これを使えば、００７シリーズのどんな悪役でも一撃で仕留められる。では、作家はどうすべきなのか。戦闘のルールを変えればいい。

ボンドは殺人許可証を持っているが……殺してよいのは自己防衛が目的の場合にかぎられる。『００７／カジノ・ロワイヤル』で、ボンドの任務は悪役ル・シッフルの怪しげな計画を暴いて生け捕りにし、上司であるＭのもとへ連れていくことだ。このミッションがあるからこそ、ボンドはそれ以降も悪役たち――ゴールドフィンガー、シルヴァ、ミスター・グリーン、ブロフェルド、トレヴェルヤン、サンチェス――を追うことになった。なんと言ってもボンドはスパイであり、暗殺者ではない。この華麗な戦術のおかげで、二十を超える作品が生み出された。

アクション作品でヒーローが殺人を犯す場合の問題を解決しそこねると、現実味がなくなるという非常によくある失敗に陥る。たとえば、格闘映画では戦闘のルールを変えることができない。そのため、多くの場合、悪役を守るために作家がとれる選択はつぎのどちらかにかぎられる。（1）格闘技に関する知識量で勝たせる、（2）おおぜいの手下をつける、のどちらかだ。

（1）の場合、知識でまさる悪役と対峙したヒーローは新たな戦略を探るか、すでにある戦略をきわめることになる。どちらもたいしてむずかしくはない。（2）の場合、悪役は質の不足を量で補おうとするが、多くのヒーローは悪党軍団のなかへ斬りこんで、手下をふたりまとめてなぎ倒しながら突き進むだけだ。こういった超人的なヒーローがいると、格闘技の視覚的なエネルギーを利用するために長々とつづくシーンを撮るしかなくなり、不安や緊張感から来る興奮が失われる。

一方、ヒーローから得意な戦略を奪い、悪役を無敵にするような伏線を使えば、戦術面でおもしろい難題が生まれる。いちばんの武器を失ったヒーローが、だれにも止められない敵を止めるには、どうすればよいのか。すぐれたアクション作家はけっして倒せない敵を作り、それからヒーローの視点に立って、自分自身を出し抜こうとする。

アキレス腱問題

自分の個性を生かし、仕掛けに頼らない戦術によって強者を出し抜いたり圧倒したりする弱者を生み出すことは、アクション作家にとってこの上なくむずかしく、だからこそ最も創造力を刺激する試練だ。非常に多くのアクション作品がこれに失敗し、アキレス腱問題が生まれた。

一九三八年のスーパーマン誕生以来、スーパーヒーローが人気を博し、同時にスーパーヴィランが台頭したことで、特にファンタジーの形式ジャンルでは、脆弱さと耐性の問題までもがスーパーになった。ファンタジー作品の悪役は、生死に対して絶対的な力を持つことが多い。このような鉄壁の守りを、ヒーローはどうすれば崩すことができるのか。この難局を切り抜けるため、一部の作家はホメロスの解決策を見習って、悪役にアキレス腱、つまり隠れた致命的な弱点を持たせる。

この戦術を採用すると、作家は正解のないジレンマに陥る。クライマックスで悪役のアキレス腱を突然登場させてヒーローを救えば、語り手はこのジャンルで最も悪名高い罪を犯すことになる——すなわち、機械仕掛け《デウス・エクス・マキナ》の神頼みの結末だ。

一方、致命的な欠点を物語の早い段階から登場させると、観る側は遅かれ早かれそれに気づき、だれかが悪役のスイッチを切るのを待ち焦がれる。そして、ようやくそれがかなっても驚きはせず、予想どおりの結末に腹を立てる。

「このあとどうなるのか」という問いの答がより簡単に、より早く見抜けるほど、物語に対する満足感は減っていく。

マスクを通して呼吸するふたりの悪役を比べよう。『ダークナイト　ライジング』のベインと、『スター・ウォーズ』シリーズのダース・ベイダーだ。

ベインがマスクから痛み止めを吸うことで生き長らえているのに観客が気づいた時点で、クライマックスは明らかだ。バットマンはベインと戦ってマスクを引き剥がし、死ぬほどの苦痛を与えて、やがて勝利するのだろう。その予測に疑念をいだかせるため、前段階の戦闘中にバットマンがベインのマスクを殴っても何も起こらないという演出がなされているが、観客はだまされない。あからさま《オン・ザ・ノーズ》な伏線はすぐに見破られる。特に、それが文字どおり鼻の上《オン・ザ・ノーズ》にある場合はそうだ。

ベインのマスクがバットマンのマントのように何かを象徴する衣装だったら、あるいは、ダース・ベイダーへのオマージュだったら、『ダークナイト　ライジング』のクライマックスはどれだけ興奮に満ちたものになったことか。もしそうなら、バットマンはどうやってベインを倒しただろうか。

ダース・ベイダーはマスクなしには呼吸できないが、観客がそれを知るのは『スター・ウォーズ　エピソード6／ジェダイの帰還』（一九八三）の、クライマックス後の解決シーンでのことだ。致命傷を負いながらも皇帝パルパティーンを倒したダース・ベイダーは、自分のマスクをはずしてくれとルークに頼む。マスクがないと死んでしまう、とルークは反対する。ダース・ベイダーがマスクなしで生きられないことへの言及があるのは、これが最初で最後だ。ダース・ベイダーにはアキレス腱がなかった——われわれの知る範囲では。

偉大なる悪役たち——ハンス・グルーバー、エージェント・スミス、ジョーズ、ジョーカー、プレデター、エイリアン、ヘンリー・ドラックス——には、どんな弱点も組みこまれていない。

悪役に弱点がないとき、作家は役柄の内面を見つめ、だれも予想しなかった——しかし、ひとたび明かされれば、つねにそこにあったと気づく——特徴をさがすことになる。その特徴は一見強力でありながら、ヒーローがそれを利用して優位に立つ方法を知ると弱点に変わる。ヒーローにとっても作家にとっても、これを見つけるのはむずかしい。

貧弱な悪役は貧弱なヒーローを生み、これらがそろうとストーリーも貧弱になる。犯罪物で完全犯罪を解決することが大きな課題となるのと同じで、アクション作品では不死身の悪役を倒すことが大きな課題となる。

全能であることの問題

悪役に大きな力を与えると物語をうまく動かせるなら、無限の力を与えてはどうだろう。

『ターミネーター2』のT－1000と『ターミネーター3』（二〇〇三）のT－Xを比べてみよう。どちらの映画でも、これらの自在に変化するロボットが車に乗ったヒーローを追う。

『ターミネーター2』のT－1000には、みずからの体である液体金属以外の武器は作れない。サラ・コナー、息子のジョン、味方のT－800の三者が、盗んだパトカーで逃げると、T－1000は追跡に出る。近くまで迫ると、T－1000は両腕をフックに変形させ、前へ飛び出してコナーの車のトランクに突き刺す。フックを少しずつ前へかけて体を引きあげ、リアウィンドウを割って殺しにかかる。銃弾ではT－1000を殺せないので、ショットガンを持ったT－800はフックめがけて銃を撃つ。金属が裂けてT－1000は道へほうり出され、コナーは車で走り去っていく。

『ターミネーター3』でジョン・コナーが出会うT－Xは、どんなものにでもなれる。腕をプラズマ砲に変えることもできる。コナーを追ってきたT－Xは車の上に乗り、手をチェーンソーに変えて屋根に穴をあける。コナーを殺すことが使命なのだから、前のシーンで使った強力な銃を作り出して、即座に殺せばよいのではないか。わざわざ時間をかけて屋根に穴をあけたりしたせいで、逃げるチャンスを与えることになる。

限界のあるT－1000は、創意工夫の精神を刺激する。限界のないT－Xは、不思議にも間抜けで無能に見える。

同じ問題はヒーローが力を持ちすぎた場合にも起こる。ヘリコプターの救出という同じ課題をこなしたスーパーマンとグリーン・ランタンを比べてみよう。

『スーパーマン』では、ロイス・レーンが乗ったヘリコプターが高層ビルのへりから落ちそうになる。ヘリコプターが急にバランスを崩した瞬間、ロイスが外へ落ちる。スーパーマンは飛びあがって、片手でロイスを抱き止め、もう一方の手で落ちてきたヘリコプターをつかむと、両者を事もなげにヘリポートへもどす。スーパーマンは賢く思いやりがある。

『グリーン・ランタン』(二〇一一)のグリーン・ランタンは、宇宙人の指輪の力で光を物体に変え、想像したものをなんでも作り出せる。では、ヘリコプターが制御を失い、高層ビルの屋上で開かれている社交パーティーに危険が及んだら、どうやって出席者を救うのだろうか。グリーン・ランタンはヘリコプターにレーシングカーのような車輪をつけ、エンジン全開でタイヤをまわす。それから屋上に巨大なレーシングコースを造り、奇妙な車を走りまわらせて、やがて止める。ただ着地させるだけではいけなかったのか？　あるいは、障壁で囲めばよかったのでは？　大げさな解決策を選んだグリーン・ランタンは無謀で幼稚に見える。

ヒーローにせよ悪役にせよ、限界がなければ、どんな行動をとっても、観客はそれ以外の方法――もっと合理的かすばらしい方法、あるいは単に驚きを与えてくれる方法――を考えつくものだ。

ドッペルゲンガーの問題

全能であることの問題に対する解決策として、ヒーローと悪役を、同じ力を持つ鏡像の関係に置くこともある。キャプテン・アメリカは、みずからの悪辣な双子のようなレッドスカルと戦う。アイアンマンは、自分と似た最新式のパワードスーツを着たオバディア・ステインと戦う。ハルクは、自分と同じくガンマ線を照射された怪物、アボミネーションと戦う。スーパーマンは、同じクリプトン人であるゾッド将軍と戦う。インディ・ジョーンズは、ライバル考古学者ルネ・ベロックと戦う。ＩＭＦは、みずからの邪悪版とも呼べるシンジケートを追う。バットマンとベインは、どちらも恐ろしげなマスクをつける。同一の存在の例はいくらでもある。

こうしたドッペルゲンガーのような悪役という仕掛けがうまくいくことは多いが、問題を解決するどころか悪化させることもよくある。クローンが相手のときには、弱者対強者の戦いではなく、同格同士の戦いになる。膠着状態に陥れば、アクション作品のストーリーを不穏な空気で満たすために必要な魅力と謎と恐怖がまとめて失われる。ドッペルゲンガーのような悪役は予測可能で驚きのないものになり、興奮が退屈さに呑みこまれる。

融合の問題

あるキャラクターがヒーローであり、悪役でもあるとき、両者の力の関係はどうなるだろう。たいていは内なる戦いが激しくつづき、最後に一方の精神が他方を支配する。例をふたつあげよう。

『X－MEN：ファースト・ジェネレーション』で、マグニートーはヒーローから悪役へ変化する。ストーリーの冒頭では、アウシュヴィッツからの生還者であり、チャールズ・エグゼビア率いるミュータントたちのヒーロー集団の一員として、元ナチスのセバスチャン・ショウを追う。だが、ショウを殺したあとはショウと同じ排他主義者になり、ミュータントを人間よりすぐれた存在と見なすようになる。共存は不可能だと信じるマグニートーは、地球で多数派だが原始的な種である人間の代わりに、より進化した新たな種であるミュータントを社会に組み込みたいと考える。

『LOOPER／ルーパー』では、青年のジョーと、タイムトラベルしてやってきた壮年のジョーというふたりの主人公が、互いに反対の方向へ変化する。冷酷な殺し屋である若いジョーは、使命を胸に未来からやってきた自分と出会ったことで、テレパシーを使うサイコパスが三十年後、自分の妻を含むおおぜいの人々を殺害することを知る。クライマックスでは、未来の悪の力を削ぐために、ふたりのジョーがともに犠牲となる。

怪物の問題

アクション作品で、ヒーローと悪役の力関係は被害者をあいだにはさんで変化していく。アクション作品の自己中心的な悪役は、求めるものを手にするための手段として他者を傷つける。ホラーでは、力関係からヒーローが排除され、被害者と怪物との戦いになる。ホラーに登場する残酷な悪役にとっては、他人を傷つけることが望みだ。これらふたつのジャンルが融合すると、『エイリアン2』（一九八六）や『プレデター』のような、ヒーロー兼被害者と怪物との戦いになる。

怪物は不気味な領域（科学で説明はできるが、想像を超えた現象）に属することもあれば、超自然的な領域（想像はできるが、科学に反する現象）に属することもある。よくできたホラー作品は、そのどちらであるかを観客や読者に考えつづけさせる。

『シャイニング』（一九八〇）で、主人公のジャック・トランスは正気を失って殺人を犯す。だが、なぜだろう？　悪魔のようなホテルの亡霊のせいで精神がおかしくなったのか、それとも罪悪感や酒や執筆の不調に苦しんでいたからか。

ジャックの妻は自分の身を守るため、ジャックを食糧庫に閉じこめる。そこでジャックはドアに向かって立ち、不気味な声と会話する。声はジャックが家族を殺さなかったことを責め立てる。もう一度チャンスがほしいとジャックが言うと、ドアは……ひとりでに開く。

観客から見て、この主人公が怪物になった理由として考えられることはふたつ――精神がおかしくなったか、悪魔のせいかだ。答は推測の域を出ないが、不気味なもののせいであれ超自然的なもののせいであれ、この映画のジャンルはホラーであって、アクションではない。

「機会があったのになぜ殺さなかったのか」問題

アクション作品の脚本がすばらしいものなら、この問いが投げかけられることはない。物語が地についていて、信憑性が感じられるからだ。魅力的で強大な力を持つ悪役と、勇敢だが勝てそうもないヒーローを作り、両方にじゅうぶん納得できる行動をさせれば、観客が動機に疑念をいだくことはない。転換点のたびに、ヒーローは生き延びられるかどうかを、悪役は勝利できるかどうかを試される。シーンがうまく演出されていれば、疑念は生まれない。

問題が起こるのは、窮地のシーンで作り手が「おまえにはひどく苦しんでもらいたいが、それを見届けるつもりはない」という手を使ったときだ。

『バットマン　ビギンズ』では、荘厳なウェイン邸が炎に包まれて崩れるなか、落ちてきた木の梁がバットマンの動きを封じる。宿敵ラーズ・アル・グールはなす術もないバットマンを見おろすが、殺そうとはしないで、死ぬのを見守ろうとする。もちろん、バットマンは死なない。執事のアルフレッドという名の神《デウス・エクス・アルフレッド》が降臨し、銀の皿に盛った救いを差し出すのだ。

『ブラックパンサー』（二〇一八）では、悪役キルモンガー（ウンジャダカ）がワカンダの王位を懸けた儀式としてブラックパンサー（ティ・チャラ）に挑戦する。悪役は決闘に勝つが、ヒーローを思いのままにできる状況にありながら、そこで殺すという選択はせず、未来の脅威にとどめを刺さない。ただ滝壺へ投げこむだけだ。ブラックパンサーは、ヒーローに借りのある人物という神《デウス・エクス・ガイ・フー・オウズ・ザ・ヒーロー・ア・フェイヴァー》に救われ、それ以前の多くのヒーローたち（ブッチとサンダンス、リチャード・キンブル、シャーロック・ホームズ）と同じく生き延びる。

『スーパーマン』の悪役レックス・ルーサーは、スーパーマンをだまして、弱点であるクリプトナイトのはいった箱をあけさせ、緑の光を放つその鉱物をスーパーマンの首にかけてから、無造作にプールへ突き落として溺れさせる。自分に酔ったレックス・ルーサーは、すぐれた頭脳でスーパーマンを意のままにできる状況にあり、緩慢な死を与えるという考えに愉悦を感じながらも、予定が詰まっているため、最期を見届けずにその場を立ち去る。

レックス・ルーサーは正反対の二方向へ核ミサイルを飛ばしていた。一方はカリフォルニア、もう一方はニュージャージーだ。万が一スーパーマンが脱出できたとしても、同時に二か所にはいられない。悪役の手下であるイヴ・テシュマッカーがニュージャージーのハッケンサックに住む母のためにスーパーマンを救出すると、それに報いるため、スーパーマンはニュージャージーへ向かう。これら三つの例では、ヒーローが悪役を出し抜いたり、力で圧倒したりすることはない。

こうした要素のない窮地のシーンは嘘くさくなり、悪役に引き金を引く動機を与えないまま、危険をでっちあげることになる。うまく書かれた死の罠や窮地のシーンでは、ヒーローの勇気や能力の程度が試される。力関係を巧みに設計すれば、アクション作品のストーリー全体がひとつの巨大な死の罠となる。

第4章で述べたように、行動の中核にある出来事や窮地のシーンで、ヒーローは悪役を出し抜くか、力で圧倒するか、それら両方をおこなうことを求められる。ふたつを比べると、悪役を出し抜くほうが戦術としてよりおもしろく、満足感も大きい。例を四つあげよう。

『ミッション：インポッシブル／ローグ・ネイション』（二〇一五）では、ＩＭＦチームが鮮やかな立ちまわりでソロモン・レーンを出し抜く。イーサンに対する殺意を利用し、防弾プレキシガラスで作った罠に誘いこむのだ。

『ガーディアンズ・オブ・ギャラクシー』の窮地のシーンでは、ピーター・クイルが突然歌とダンスを披露し、ロナンを当惑させる。悪役の注意がそれた隙に、クイルはパワー・ストーン（六つあるインフィニティ・ストーンのひとつ）を引っつかみ、四人のガーディアン全員でストーンの力を取りこんで、ロナンを爆発させて消し去る。

『ダイ・ハード』の重大局面では、ヒーローと妻の両方が悪役の手中にある。マクレーンは丸腰のふりをしてグルーバーをだまし、急に笑いだして油断させたところで銃を撃ち、高層ビルから落とす。

『スター・トレック２　カーンの逆襲』で、スポックは悪役カーンの戦術を分析し、三次元空間での戦闘経験が少ないという結論に至る。カークはこの弱点を突いて、人間離れした悪役を倒す。

限界

ある悪役があるヒーローに負けないからといって、同じ理由で別のヒーローにも負けないとはかぎらない。あるヒーローがある悪役に勝てないからといって、同じ理由で別の悪役たちにも勝てないというわけではけっしてない。特定のヒーローと悪役の関係はその組み合わせに特有で、たとえ続編であっても、別の作品では使えない。それは、バットマンとジョーカーがコミック版、アニメーション版、映画版で繰りひろげる数多くの戦いを見ていけば明らかだ。

言い換えればこうだ。すぐれた作品では、ヒーローや悪役の戦術が互いに複雑にからみ合っていて、両者の関係をほかのヒーローと悪役との関係、あるいはほかの物語に流用することはできない。

12 見せ場

見せ場はアクション作品における独唱曲《アリア》だ。見せ場のシーンで起こる出来事は非常に力強く、勇壮さや非道さの最も根底にある真実を映し出す。ただの戦闘や爆発が起こるだけだと軽んじてはいけない。それどころか、観客や読者はアクションのシーンの原動力となる見せ場から作品を評価する傾向がある。

見せ場　**興奮**を生み出すために、**緊張感**と**動き**を融合させた**展開**。
緊張感　危険までの近さ——危険がより近くにあって大きいほど、緊張感も高まる。
動き　感覚への刺激——映像や音がより活発で鮮やかなほど、大きなエネルギーが生まれ、楽しさも増す。
興奮　脅威のない離れた場所で、瞬時の危険を感じる。

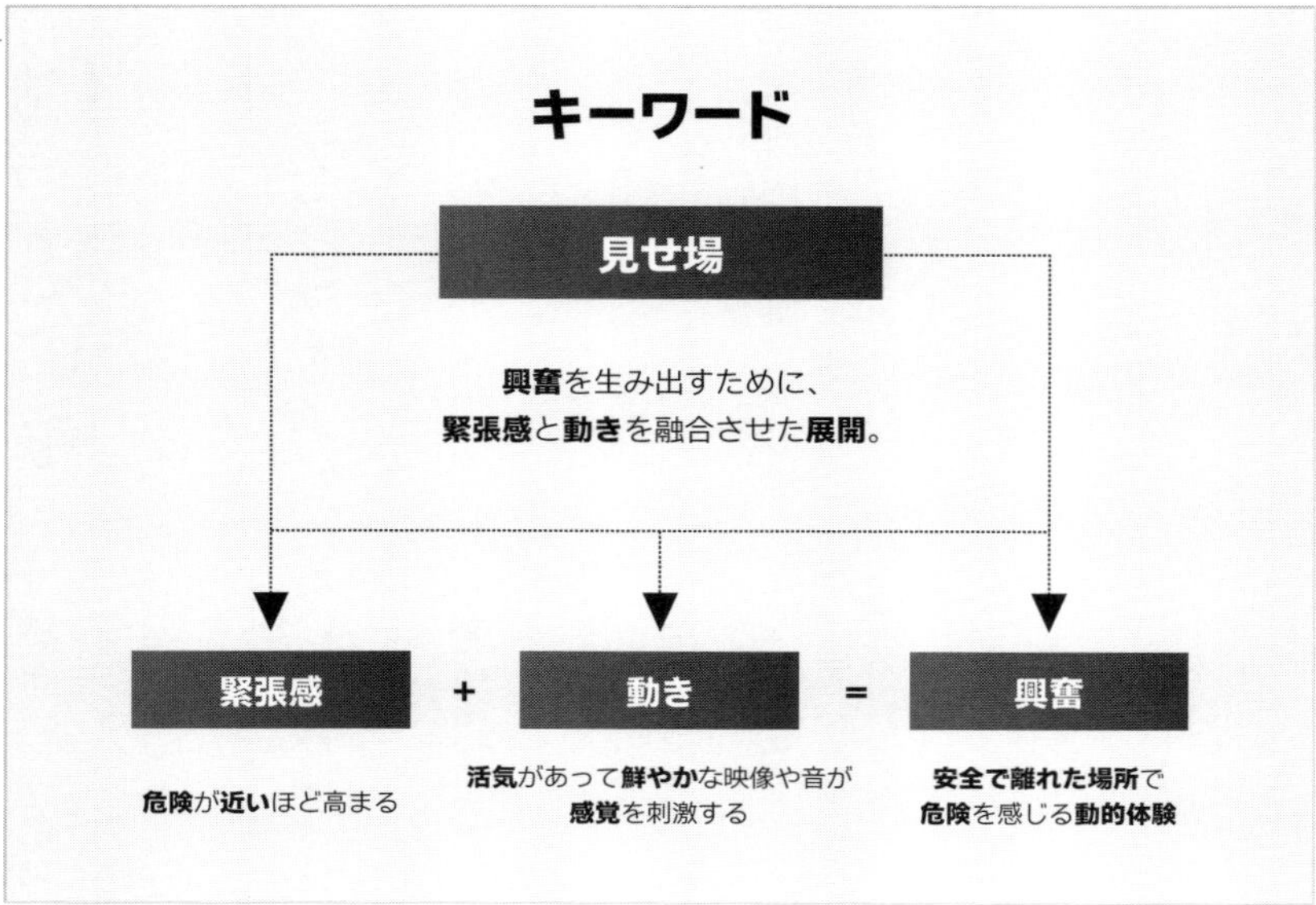

緊張感から動きへ

見せ場は緊迫した静けさからはじまることもある。緊張感が高く不安な状況から、徐々に映像がまたたき、音が響きはじめると、動きによって興奮が高められていく。

『レイダース　失われたアーク《聖櫃》』の冒頭部分には、とてつもない緊張感がみなぎっている。インディ・ジョーンズは地下墓地の遺跡にもぐりこみ、死の罠をつぎつぎと避けながら、貴重な黄金の像へ一歩一歩近づいていく。像は重さを感知する台に置かれている。台を欺くため、インディは像をとった瞬間に、そこへ代わりの砂入りの袋を置く。しかし袋は重すぎたため、台が沈みこんだかと思うと、頭上から巨大な岩がインディに向かって一気にたくさん落ちてくる。インディが駆け出すと同時に大きな動きが生まれる。先ほどは避けることができた飛んでくる矢、槍先、落とし穴、閉じてくる壁といった罠に襲われながら走りつづけ、やがて蜘蛛の巣まみれになって外へ転がり出る。

動きから緊張感へ

見せ場を動きのある楽しい場面からはじめ、そこに緊張感を加えて、危険から来る興奮を生み出すこともできる。

『Ｍｒ．インクレディブル』は、Ｍｒ．インクレディブルが木にのぼったネコを助けるところからはじまる。この楽しいシーンにつづいて、フランス人の邪悪なパントマイム役者ボム・ヴォヤージュと出会う。ここで突然、危険が到来する。ボム・ヴォヤージュの爆弾が高架鉄道に落ちて爆発し、線路が大きく断絶して、通勤列車が下の道路へ落ちる大惨事が起ころうとする。列車が迫りくるなか、Ｍｒ．インクレディブルは途切れた線路の端で身構える。この見せ場は楽しい動きからはじまって、緊張感あふれる危険が生まれる。

即座に起こる動きと緊張感

見せ場のはじめのビートで、一瞬のうちに緊張感や動きを呼び起こすこともできる。『ワイルド・スピード』シリーズの冒頭で観客を引きこむカーチェイスでは、タイヤが金属音と煙をあげながら回転して死の淵を進んでいき、追う者と追われる者の衝突が近づくにつれて、フロントガラスが割れたり、車体下部が向きを変えたりといったカットが交互にはいって緊張感を高める。

動きは大きいが危険が小さいシーンは、楽しいものになる。危険は大きいが静止したシーンは、緊迫したものになる。アクション作品の見せ場では、これら両極のあいだでバランスをとる。そのためには、ヒーローと危険との関係に注目するといい。

アクションの見せ場で、ヒーローは五つのうちどれかの道へ進む。

1　ヒーローが危険に向かう

ヒーローが高まる危険に近づきながら探索、偵察、攻撃をおこない、たいていはその過程で危うい状況を切り抜けていく。

『ロード・オブ・ザ・リング』シリーズで、フロドは怪物たちが待ち受けるモルドールという危険な土地を抜けて旅する。

見せ場の展開

1. ヒーローが危険に向かう
2. ヒーローが危険から離れる
3. ヒーローが被害者を見つけて救う
4. ヒーローと悪役がマクガフィンを奪い合う
5. ヒーローが悪役と対決する

2 ヒーローが危険から離れる

逃げたり、退却したり、作戦を練ったりするために、ヒーローが危険に背を向ける。『ボーン』シリーズの追跡シーンで、ヒーローは腐敗したＣＩＡから逃げる。

3 ヒーローが被害者を見つけて救う

寄せては返す危険に立ち向かいながら、ヒーローが被害者の居場所を突き止め、守り、救う。『ダークナイト』のジョーカーは、バットマンに二者択一を迫る。愛するレイチェル・ドーズを救うか、友人であるハービー・デントを救うかだ。レイチェルを助けようとしたバットマンは、ジョーカーがふたりの被害者を入れ替えていたことに気づく。結局、バットマンはもう一方の被害者であるハービーを救出し、レイチェルはジョーカーに殺される。

4　ヒーローと悪役がマクガフィンを奪い合う

ヒーローと悪役が争い、マクガフィンが一方の手から他方の手へ、そしてまたもとの手へと移動する。

『ミッション：インポッシブル／ゴースト・プロトコル』のクライマックスでは、高層ビルの車庫でヒーローと悪役が金属製ブリーフケースをめぐって戦う。生死を左右する重要な鍵、核ミサイルの無効化装置だ。

5　ヒーローが悪役と対決する

土壇場または膠着状態で、ヒーローが悪役と対決する。このにらみ合いはたいてい窮地のシーンにつながり、ヒーローが生き延びられるかどうかが描かれる。

『パーフェクト　ストーム』の最後では、勇敢な漁師たちが大洋で山のような大波に翻弄され、運命に身を委ねる。

これら五つの展開は音階のなかの音符と同じで、どんなふうにつなげても、逆にしても、組みあげてもよい。

見せ場を盛りあげる

展開のなかの**対立**

1. **未知**を探る
2. **障壁や遅延**を乗り越える
3. **制約**を克服する
4. **権威**に抗う
5. **禁忌**を破る

見せ場の危険に対して選びうる五つの道のどれかへ進んだヒーローは、どんな障害に直面するのだろうか。どんな障害を乗り越えることになるのだろうか。見せ場で戦い、もがくヒーローがつぎつぎに繰り出す戦術や活躍は、鮮やかで具体的なイメージを必要とする。

第5章で述べたとおり、興奮を生むための五つのテクニックと、見せ場に動きや緊張を加える五つの対立や葛藤は対応している。繰り返しになるが、その五つとは以下のとおりだ。

1　未知を探る

未知の世界で待ち受ける名前もない脅威や謎めいた住人たちは、どんな方法でヒーローを危険にさらすかわからない。はじめて出会う状況に対処し、適応し、その場でまったく新しい戦略を考えられるヒーローは読者や観客を魅了する。

2　障壁や遅延を乗り越える

エンジンのかからない車や、人でごった返した道や、行き止まりや、気が遠くなるような迷路や、弾切れの武器や、他人の嘘は、ヒーローから独創性や重圧下での冷静さを奪う。

3　制約を克服する

暗く、滑りやすく、形状が変わりやすく、傾斜のある地面は、進みにくいどころかほとんど進めない。そんなとき、ヒーローの忍耐力や意志の強さが試される。キャラクター同士を結びつけたり引き裂いたりする状況を作る、たとえば大きな亀裂を飛び越えたり、渦から抜け出したりすることを強いることで、ヒーローは持てるかぎりの勇気を振り絞る。記憶を失う、暗号が解読できないといった精神的な制約も、緊張や欲求不満を高める。

4　権威に抗う

独裁的な権力は反乱を招く。ルールを破り、権力に逆らえば、ヒーローも見せ場も反抗的なエネルギーを帯びるようになる。

『ミッション：インポッシブル／ゴースト・プロトコル』のブルジュ・ハリファでのシーンでは、ここまでの四つのテクニックがすべて使われている。イーサン・ハントは世界一高いビルをよじのぼって、肉体的な限界を大きく超える。これまで使ったことのない装備を試し、おこなったことのない離れ業をやってのけることで、未知の領域へ踏みこむ。磁気を帯びた手袋が故障し、おりるのに使った消火用ホースも長さが足りなくなったとき、危険な昇降をおこなうイーサンは苛立ちに襲われ、三階も下にある開いた窓へ跳びおりるしかなくなる。一連のシーンのクライマックスで、IMFチームはブルジュ・ハリファの軍用コンピューターに侵入することで権力に抗う。

5 禁忌を破る

先に述べた四つのテクニックは外的な力によるものだが、禁忌はヒーローの心のなかにあり、心理や感情の面から行動を妨げるものだ。文化や宗教や迷信を通して受け継がれてきた信念は、ヒーローの精神のまわりにバリケードを築く。これも前にあげた四つと同じく、反抗心を掻き立てる。

見せ場とキャラクター

他人の真の姿が明らかになるのはどんなときだろう。ことばや身ぶりの表層の下にあるものが見えるのはどんなときだろう。いちばん多いのは、重圧を受けてくだす決断を目撃したときだ。対立や葛藤に直面しながら欲求を追いかけるキャラクターが無意識に、または意識的にくだす決断には、隠れた人格が表れる。生死をかけた闘いのなかで選択をくだすとき、最も奥深くにある人格がむき出しになる。葛藤が危険であればあるほど、自分の中核にあるものに忠実な選択をする。

だから、アクション作品の中心的な役柄は、キャラクター主導のジャンルの役柄ほど心理的に複雑でないことが多いが、それでも描くべき側面はいくつもある。理想の見せ場とは、キャラクターがリスクの大きい命懸けの行動を選択するなかで、それまで見えなかった資質を明かすものだ。たとえば、ジェームズ・ボンドは勇敢でありながら冷静で、荒っぽいが楽しげで、頑固でありながら想像力がある。だが、では、どうやってそれを見せればいいのか。

『007／カジノ・ロワイヤル』冒頭の一連の見せ場では、爆弾を持った殺し屋が巨大な建設現場へ駆けこみ、水平方向にも垂直方向にも障害物が連なる迷路を抜けていく。勇敢なボンドはどうする？　命懸けの追跡に向かう。爆弾魔がオリンピック選手さながらのスピードと身のこなしで逃げたら、ボンドはどんな選択をする？　粘り強さを発揮する。ボンドはけっしてあきらめない。爆弾魔が通風孔に飛びこんで壁の向こうへ逃げたとき、ボンドがとった荒っぽい手立ては？　壁を突き破る。爆弾魔がスパイダーマンのように足場を駆けあがっていったとき、ボンドの臨機応変な選択は？　巨大なクレーンを勝手に操作し、建物の骨組みを倒壊させる。爆弾魔が一歩先んじたとき、ボンドはいつもどんな選択をした？　わけ知り顔に楽しげな笑みを浮かべ、その場で解決策を思いつく。

『アメイジング・スパイダーマン』（二〇一二）では、スパイダーマンとトカゲの怪物リザードに変身した科学者が十分近くも戦う。このシーンを進めるため、作り手はこう自問した。「蜘蛛ならどんな選択をする？」怪物を糸でがんじがらめにするはずだ。「トカゲならどんな選択をする？」尾を切り離して相手から逃れようとするはずだ。「十代ならどんな選択をする？」トカゲをからかって挑発するはずだ。「科学者ならどんな選択をする？」化学物質を混ぜ合わせて爆弾を作るはずだ。「ヒーローならどんな選択をする？　悪役ならどんな選択をする？」それがつづいていく。一連のシーンでは、見せ場である身体的アクションのなかでの選択を通して、説明もダイアローグも使わずにキャラクターの人格や中核を描き出している。

個性豊かな選択をしなければ、戦闘は定型キャラクター同士の使いまわし可能な振りつけと化す。本質を突いた選択を通してキャラクターを描写すれば、ありきたりのシーンが唯一無二の興奮に変わり、フランチャイズ作品を支えるものとなる。

見せ場と転換点

「生／死」というダイナミックな価値要素を変化させない見せ場は、作家の才能と、読者や観客の時間と金を無駄にするだけだ。救出シーンでは、価値要素が死の淵（マイナス）から死の手が届かないところ（プラス）へ変化する。窮地のシーンでは、自由（プラス）から拘束（マイナス）へと、逆向きの変化が起こる。転換点がなく、価値要素が変化しない平坦な見せ場は、どんなに動きのある振りつけを入れてもうまくいかない。

『マトリックス』シリーズの見せ場ふたつを比べてみよう。『マトリックス』では、ネオとエージェント・スミスが戦う。ふたりのカンフー対決は現実離れしたスタントで満たされ、地下駅の壁を駆けたり、銃弾を避けたり、列車が音を立てて迫るなか、線路の上で格闘したりする。

続編『マトリックス　リローデッド』（二〇〇三）の前半で、ネオとスミスはふたたび対決する。今回の戦いの場は市内の公園だ。以前よりずっと強くなったネオは、エージェント・スミスの軍団と対決する。何十人というスミスのクローンが攻めかかると、ネオは敵を街灯に叩きつけたり、頭上を駆け抜けたり、さらには空を飛んだりと、スーパーヒーローのような反撃を見せる。

『マトリックス』で五分間にわたる地下鉄での戦闘シーンが興奮を掻き立てるのは、見せ場全体がひとつの重大な転換点を軸としているからだ。戦いに決着をつけるため、ネオは不可能を可能にし、エージェント・スミスを倒す。このマイナスからプラスへの変化によって、ネオは自分が「救世主」であると信じるようになる。

『マトリックス　リローデッド』の乱闘では、十分間にわたって武術の技がつぎつぎ披露されるだけで、何も前へ進まない。はじまったとたんに飽きてくる、つまらない見せ場だ。エージェント・スミスがまた現れて、しかも人数が増えたことの説明でしかない。

動きのある設定

広いスペースは、逆にアクションを制限する場合が多い。戦場や海原をはさんで向き合った敵同士が距離を詰めていけば緊張感は高まるが、驚くようなことはほとんど起こらない。同じことは想像力を欠いた設定についても言える。たとえば、衝突した車が爆発して火の玉になったり、激しい攻撃を受けていくつもの死体が高く跳ね飛ばされ、スローモーションで落下してきたり——何度も何度も目にしてきたスタントだ。思い描いた理想を実現するには、動きの満ちた設定、つまり、見たこともないような人々や力、物体や障壁、永続性や一時性を生み出し、それらを巧みに描かなくてはならない。

例を三つあげよう。

『ダイ・ハード』の舞台は大企業の高層ビルで、まだ建設途中だ。地下から屋上まで、どのフロアにも独創性にあふれたアクションの機会が用意されている。たとえば、ヘリポートには爆弾が隠されていて、上層階には通気口や開いたシャフト、支持梁や垂れさがった配線、音を立ててまわるファンや電動工具、いたるところに散らばった瓦礫などが複雑に入り組んだ迷路を作り——そのどれもが武器や罠になるときを待っている。

『スター・トレック2　カーンの逆襲』で、カーク船長とカーンは星雲のなかで互いをさがすが、ガスが濃すぎて船のセンサーでは何も感知できない。この設定によってヒーローと悪役の両方が視力を奪われ、理性と想像力に頼らざるをえなくなる。

香港映画の『ファイナル・プロジェクト』(一九九六)では、ジャッキー・チェン演じる刑事が宴会場で何十という敵と戦うが、チェンはこのスペースからあふれんばかりの武器を作り出す。敵が攻撃に出ると、チェンはテーブルの向こうへ転がってテーブルを横倒しに持ち、そのまま部屋を進んで相手を蹴散らす。衣服も武器にし、上着を使って敵の動きを封じる。最後には脚立を自由自在に操った戦闘が待っている。

動きのある振りつけについての注意

アクション小説を書くなら、ことばで絵を描いて動きを呼び起こさなくてはならない。言語を用いて描いた像は、文字どおりにであれ比喩的にであれ、生き生きと脈打つエネルギーで読者の心の目を刺激する必要がある。それは簡単ではない。たとえば、イアン・マグワイアの小説『北氷洋——The North Water——』の、力強い動きのあるイメージを作り出す文章を読んでみるといい。

グラフィックノベルを作るなら、作画家、あなた、共同制作者のどれかが動きのあるアクションを静止画で表現しなくてはならない。これも簡単ではない。

スクリーンや画面に映すものを書くのなら、俳優の演じるフィクションだろうとプレイヤーが遊ぶゲームだろうと、見せ場の振りつけは他人にまかせることになる。美術デザインやスタントや音響の制作チームが映像を演出、撮影、アニメーション化し、最後に編集者がつないで、作曲家が曲をつけることになる。こういった人々は、アクションのひとつひとつをことばで細かく記述されるのをきらう。書くことは必要最小限にとどめるべきで、たいていの場合、「戦う」でじゅうぶんだ。

13 ほめる台詞とけなす台詞

見せ場のシーンでは、目に映るものや物理的に起こっていることを使ってシーンの持つ力強さが調節されるが、それらに加えて、音やことばもストーリー上の出来事を先へ進める力を持っている。よく言われるとおり、「死と生とは舌に支配される」(旧約聖書『箴言』十八章二十一節)。機知や皮肉を加える一方で場の緊張を高めるダイアローグは、アクション作品が持つ多くの魅力のひとつだ(ロバート・マッキー『ダイアローグ』参照)。

登場人物をほめる台詞とけなす台詞は、アクション作家にとってふたつの鋭利な武器となる。ほとんどの場合、心やさしい台詞もきびしい台詞も直接的で、そこに含みはない。だが、他人をほめたたえる思いが表面上は不平不満の形をとる場合もある。「あいつの注意深さはサメにも負けない」というのは、皮肉のこもったほめことばの一例だ。

ヒーローや悪役の能力を侮辱するありとあらゆる台詞はそのキャラクターをおとしめ、ほめたたえる台詞はそのキャラクターを持ちあげる――観客や読者の心のなかでは、だ。そして、ほめたりけなしたりする台詞において大切なのは、そういった台詞によって、観客や読者のいだくキャラクターのイメージやキャラクターに対する感情が形作られることだ。例をいくつか示そう。

悪役をほめたたえる台詞

力のある人物のことは、よく話題にのぼる。アクション作品における悪役は人々の心のなかで大きな位置を占めているので、登場人物たちは当然ながらその悪役の心情や能力や企みについて口にする。そのようなダイアローグは警告のことばとなって作中に現れることが多いが、実は暗にその悪役をほめたたえたものであり、その結果、悪役の強者としての威厳をいっそう高めることとなる。『エイリアン』（一九七九）の主人公リプリーが、エイリアンをどうやって殺せばいいのか、ロボットのアッシュに助言を求めたとき、アッシュはこう答える。

アッシュ　きみたちはまだわかってないようだな。あれは完璧な生物だ。生体構造も攻撃本能もまったく理想的だ。素晴らしく純粋だ。生き残るために、感情などに左右されたり、罪悪感に惑わされることもない。きみたちに生き残るチャンスがあるとは言ってやれんが、（意地の悪い笑みを浮かべ）同情はするよ。（石原千麻訳）

悪役をほめたたえる台詞は単にその悪役の存在感を高めるだけではなく、作家にとっては説明を劇中へ自然に挿入するための手段となり、そしてその説明を観客や読者へわかりやすく手渡すための手段となる。

『ダークナイト』で、主人公のバットマンは、はじめは悪役ジョーカーを単なる犯罪者として片づけようとするが、執事のアルフレッドはこう忠告する。

アルフレッド　世のなかには、お金や理屈では片づかない相手もいます。そんな相手には、買収も説得も交渉も不可能です。この世界を破壊したいだけなのです。（久保喜昭訳）

『ノーカントリー』の主人公ルウェリン・モスは、麻薬取引で使われるはずだった大金入りのブリーフケースをテキサス州の砂漠で偶然見つけて持ち去る。麻薬カルテルは、金を取り返すためにサイコパスの殺し屋アントン・シガーを雇う。モスとシガーは撃ち合いになり、傷を負ったモスはメキシコへ逃れて病院で手当を受ける。そこへ第二の殺し屋カーソン・ウェルズがモスを追って現れ、奪った金を渡せと取引を持ちかけるが、モスは抵抗する。

ルウェリン・モス　そういう取引なら、そのシュガーとやるほうが手っとり早い。

カーソン・ウェルズ　おい、だめだって、わかってねえな。やつと取引なんかできない。たとえ、とった金を返しても結局殺されんのが落ちだ、手間をかけさせたからな。あいつは特殊な人間さ。独特のモラルを持ってもいて、そのモラルは、金とかドラッグとか、そういうもんを超越してるんだよ。きみとはちがう。おれとさえちがうんだ。（瀬谷玲子訳）

こうした警告の台詞を語らせることによって、作家はその悪役が持つ闇の力を際立たせ、根っからの冷酷非情な襲撃者として描いて、観客や読者の想像のなかで強者としての地位を築きあげる。アクション作品の悪役は、完全犯罪であるみずからの計画を愛している。だが、自分の知性と正当性をヒーローに見せつけることができてはじめて、悪役の勝利は真に甘美なものとなる。そういった虚栄心やうぬぼれのせいで悪役は思いあがっているので、ときに作家はそのことを考慮に入れたうえで、自分自身をほめたたえる台詞を悪役本人に語らせたりもする。『ダークナイト』において、バットマンとジョーカーはこう言い合う。

バットマン　なぜおれを殺したい。

ジョーカー　おれはおまえを殺したくなんかない。おまえがいなくてどうする。またマフィアの金でもくすねるのか？　いやだ。やだね。おまえが、おれを、完璧なものにするんだ。〔中略〕おれは化け物じゃない。一歩先を行ってるのさ。〔中略〕この世界はルール抜きで生きるのが賢い。〔中略〕脅しは通じないぞ。（久保喜昭訳）

現実世界の悪役であるマルキ・ド・サドは、「残酷さを通して、人は超人的な意識と感性の高みに到達し、ほかのいかなる方法でも到達できない新たな形態となる」という趣旨のことを自慢げに語ったという。

転換点をうまく利用すれば、主人公の支援キャラクターに向けられていた称賛の台詞が皮肉にも悪役への称賛に転ずる、という展開を描くことができる。『ガーディアンズ・オブ・ギャラクシー』に登場する銀河一危険な刑務所の囚人たちは、囚人のひとりである筋骨隆々なドラックス・ザ・デストロイヤーのことを、畏怖と称賛を交えて語っていた。しかし、ドラックスが妻子の仇である悪役ロナンといざ対決すると、ロナンはドラックスを倒し、薬品のはいった水槽へ落とす。それまでドラックスへ向けられていた畏怖と称賛は、たちまちロナンのものとなる。

ヒーローをほめたたえる台詞

あまりにも持ちあげすぎると、本来は弱者であるヒーローを強者に変えてしまう恐れがある。そのため、物語のヒーローをほめたたえる台詞は少ない。しかし、淡々と落ち着いて語られる自信に満ちた称賛の台詞であれば、悪役とヒーローのあいだにあるアンバランスな力関係を損なうことなしに、ヒーローの魅力を高めることができる。

『96時間』で、元秘密工作員の主人公ブライアン・ミルズが娘と携帯電話で話していると、娘の滞在先の部屋に人身売買組織が押し入り、娘が誘拐されるさまが聞こえる。犯人のひとりであるマルコという男が娘の携帯電話を拾いあげると、ミルズはこう呼びかける。

ブライアン・ミルズ　おまえがだれか知らない。目的もわからない。身代金が目的なら——これはたしかだ——金は払えない。だが言っとくが、おれには高度で専門的な力がある。長年仕事で身につけてきた力だ。それでおまえたちのような連中を追いつめてきた。いますぐ娘を返すなら見逃してやろう。おまえをさがし出さない。あとを追うことはない。返さないなら、おまえをさがし出す。かならず見つけ出し、この手で殺す。（木村純子訳）

ヒーローをけなす台詞

舌鋒鋭くみごとなタイミングであざけりのことばを繰り出せば、相手がジェームズ・ボンドほどのキャラクターであっても弱者の地位に押しこめておくことができる。００７シリーズにおいては、諜報機関ＭＩ６の長官であるＭがこの役割を担っている。はじめボンドをきらっていたＭは、冷たく無愛想にこう評する（『００７／ゴールデンアイ』〈一九九五〉）。

Ｍ　あたしもあなたが女性蔑視の古代人だと思ってる。冷戦の遺物だとね。あなたの男性的魅力もあたしには通じませんよ。能力査定の女とちがってね。（佐藤一公訳）

『007／スカイフォール』においては、悪役ラウル・シルヴァは初登場の場面で手下にボンドを椅子に縛らせ、こう語りかける。

シルヴァ　いまのきみが、どうにかこうにかもってるのは薬と酒のおかげ。（中略）精神面のテストもパスしたと言われたか？

ボンド　ああ。

シルヴァは、ＭＩ６がおこなったボンドの能力査定の結果にコンピューターでアクセスし、声に出して読みあげる。

シルヴァ　「医学診断評価――失格。身体能力評価――失格。精神面診断評価――アルコールと薬物への依存傾向」（わざとらしく驚いて）ウー！（ふたたび読みはじめ）「権威を病的に拒絶する。原因は克服できない少年期のトラウマ。被験者は実戦任務に不適合なため、ただちに停職させることが望ましい」とある。これが裏切りでなくてなんだ。（ボンドに笑いかけ）任務が無理なきみにわたしを追わせた。死ぬのを承知でな。なんてひどいママだ。（以上、松崎広幸訳）

ヒーローを容赦なくあざける台詞は、アクション・コメディでよく使われる。『メン・イン・ブラック』、『ギャラクシー・クエスト』(一九九九)、『ガーディアンズ・オブ・ギャラクシー』といった作品に登場する主人公たちのチームは皮肉屋ぞろいで、互いに遠慮なく罵り合う。
ヒーローをけなす台詞は力関係を悪役側へ傾けるのに役立つが、効果的ではあるものの、ことばは行動の代わりにはならない。悪役をけなす台詞の場合にはなおさらそうだ。

悪役をけなす台詞

悪役をあざける台詞を言わせることで、窮地に陥ったヒーローの機知を表現することもできるが、あまりにも度が過ぎた皮肉が何度も口にされると、弱者と強者のアンバランスな力関係を反転させ、物語のおもしろみを削いでしまう恐れがある。

たとえば、『アベンジャーズ』におけるヒーロー側のチームは、悪役である北欧神話の神ロキを容赦なくばかにする。ロキのことを、ニック・フューリーは蟻にたとえ、ブルース・バナー(=ハルク)は「やつの脳ミソは、ネコでいっぱいの袋だ」と評する。トニー・スターク(=アイアンマン)は、ひとつのシーンだけで四度もロキをおちょくる。ロキの作戦を鼻で笑い、魔法の杖であるセプターを「光る棒」呼ばわりする。自分には軍隊があるとロキが豪語すると、「こっちはハルクだ」とスタークは一笑に付す(実際、クライマックスのシーンでハルクはロキを人形のように振りまわし、その弱さをあざける)。あげくの果てに、ロキがスタークの心を操ろうとして失敗すると、スタークはロキの幻術の衰えを性的不能になぞらえる。

ひとつやふたつであれば、こういうシーンもおもしろいだろうが、ヒーローたちがそろって何度もばかにするせいで、侮蔑の大波によってロキの威厳はすっかり洗い流されてしまう。ほかの点では非常にすぐれた映画だが、作品のスリルを損なっている。

しかし、うまく使えば、たいていの悪役をあざける台詞は、物語のキーとなる転換点を作りあげるすぐれた方法となる。

イギリスのSFドラマ『ドクター・フー』新シリーズ第五シーズン（二〇一〇）の終盤で、主人公であるドクターは時をさかのぼって一〇二年のストーンヘンジへとやってくる（第十二話「パンドリカが開く」）。世界じゅうに知られているそのストーン・サークルの地下には、「パンドリカ」という機械仕掛けの巨大な箱が隠されていた。中では宇宙で最も恐ろしい存在が待ちかまえているという。ドクターはパンドリカを発見するが、その箱が開きだしたとたん、ストーンヘンジの真上の夜空に異星人たちの宇宙船がいくつも出現する。

五十年以上に及ぶ長寿番組『ドクター・フー』のシリーズで、異星人の脅威に直面するたびに、ドクターはことごとくそれらを退けてきた。異星人たちがいまだにあきらめず、なおもドクターを倒そうと企むのは少々滑稽な気もする。しかしそれでも、多種多様な無数の宇宙船はストーンヘンジ上空で輪を描き、うなり声をあげながら、パンドリカが開かれるのに備えて、中にひそむ宇宙最恐の存在を捕らえようと待ちかまえる。そんなとき、ドクターは上空に向かって口を開く。

ドクター　パンドリカを制する者が宇宙を制する。だが、悪い知らせがあるぞ。相手はぼくだ！　ハッ！（飛び交う宇宙船が気に障った様子で）そんなふうに頭の上をびゅんびゅん飛びまわられるとこっちは気が散ってしょうがない。少しじっとしててもらえないか。なぜならぼくはいま、**話してるんだ**！

宇宙船は動きを止め、上空で静止する。

ドクター　（つづけて）問題、パンドリカを見つけたのはだれ？　答、ぼく。じゃあ二問目、それを奪おうとするのはだれだ？

宇宙船は動かない。

ドクター　（つづけて）おい、みんな！　ぼくを見ろ！〔中略〕おまえたちは武器をたっぷり積んだばかでかい宇宙船に乗っていて、すでに作戦もある。目的は、今夜パンドリカを奪うためだ。しかしその暴挙に立ちはだかるのは、ぼくだ！　忘れたか？　ぼくに倒された屈辱の暗い過去を。思い出したら、さあいますぐ、ばかなことをやめて――まず、ぼくにまかせろ。（以上、石原千麻訳）

考えたすえに、宇宙船は一機また一機と飛び去っていく。

ところが、地下室のなかでパンドリカは低くうなりつづけ、ゆっくりとひとりでに開く。ドクターが中を見るとそこには……何もない。空っぽだ。

突如として、ドクターの宿敵たちがふたたび現れる。その異星人たちははじめて協力してドクターを捕らえ、パンドリカに閉じこめてしまう。パンドリカこそが、ドクターを永遠に封じこめるために異星人たちが作った最強の檻だったのだ。その箱はいまたしかに、宇宙最恐の存在を捕らえていた——そう、ドクターを。敵をあざけることにかまけていたせいで、このヒーローはみずから窮地にはまってしまった。

14 重大局面とクライマックス

アクション作品の弧

「弧」とは、変化が描く軌跡のことだ。冒頭から結末にかけてストーリーの中核の価値要素が振れ動く変化と、キャラクターの内面における変化のふたつがある。

アクションのジャンルにおいて描かれる弧はほぼすべて、第一の変化によるものだ。キャラクターの外側を取り巻く運命が移ろい、ストーリーの中核の価値要素は多くの場合、ヒーローと被害者にとっては死から生へと、悪役にとっては生から死へと動く。変化の過程に従って登場人物たちの内面が明かされていくが、その中核にある自己は物語のはじめから終わりまで一貫して変わらない。

もし作者がヒーローの人間性の奥深くにも変化の弧を描きたいと望むのであれば、アクションのプロットに加えて、贖罪プロット（悪人から善人へ）や堕落プロット（善人から悪人へ）といった、内面の変化を描く六つのキャラクタープロットのどれかを融合させる必要がある（『キャラクター』第14章「ジャンルのなかのキャラクター」参照）。

重大局面――ヒーローによる究極の選択

ストーリー全体にわたるアクションの連続を通して、ヒーローは被害者を救おうと奮闘し、作戦をつぎつぎ練りあげるが、その作戦はますます困難で危険なものになっていき、やがて最終決戦に至る。悪役の持つ最強の武器と対峙し、狙いをつけられたヒーローは、最後の行動を選択しなくてはならない。それが**重大局面**だ。あともどり可能な地点はすべて過ぎ去り、ありとあらゆる策を試みたがことごとく失敗している……たったひとつを除いて。

このシーンで、観客や読者の頭のなかに究極の問いが浮かぶ。このヒーローは、はたしてヒーローと呼べるのだろうか？　ここまでで最大の重圧のもとでその問いに答えるためには、アクション作家のきわめてすぐれた創造力が求められる。

ここでどんな行動を選択するかによって、ヒーローの勇気、高度な技術、重圧に負けない冷静さ、そして何より大切な自己犠牲の精神が表現できるかどうかが決まる。アクション作品における重大局面は、ヒーローの行動規範に対する試練である。はたして他人の命のためにみずからの命を犠牲にするだろうか、と。

アクション作品のストーリーの大半で、重大局面でなされる究極の選択は最終局面における緊迫感を高め、クライマックスの引き金となる。『ガーディアンズ・オブ・ギャラクシー』を例にとると、ヒーローであるクイル、ドラックス、ロケット、グルート、ガモラは力を合わせて最後の決戦に臨み、そこで自分たちの命を危険にさらすどころか、実際に命を犠牲にしてまで互いを、そして何億ものザンダー星人を救おうとする。

一方、ヒーローによる究極の選択が早々になされる作品もある。イーサン・ハントやジェームズ・ボンドのようなキャラクターが登場する作品では、ヒーローによる重大な選択によって主要なアクションが終わるというより、契機事件の方向性を決めて、その選択で主要なアクションがはじまる。そして、それ以降の幕で対立は高まっていき、クライマックスで頂点を迎えると、それまでの危機と緊迫感が報われて、結果をもたらす。

いくつかのボンド映画では、序盤のシーンでMが執務室にボンドを呼び、現代文明を滅ぼそうとしている悪の首領について説明する。阻止できるかどうかはボンドにかかっている、とMは言う。ボンドはうなずいて、「わかりました。やりましょう」と答える。それをきっかけとして、ストーリー全編に及ぶ悪役の探求にボンドは身を投じることとなり、これ以降は究極の選択をひとつもおこなわない。

『ミッション：インポッシブル／ゴースト・プロトコル』は、究極の選択が四度、それぞれ個別になされることによってはじまる。第一幕で諜報機関ＩＭＦはイーサン・ハントにあるミッションを提示するが、これをもし引き受ければ、イーサンはアメリカ合衆国政府から切り捨てられて、逃亡者の烙印を押されることになる。もちろん、イーサンは引き受ける。そのあとのシーンで、仲間のエージェント三人にイーサンは同じ問いかけをする。カーターはためらうことなく同意し、ベンジーはやるしかないと承諾する。しかしブラントには、自分の命を懸けるだけの納得できる理由が必要だった。はじめは乗り気ではなかったが、最後には、核戦争を防ぐためにイーサンの作戦に協力するしかないと決心する。

アクション作品のクライマックス

重大局面における究極の選択が序盤でなされようと終盤でなされようと、その選択が最終的な結末を作りあげる点は同じだ。ほとんどのアクション作品のストーリーでは、結末は完全なプラス（ハッピーエンド）となる。悪は倒され、人々の命は救われる。ごくわずかだが、完全なマイナスの結末（バッドエンド）となる作品もある。悪が勝利し、人々の命は失われる。さらにそれ以外にも、二種類の皮肉な結末がありうる。悪は倒されて人々は救われるが、ヒーローが死んでしまうものと、悪が勝利して多くの人々が死ぬが、生き残った者たちは重要な真実を知るというものである。

ほぼすべてのアクション作品のストーリーで、クライマックスが上昇型の展開となる理由は、語り手が観客に対してプラスの経験を約束した以上、それを守らなければならないからだ。

多くのアクション作品の契機事件において、悪役は生と死に影響を及ぼす強大な力を振るう。それ以降の悪役との対決においては、興奮が前面に押し出され、恐怖が表に出ることはない。楽しさに満ちた高揚感あふれる展開は、勇敢な弱者が憎むべき強者に逆転で勝利をおさめるクライマックスの伏線となる。こんなふうに作品の構成が予感させる驚きに満ちた喜びは、けっして損なわれてはならない。

もしストーリーの語り口がそれと正反対だったら――恐怖を前面に出して興奮を減らしたら――作者は完全なマイナスの結末を約束したことになる。そして繰り返しになるが、約束は守らなくてはならない。『アベンジャーズ／インフィニティ・ウォー』、『バットマン vs スーパーマン　ジャスティスの誕生』(二〇一六)、『007／ノー・タイム・トゥ・ダイ』のように。

悲劇的なアクション作品がわれわれにスリルを感じさせる理由は、それとはまったく別だ。人間の暗黒面が高貴な魂や高潔な大義を打ち負かすとき、読者や観客は隠された真実に――絵空事の希望を現実が打ち砕くという主張に――気づかされる。悲劇的な結末が人間の心理や社会についての鋭い洞察を表現しているとはいえ、『THE GREY　凍える太陽』、『LOGAN／ローガン』、『ノーカントリー』などは、アクション作品のストーリーとしては例外と言える。

最後になるが、もし結末の効果を完全なプラスにしようと思ったら、悪役の敗北も完全なものにしなくてはならない。悪役の脅威が謎に包まれている場合は特にそうだ。『ターミネーター2』のT－1000や『アイアンマン3』(二〇一三)のアルドリッチ・キリアンの秘密は覆い隠されている。その能力の大きさや多様さをだれも知らない。このような悪役は死ぬ前にすべてを明かし、謎をいっさい残してはならない。そうしないと、まだ何か隠し持っているのではないか、死んだと見せかけて生き返るのではないか、と読者や観客は疑いをいだく。

悪役の打倒

ヒーローの力が悪役に通じず、力関係が悪役のほうへ傾いている状況において、ヒーローはどうやって悪者を最後に完膚なきまでに倒すことができるのだろうか。

第4章で述べた窮地を打開する方策のように、アクション作品のクライマックスを形作る手立ては四つある。

1　力でまさる

ヒーローが悪役に力で打ち勝つにはふたつの方法がある。ひとつは、悪役の持つ能力を自分も身につけることだ。『バットマン　ビギンズ』で、ブルース・ウェインは師から教わった武術によってラーズ・アル・グールを圧倒する。もうひとつは潜在能力を解き放つことだ。『マトリックス』の主人公ネオは、もともと持っていたが覚醒していなかった意志の力によって、最後にはエージェント・スミスに勝利する。

2　知恵でまさる

あらゆる試みが失敗に終わろうとも、ヒーローは新たな武器や戦術を懸命にさがしつづけ、ついには悪役の弱点をとらえて、その防御の突破方法を発見する。

『スタートレック2　カーンの逆襲』で、主人公のカーク提督は最初、識別コードを使って悪役カーンの乗る宇宙艦のバリアを遠隔操作で解除し、時間を稼ぐ。だが、カーンは同じ手に二度と引っかからない。そこでカークはみずからを餌におびき寄せようと試みるが、相手は警戒をゆるめない。だがやがて、カーク提督は相手の弱点を見つけ、知恵で出し抜いて勝利をおさめる。悪役カーンは宇宙空間での戦闘を三次元で把握しておらず、惑星の地上で戦っているかのように二次元でとらえていたからだ。

3　数でまさる

ヒーローはときに大量の武器をそろえたり〈『アイアンマン』〉、おおぜいの仲間を集めたりする〈『X-MEN』〔二〇〇〇年〕〉。どちらの場合でも、最後には知恵を絞ってそれらの多種多様な武器や能力をひとつにまとめ、悪を倒さなくてはならない。『ボルトロン』〈日本の合体ロボットアニメを再構成し、一九八〇年代にアメリカで放映されたテレビアニメシリーズ〉では、楽しい玩具をコンセプトとして、登場するロボットたちは文字どおり「ひとつ」に合体する。

4　マクガフィンを利用する

『ギャラクシー・クエスト』のように、マクガフィン自体が悪役を倒すための武器として利用されることもある。この映画のはじめから終わりまで、悪の宇宙人サリスは「オメガ13」という装置をさがし求めている。それにどんな機能があるのか、だれもはっきりとは知らないが、有力な説は時間を十三秒だけもどすことができるというもので、これはひとつのまちがいを修正するにはじゅうぶんな時間だ。クライマックスで、サリスは宇宙艦「プロテクター」のブリッジを襲撃し、乗組員たちを殺害する。そこで主人公ネズミスは、どうにかオメガ13を起動して時間を十三秒もどし、サリスを倒して乗組員たちをよみがえらせる。

これらの四つの方法は、さまざまな組み合わせで融合させることが可能だ。

偽のエンディング

クライマックスのあとで、最後の瞬間に悪役がよみがえるタイプの物語もある。ハリウッドで「確実に殺す《キル・エム・デッド》」という言いまわしが知られているように、悪役の復活は、まちがいなく倒したと確信する前の最後のスリルを読者や観客に与える。

『ダイ・ハード』では、悪の首領ハンス・グルーバーがビルから落下して死んだあと、その右腕のカールが突如としてふたたび現れるが、結局は主人公の相棒であるパウエル巡査部長に射殺される。ただし、「死んだはずの悪役が復活」という仕掛けもまたクリシェを招く恐れがある。

解決シーン

アクション作品におけるクライマックスの結果は、中核の登場人物三者（ヒーロー、悪役、被害者）にまず影響を与えるが、その影響がより広い世の中へどのように波及するのかが気になる観客もいるだろう。そのため、結末が物語の舞台全体へどう影響を及ぼすのかを見せるために「解決シーン」が必要となることがある。たとえば、ジェームズ・キャメロン監督の『アバター』（二〇〇九）のラストシーンでは、惑星パンドラからほぼすべての地球人が追い出される。パンドラの先住民たちによる輝かしい勝利の祝宴が映画を締めくくる。

ごくまれに、メインプロットがクライマックスを迎えたあとでも、サブプロットのひとつが終わらずにつづく物語がある。作品を終わらせるには、そのサブプロットのためにまた別の結末が必要だ。しかしそのような展開はたいていぎこちなく、盛りあがりに欠ける印象を与える。メインプロットはストーリーにおいて感情を大きく動かす心臓部であり、それが終わると同時に物語も終わるのが本来の姿だ。

15　ペースと発展性

ブロードウェイのミュージカルと同様、アクション作品のストーリーは潮の満ち引きを繰り返すようにして緊迫感を高めていく。ミュージカルの歌と踊りのパートのように、アクション作品の見せ場のシーンでは、はじける躍動とともに新たな音色を奏でる。徐々に盛りあがる発展性を持ったアクション作品は、まず冒頭の契機事件で否応なしに興味を引きつけ、そこから段階的な混乱のペースを調整して興奮を高め、おもしろさをだんだん強く《クレッシェンド》させながらクライマックスへ導く。

そのように人を引きつける効果を発揮するために、アクション作家はストーリーを三つの次元で発展させていく。リズム、テンポ、力強さの三つだ。ひとつひとつのシーンの長さが語り全体のリズムを決める。ひとつのシーン内のエネルギーがそのシーンのテンポを決める。そして、危険への距離が縮まるにつれてシーンの持つ力強さは高まる。アクション作家はストーリーを指揮するためにこの三つの性質によるハーモニーを奏で、シーンを、シークエンスを、そして見せ場を作り出す。それらは力強く先へ先へと進み――繰り返しに陥ることも脇道へそれることもけっしてなく、つねに興奮を高めながらクライマックスへ至る。

見せ場のリズム

シーンの長さ、間隔、ペースがストーリー全体のリズムを刻む。ヒーローと悪役の対決をつぎつぎと描きたい誘惑に駆られるかもしれないが、何度も何度も対決シーンがつづくと観客はかえって興味を失う。ドラムビートの繰り返しは興奮を殺してしまう。

一方、さまざまに内容の異なるシーンを描いてそれらを徐々に短くし、ひとつのシークエンス内でペースを段階的にあげて緊迫感を高めれば、観客は作品へのめりこんでいく。その速さが頂点に達したときに止まるといい。そこで作者はブレーキをかけて、重大な見せ場、すなわち力強い転換点に観客を集中させ、必要な時間をそこにすべて投入する。

原則——発展させろ、繰り返すな。

つねに加速しつづけて緊迫感を高め、重要な見せ場で停止することによって、印象深いアクション作品のストーリーが生まれる。だから、自分の作品にうまく発展性を持たせたいのなら、脚本のあらすじから主要な転換点をリストアップして、インパクトの大きさでランクづけしよう。たとえば、ストーリー全体で見せ場が六つ必要なら、インパクトが最も小さいものに1、最も大きいものに6と番号を振り、残りの四つもインパクトの小さいほうから番号をつけるわけだ。

だが直感に反して、ストーリーに沿って見せ場を1－2－3－4－5－6の順に並べるのが最も効果的というわけではない。出だしが弱いと観客の心をつかめないからだ。むしろ、冒頭に主要な場面を置いて、そのあとは徐々に強くしていったらどうか。4－1－2－3－5－6の順番で並べれば、まず観客を引きつけ、つぎに少しだけ気持ちを静めてから、あとは力強さと興奮を少しずつ増しながらクライマックスへ向かえる。

変化に富んだ展開

繰り返しは「三回の法則」を生み出す。

どんなテクニックでも、最初に使ったときに最大の効果を発揮する。二回目には効果が半分以下に落ちる。三回目には逆効果が生じ、発展の勢いを殺してしまう。

だから、見せ場のシーンがどれほど動きや力強さに満ちていたとしても、同じ動き（攻撃、攻撃、攻撃）を繰り返してはならない。繰り返しはストーリーの発展を鈍らせるどころか、反感を生んで後退させる。変化に発展性を持たせるためには、見せ場のシーンにおける五種類の展開をすべて慎重に分析し、シーン内部の動きを変化に富んだものにしなくてはならない。

だが例外もあり、キャラクターがさまざまに入れ替わるのであれば、同じ展開であっても繰り返してよい。『アベンジャーズ』では、多種多様な対決シーンが観客を楽しませる。キャプテン・アメリカがロキと戦い、つぎにソーがアイアンマンと戦い、つづいてキャプテン・アメリカとアイアンマンが組んでチタウリ兵と戦い、さらにソーがハルクと戦い、ハルクがロキと戦い……といった具合だ。

クロスカット

あらゆる見せ場には、当然ながら起伏がある。並行する複数の見せ場をクロスカットで交互に行き来することで、エネルギーの勢いが衰える不必要なシーンを取り除き、ストーリーの重要な流れだけに集中することができる。勢いが削がれる前に別のシーンへ切り替えることで、興奮は高まりつづけてピークを維持できる。

『ファインディング・ニモ』(二〇〇三)では、同時進行しているふたつの見せ場のあいだでクロスカットがおこなわれる。魚のマーリンが、人間のダイバーにさらわれた息子のニモをさがすために危険を追い求める一方で、囚われの身となったニモは、歯科医院の診察室にある水槽からなんとかして脱出しようともがき、危険から離れようとする。大海原を進むマーリンの緊迫感あふれる危機がいったん落ち着くと、場面はニモの苦境へ切り替わる。そこでのニモの奮闘が終わると、またクロスカットしてマーリンの冒険へもどり、そしてまたニモの側へもどり……というように、力強いアクションに焦点を合わせつづけることによって観客の緊張を保つ。

インパクトのペース調整

とはいえ、見せ場のピークからピークへ、またピークへ、とカットをつないでいくと、繰り返しに陥る恐れがある。そのため、アクション作品のストーリーラインは、ときおりギアを切り替えなくてはならない――視点を変えたり、トーンをがらりと正反対にしてみたり、異なるジャンルのサブプロットをはじめたり、といったものだ。

たとえば、『Mr．インクレディブル』はふたつのジャンルをより合わせてできている。メインプロットはアクションだが、そこに社会ドラマのサブプロットが挿入される。スーパーヒーローたちの家族が世間の偏見と向き合うシーンが挿入されることによって、アクション・シーンの見せ場と見せ場のあいだに間隔ができる。その結果、インクレディブル一家と悪役シンドロームの戦闘も冗長ではなく、発展性があるように感じられる。

『ガーディアンズ・オブ・ギャラクシー』では、ドラマのシーンとコメディのシーンを対比させることで、遊び心のあるトーンの変化を加えている。たとえば、見せ場のひとつである脱獄シーンは、凶悪犯や看守たちのひしめく刑務所からピーター・クイルと仲間たちが逃げ出す緊迫感のある場面からはじまる。しかしその直後、お気に入りの曲が詰まったカセットプレイヤーをとりにクイルが刑務所へ駆けもどり、ドラマからコメディへと切り替わる。

価値要素の変化のペース調整

観客にとって、何度も同じことを繰り返されるのは気に障るものだが、中でも特に苛立つのは、シーンが変わっても価値要素のプラス／マイナスが同じままであるときだ──「プラス、プラス、プラス」だろうと、「マイナス、マイナス、マイナス」だろうと、それは変わらない。観客の興味をつかんで離さないためには、複数の転換点のあいだやひとつのシーンのなかで価値要素のプラス／マイナスを交互に入れ替える必要がある。シーンをプラスの雰囲気ではじめてからマイナスへ移行したり、その逆をおこなったりして、プラス／マイナスを反転させよう。ただし、その変化が急激すぎると、気まぐれで行きあたりばったりに見える。逆に変化があまりにも小さいと、ただの繰り返しに見える恐れがある。

繰り返しをさらに避けて多様な変化を生み出したければ、価値要素を反転させると同時にストーリー上の出来事も転換させることだ。『ミッション：インポッシブル／ゴースト・プロトコル』では、ロシアの警察がイーサン・ハントへと迫りくるところで「正義／不正」の対立が生じる。主人公たちIMFのチームが危機また危機の場面に直面するときには、「生／死」の対立が物語にはいりこむ。そして、終盤で悪役は、「戦争／平和」の対立を核戦争の脅威へ少しずつ寄せていく。

もちろん、ひとつのシーン内でも、ビートからビートへつぎつぎとプラス／マイナスを切り替えることができる。『アイアンマン3』を例に考えてみよう。

田舎町のバーで話を聞くうちに、主人公トニー・スタークは悪役の手がかりをつかむ（プラス）が、国土安全保障省の捜査官になりすました女にいきなり手錠を掛けられる（マイナス）。地元の保安官が女の身分を疑って問いつめるが（プラス）、女は超能力で保安官を襲って殺害する（マイナス）。スタークはその場を逃れるが（プラス）、女に見つかってしまう（マイナス）。スタークが手錠で女を絞め殺そうとしたところ（プラス）、相手はその鎖を溶かす（マイナス）。スタークは炎の壁で女を食い止めようとするが（プラス）女は炎を歩いて通り抜ける（マイナス）。しかし、スタークの罠にはまって、ガス爆発で倒される（最高のプラス）。

テンポの調整

エネルギーを大きくすればするほど、興奮も高まる。だが、変化が激しすぎると観る側は疲れ果てるし、それがつづくと集中力を切らし、話を追えなくなって興味を失う。とはいえ、動きのエネルギーが小さすぎれば、観る側はチャンネルを替える。ほかの場合と同様、作家は技巧を駆使して、過小と過大の両極のあいだでバランスをとる。

繰り返しとの戦いに勝利するには、以下に示す五つの戦術を入念に検討し、テンポを調整しなくてはならない。

1　動きを加速させる

最も単純な戦術は、走る車や飛ぶ銃弾などの速度を増しつづけて、動きを速めることだ。この戦術はどんな媒体でも使える。たとえば小説家は、ことばを使ってすばやい動きのイメージを生み出す。弾丸がうなりをあげて頭をかすめ、バイクが蛇行しながらも疾走し、人が屋根から屋根へ跳び移る。これらはすべて、ゆるやかな動きを描く表現との対比によって際立ち、それによって、ふたたび加速したときにいっそう多くのエネルギーを生じさせる。

小説では作者による見せ場の描き方が動きを生むが、映画ではその三倍の道具を使うことができる。というのも、映画には三つの動きの階層があるからだ。場面内での登場人物の動き、撮影するカメラの動き、映像の編集の三つである。脚本家は場面内の遅い動きと速い動きを対比させるだけでなく、カメラの移動、アングルの変化、編集による対比も利用できる。

静と動の切り替わりを生かすために、『マトリックス』の製作陣はあの「バレットタイム」を生み出し、ネオが弾丸をかわす能力を劇的に映像化した。ネオが目にも留まらない速さでパンチやキックを繰り出すシーンでは、最初は固定カメラが使われているが、後半の戦闘シーンで敵のエージェントがネオに発砲すると、映像はスローモーションから超スローへ、さらには静止画も同然になり、迫りくる銃弾をネオはかわす。そしてネオと銃弾が空中に浮かんでいるさなか、カメラは旋風のごとく周囲をすばやくパンする。

2　複数の見せ場を組み合わせる

見せ場を組み合わせることによって、エネルギーは増大する。退避シーンと救出シーンが融合する場合、ふたつの異なる動きがひとつになり、危険と恐ろしさは倍増する。そこへマクガフィンをめぐる争奪戦が組み合わされれば、動きの量はさらに倍だ。

『ダークナイト』のクライマックスで、バットマンはジョーカーを追って、仮設の足場で覆われた建設中の高層ビルへやってくる。眼下を流れるゴッサム川には二隻のフェリーが浮かび、片方のフェリーにはゴッサムの市民たちが、もう片方には囚人がおおぜい詰めこまれている。それぞれの船には爆弾が仕掛けられているが、起爆装置は互いに反対側の船にあり、どちらの船の命運もジョーカーが握っている。ジョーカーの仕掛けたゲームはどんなものか？　生き残りたければ相手の船を爆破するしかなく、それを拒めばジョーカーが両方を同時に吹き飛ばす、というものだ。

そのうえ、ビルのなかではジョーカーの手下が人質をとって見張っている。バットマンは警察のSWATよりも先に人質のもとへたどり着くが、そこでジョーカーの悪知恵の深さに気づく。人質に自分の手下の恰好をさせ、手下には人質の恰好をさせていたのだ。ジョーカーは、SWATが本物の人質を殺すことと、手下がそのSWATを殺すことを目論んでいた。バットマンとしては、人質だけでなくSWATの命も救う必要があり、さらに、両方のフェリーも救出しなくてはならない。このクライマックスのシーンにおいて、バットマンは危険に立ち向かって、そこへ突入し、三者の救出をやりとげる。バットマンによるひとつひとつの選択と行動が、五つのアクションの展開にまたがって共鳴する。

3　リズムを加速させる

個々のシーン内のテンポだけでなく、作品全体のリズム、すなわち転換点がつぎつぎと訪れるペースもまた興奮を高める。転換点同士の距離が近ければ近いほど、クライマックスはますます速く積みあがっていき、物語の緊迫感は高まる。

『ミッション：インポッシブル／ゴースト・プロトコル』の最後の二幕では、いくつもの大きな転換点を越えるたびにリズムが加速していく。たとえば、転換点のうちのひとつで、主人公たちは回転する巨大な換気ファンに守られたコンピューター室へブラントを送りこむが、悪役コバルトはコンピューター・システムを乗っとってファンを再起動させる。灼熱の死の罠からブラントが脱出するシーンが、この作品の十回目の見せ場となる。

それから、主人公たちはコバルトを追ってムンバイのテレビ局へ向かい、十一回目の見せ場では、イーサンとカーターがコバルトを捕らえるために混雑した通りを急ぐが、追いつく前にコバルトはロシアの潜水艦へ嘘の命令を出し、核ミサイルをサンフランシスコに向けて発射させる。

イーサンが執念深くコバルトを追うシーンと、仲間たちがコバルトの手下と撃ち合うシーンがクロスカットされるなか、ミサイル着弾へのカウントダウンは進んでいく。イーサンはミサイルの起動装置を奪おうと奮闘し、ついに悪役コバルトを追いつめる。仲間がコバルトの部下を倒し、イーサンはコバルトを死に追いこんで、マクガフィンを手中におさめる。そして、着弾の寸前に核弾頭を無効化する。クライマックスにおけるこれらの転換点――危険への突入、危険からの退避、追跡、銃撃戦、マクガフィンの奪い合い――は、七分間に五つの見せ場をつなぎ合わせている。

もちろん、映画全体をつねにこのペースで全力疾走させることはできない。その代わり、はじめはスピードを速くして、逆にスローダウンし、それからさらに速くして、また一時停止させ、さらにまた加速し、というふうに緩急の波を作ることが肝心だ。そして、最終幕ではクライマックスへ全速力で突き進もう。

4　舞台設定のちがいを際立たせる

舞台設定をさまざまに変えることにより、製作費はかかるものの観客の目を楽しませ、変化に富んだ展開を作り出すことができる。ボンド映画のように世界各国をめぐるシリーズ作品においては、異国情緒あふれる華やかな場所がつぎつぎに現れる。『ミッション：インポッシブル／ゴースト・プロトコル』では、危険から退避したり危険へ突入したりしながら、ロシアのクレムリン、ドバイのブルジュ・ハリファ、インドのムンバイにある自動化された立体駐車場など、世界じゅうを駆けまわることによって、単なるスタントの繰り返しになってもおかしくないシーンを興奮に満ちたものに変えている。

5　クロスカットで動きをつける

クロスカットもまた、動きを増大させる手段になる。さまざまな人物の視点、さまざまな場所、さまざまな時間（過去、現在、未来）、さらにはプロットとサブプロットのあいだで、カットを切り替えることができる。

ロックスター・ゲームスによるアクションゲーム『グランド・セフト・オートV』では、元銀行強盗のマイケル・デサンタ、ギャングのフランクリン・クリントン、麻薬と武器の密売人トレバー・フィリップスという、ヒーローと悪役が入り混じった三人の視点のあいだをクロスカットしてストーリーが語られる。

力強さの調整

主人公が生き残る可能性がさがればさがるほど、観る側の興奮は高まる。アクション作品では、ほかの側面に劣らず、スリルを醸成してペース配分をしなくてはならない。先にあげた五つの戦術と組み合わせて、つぎに示す五つのテクニックを使うことで、シーンの持つ力強さを調整できる。

1 危険との距離を縮める

死の罠から脱出するにせよ、敵の猛攻を切り抜けるにせよ、ヒーローが死に近づくほど興奮は高まる。たとえば、「クリフハンガー」ということばは、二十世紀前半の毎週土曜の午後に映画館で上映されていた連続活劇に由来する。アクション作品のヒーローが崖《クリフ》から宙吊り《ハング》になったシーンでその回が終わり、どうやって状況を打開するのかが次週までお預けになることがよくあった。クリフハンガーは死への距離を岩にしがみつく指先まで縮めて、一週間ぶんの興奮を掻き立てた。

『ターミネーター2』の救出シーンでは、死への距離は以下の十一段階にわたって変化する。

1 ジョン・コナー少年は母親のサラ・コナーを精神科病院から助け出そうとする。ジョンを守るために未来から来たターミネーターは、敵のT・1000が待ちかまえていると言って反対する。ふたりが言い争っているとき、死の脅威はまだ何キロも離れた先にある。

2 ジョンとターミネーターは、サラ・コナーを救い出すために精神科病院に侵入する。

3 ところが、病院の廊下にあるゲートの向こうにT・1000が突如として現れる。液体金属でできた体を溶かして、平然とゲートの鉄格子をすり抜ける。

4 だが、手にしていた拳銃だけが鉄格子に引っかかる。このとき、逃げようとする主人公たち三人とT・1000の距離は十五メートルほどにまで縮まる。

5 ジョンとサラはエレベーターに向かって走る。ターミネーターはショットガンでT・1000を撃って時間を稼ぎ、三人がエレベーターに逃げこんだとたんドアが閉まる——いまやこの悪役は二、三歩の距離にまで近づいている。

6 T・1000はエレベーターシャフトを通じてエレベーターの上に跳びおりる。腕を巨大な刃に変形させ、天井越しにエレベーター内をやみくもに突き刺すが、やがてエレベーターは地下駐車場に着いてドアが開く。このときT・1000はほとんど接触できるほどに迫る。

7 サラはエレベーターから駆け出して、警察車両を奪う。ターミネーターが運転し、サラは

8 助手席に、ジョンは後部座席にすわる。T-1000との距離は数メートルまで離れる。T-1000は体を溶かし、エレベーターの天井にあいた穴を抜けておりると、人間の姿にもどって車を追って走る。車の向きを変える時間がないので、ターミネーターはバックで走行して駐車場を脱出する。外に出ると、車を勢いよくターンさせて正しい向きにし、ふたたび加速する。

9 だが、ターンしたせいで、追いつくための時間をT-1000に与える。T-1000が腕をフック状に変形させて車のリアバンパーに突き刺したときには、もはや両者の距離はほんの数十センチしかない。

10 ターミネーターの運転する車は勢いよく曲がって、T-1000の体をアスファルトにこすりつけるが、T-1000は車の上に這いのぼってリアウィンドウを割り、ジョンから数センチのところでフックの腕を振るう。

11 ターミネーターが窓から身を乗り出せるよう、サラが運転を代わる。ターミネーターはショットガンでフックを撃って破壊し、T-1000は音を立てて路上を転がっていく。主人公たち三人は車で走り去り、敵との距離はふたたび何キロも開く。

見せ場のシーンで危険との距離が縮まり、本作のマクガフィンであるジョン・コナーと悪役のT-1000が近づくほど、われわれの鼓動は速まる。

2 描く価値要素を増やす

「生／死」という中核の価値要素がすべてのアクション作品を動かす。たとえば『ターミネーター2』では、あらゆる葛藤がこのひとつの価値要素だけを転換させ、それ以外の価値要素にはかかわらない。一方、「生／死」にほかの価値要素を組み合わせることで興奮を高める物語も多い。『逃亡者』の主人公キンブルは、妻を殺した男を懸命に捕まえようとしているので、追っ手であるジェラード連邦保安官補から逃れるあらゆるシーンで、「生／死」だけではなく、「正義／不正」の価値要素も変動する。

『ガーディアンズ・オブ・ギャラクシー』では、四つの価値要素が複雑に組み合わさっている。悪役ロナンに対抗するため、脱獄犯のヒーローたちは捕まる覚悟でノバ軍に協力を求め、「自由／隷属」の価値要素を危険にさらす。個人の水準では、「友情／憎悪」のあいだで揺れ動き、さらに心の奥底では、「道徳（みずからの命を懸けて他人を助けること）／不道徳（自分が助かるために利己的にふるまうこと）」のあいだで良心の葛藤が生じる。もちろん、全体としては「生／死」という中核の価値要素が映画を支配している。これら四つの価値要素がからみ合いながら、最後にはクライマックスですべての価値要素がプラスへと傾く。

3 賭けるものを吊りあげる

アクション作品のストーリーは社会や現実の世界へひろがっていくこともあれば、登場人物の思考や感情の奥深くへはいりこむこともあり、その両方の場合もありうる。この世界やそこに生きる命を救うため、自分の身の安全や心の平穏を主人公たちが犠牲にするにつれて、賭けるものがますます増えていき、目標達成のためになりふりかまわなくなって、危険は増大していく。

『アベンジャーズ』と『ガーディアンズ・オブ・ギャラクシー』を比較しよう。『アベンジャーズ』では、リスクは変わらない。アベンジャーズの面々は作品のはじめから終わりまでみずからの命を危険にさらしているが、ほかのものや、それより奥深くにあるものを危うくすることはない。『ガーディアンズ・オブ・ギャラクシー』では、主人公スター・ロード（＝クイル）は冒頭のシーンで報酬を失うリスクをとることすら拒否するが、クライマックスではみずからの命に加えて、仲間たちの命、ヒーローの誇り、そしてザンダー星に生きる百二十億の命までをも賭して闘う。より多くのものが賭けられているほど興奮は大きくなる。

4　悪をより深く大きくする

『ボーン』シリーズ五作品では、政府の官僚機構の迷宮にひそむ悪がひとつ、またひとつと明らかにされていく。

『ダークナイト』で、ジョーカーはみずからの内側に悪を蓄えているが、何よりも喜ぶのは、地方検事ハービー・デントやバットマンのようなヒーローのなかにひそむ悪を暴き出したときだ。

5　リスクを両極化する

完全な成功と完全な失敗という両極のあいだには、人間の努力が織りなすさまざまな度合いの成功と失敗がある。しかし、物語の力強さが頂点に達すると、そのような中途半端な段階は消え去り、すべてが「全部かゼロか」、「勝ちか負けか」となって、そのあいだで揺れ動く余地がなくなる。『スター・ウォーズ　エピソード4／新たなる希望』では、ルーク・スカイウォーカーに二度目のチャンスはない。デス・スターを攻撃できるのはたった一度だけだ。

ヒーローの持つ選択肢が少なければ少ないほど脅威は高まり、たとえ賭けるものが変わらなくてもリスクは大きくなる。

『ミッション：インポッシブル／ゴースト・プロトコル』では、主人公たちＩＭＦのチームは任務を引き受けると同時にみずからの命を危険にさらすことになるが、核ミサイルの発射コードを敵から奪えるチャンスは一度だけ、発射を阻止できるチャンスも一度だけ、その弾頭を無効化できるチャンスも一度だけだ。落ち着いて計画を練る時間すらない。コバルトを止めようとしながら、ひとつ失敗を犯すたびに主人公たちはますます切羽詰まった状況に追いこまれていく。『ゴースト・プロトコル』で描かれるような時間との戦いでは、主人公たちの使える手段や装備をつぎつぎ減らし、失敗を挽回できる機会も減らすことによって、リスクが両極化し、危機が確実に迫ってくる。「全部かゼロか」の状況へ近づくにつれて、危険が大きなものとなる。

ケーススタディ――『ダイ・ハード』

『ダイ・ハード』はリズム、テンポ、力強さを巧みに調整し、計八つの見せ場にわたってアクションの展開を五種類すべて採用している。この第一級の傑作を題材にケーススタディをおこなうにあたり、まずは八つの見せ場を概観したあと、本章でこれまで考えてきた表現テクニックがこの作品の語りにおいてどのように調和しているのかを見ていこう。

『ダイ・ハード』における八つの見せ場

1　危険からの退避

映画開始から十六分余り過ぎたころ、悪役ハンス・グルーバーとその一味がテロリストを装って、ロサンゼルスの高層ビル、ナカトミ・プラザに侵入し、邪魔な受付係や警備員を排除して、恐怖に震える部屋いっぱいの人質を手に入れる。主人公であるニューヨーク市警のジョン・マクレーン刑事は――肌着一枚に裸足という恰好で、一挺の銃を手に――気づかれないよう、その場を逃げ出す。

2　悪役との対決

その後、マクレーンはグルーバーの手下のトニーを逮捕しかけるが、トニーはうろたえることな

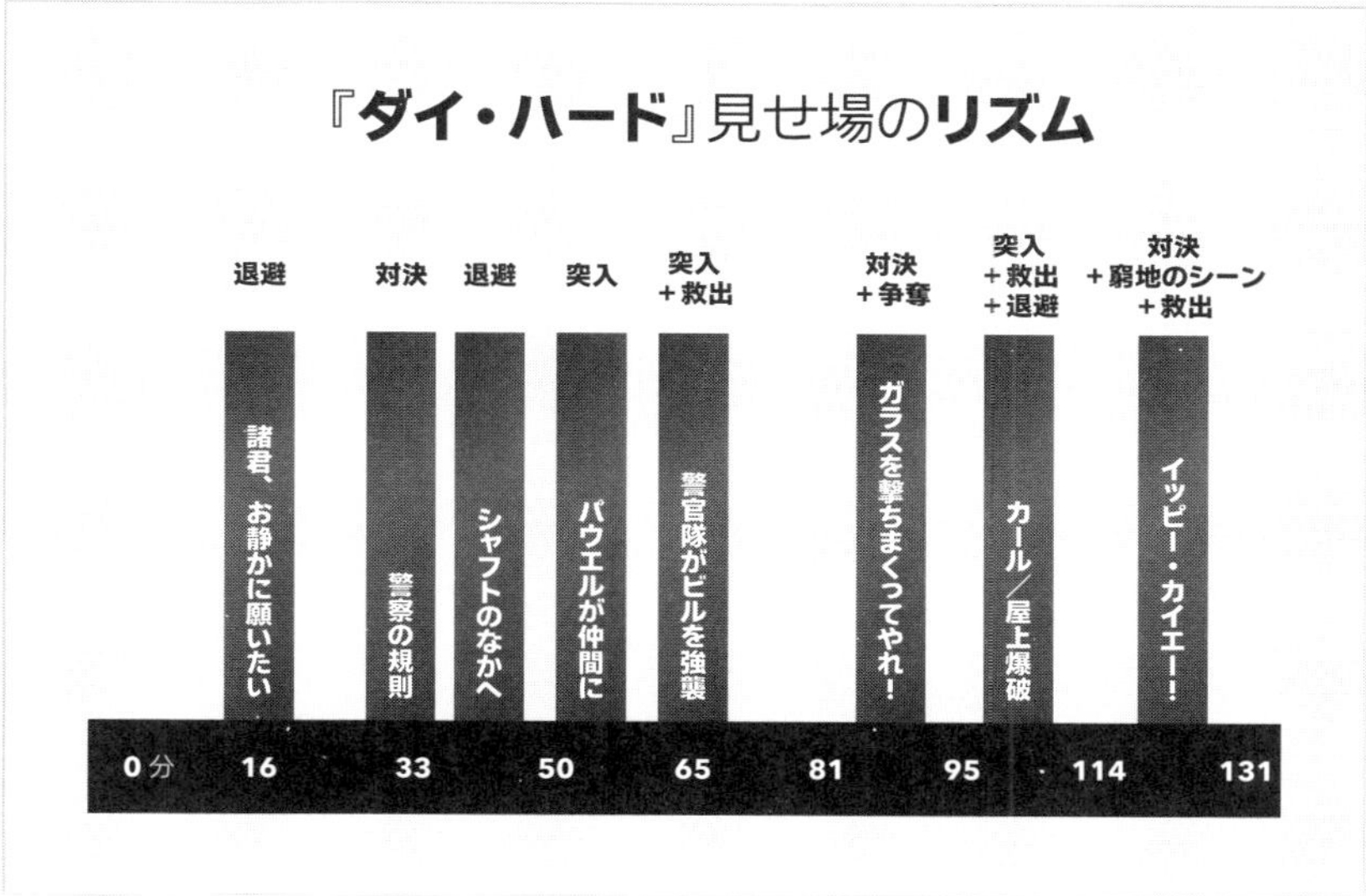

くマクレーンを殺そうとする。

3　危険からの退避

マクレーンは逃走して通気口にもぐりこむ。

4　危険への突入

ロス市警のパウエル巡査部長がナカトミ・プラザの状況を確認しにくるが、何も起こっていないと判断する。そのまま警察車両にもどったとき、マクレーンがグルーバーの手下を殺してビルの窓から外へほうり投げ、パウエルの車にぶつけたので、警察は行動を起こす。

5　危険への突入・被害者の救出

ロス市警のSWATがナカトミ・プラザを強襲するが、グルーバーの手下は軍隊並みの装備を具えていて、予想外の展開に準備不足だった警察は圧倒的な武力差で反撃を受ける。マクレーンはまた危険のなかへ突入して犯人グループと対決し、SWATを援護して撤退の手助けをする。

6 マクガフィンの争奪

グルーバーの計画では、ビルの屋上に大量の爆弾を仕掛けて人質を皆殺しにし、自分も死んだと見せかけて脱出するはずだった。しかし、そのためにはマクレーンに奪われた起爆装置――本作におけるマクガフィン――が必要だ。そのマクガフィンからマクレーンが一瞬離れたとき、グルーバーは起爆装置の周囲の床にガラスの破片をばらまいて裸足のマクレーンがそこにもどれないようにし、この争奪戦に勝利をおさめる。

7 危険への突入・被害者の救出・危険からの退避

三種類の展開が含まれるラストからひとつ前の見せ場では、マクレーンはカールとの最後の戦いのために屋上へ急ぐ。カールを倒し、グルーバーによって爆弾が起爆される直前に人質を救出する。そして自分の体に消火ホースを巻きつけ、爆発の瞬間に屋上から飛びおりる。三十階もの高さからぶらさがった状態で、窓ガラスを蹴破ってビルのなかへはいり、消火ホースとともに落下しそうになりながらも、どうにか助かる。

8 窮地・悪役との対決・被害者の救出

三種類の展開を含む最後の見せ場では、マクレーンが窮地に陥るが、裸の背中に銃をテープで貼

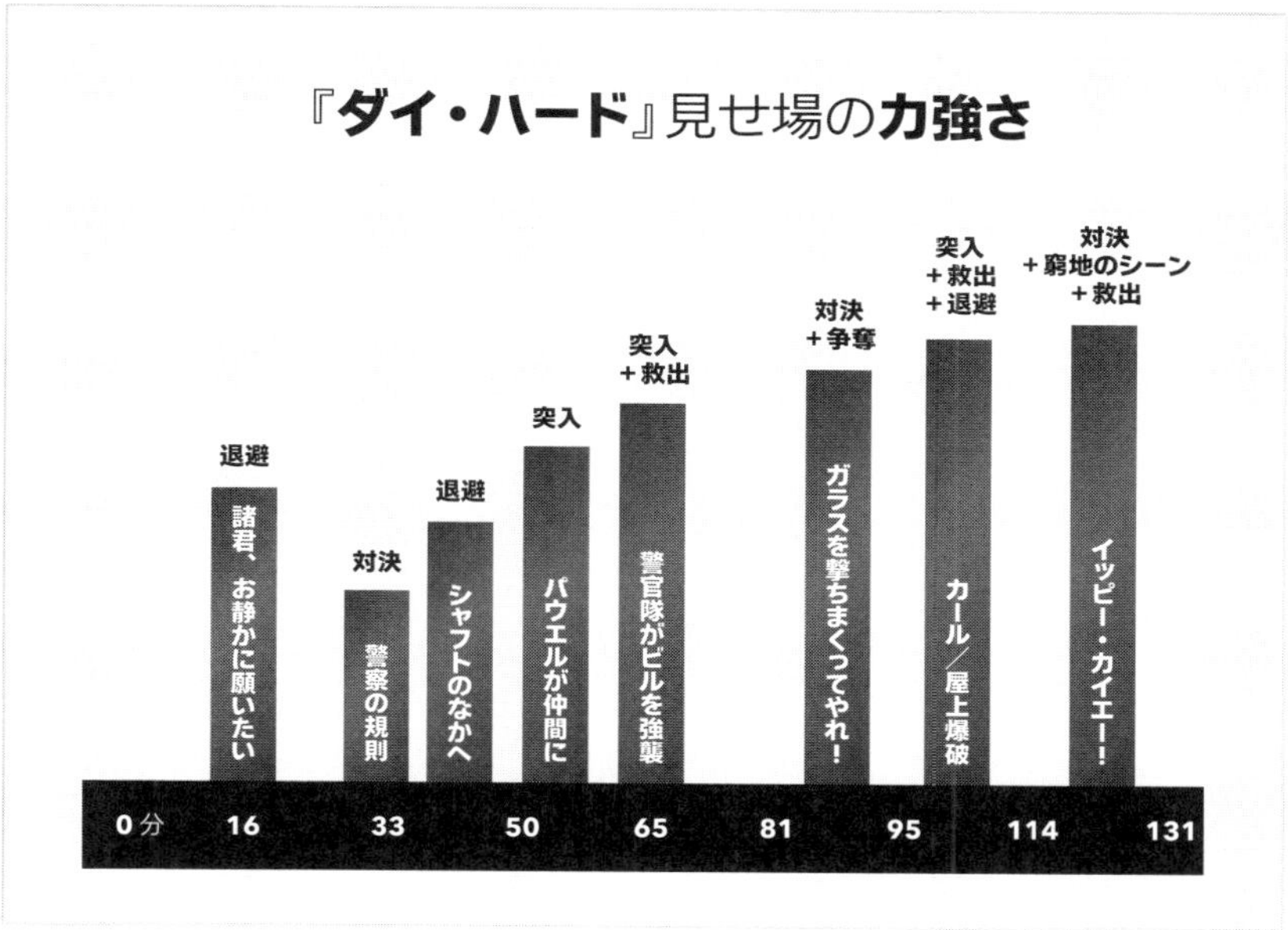

りつけておくことによって、このヒーローは悪役を出し抜く。グルーバーとの最後の決戦を経て妻のホリーを救出し、グルーバーが落下死するのをふたりで見届ける。

見せ場の発展性

『ダイ・ハード』では、インパクトの強い最初の見せ場で観客を引きつける。第二の見せ場で、少し力強さをトーンダウンさせると同時に舞台の設定を確固たるものにし、つづく六つの見せ場で段階的にインパクトを高めて、前の見せ場をつぎの見せ場がつねに上まわるようにしている。

見せ場の長さ

力強い出来事を描くには映写時間が必要だ。見せ場のシーンが一瞬で過ぎ去ると、そこで何人の命が犠牲になっていようとインパクトが弱く感じられる。突然の予期せぬ大爆発で何百万人もが死んだら、観客は驚きはするかもしれないが、たった一、二秒の映像にすぎないので、あまり重要なこととは感じないだろう。前の見せ場が終わってすぐ、つぎの見せ場へ突入すると、単なる繰り返しに見えて、インパクトが弱まる。出来事と出来事のあいだに時間を空けることによって、観客の期待を高めるだけでなく、つぎに来る出来事を強調することができる。『ダイ・ハード』では、ひとつひとつの見せ場が終わるたびにいったんペースを落として不安を高め、緊張の糸を張りつめてから、引き金を引いてつぎのアクションのシークエンスをはじめる。

複数の視点間のクロスカット

『ダイ・ハード』では、おもにヒーローの視点を通してストーリーが語られるが、さらにかかわり合いを増やすために、視点はグルーバー、その手下、マクレーンの妻ホリー、ビル内の人質、地上の警官隊、上空のＦＢＩ捜査官へとクロスカットされる。

価値要素の変動

マクレーンが人質を救出しようと奮闘するにつれて、「生／死」の価値要素のプラス／マイナスは揺れ動く。救出に近づけばプラス側へ、救出から遠のけばマイナス側へと。

繰り返しに陥ることなくリズムを作るために、この作品では出来事のはじまりと終わりでプラス／マイナスが同じにならないようにしている。あるシーンの雰囲気がプラスではじまったときはマイナスで終わり、マイナスではじまったときはプラスで終わる。

複数の展開の融合によるインパクトの強化

ラストからひとつ手前の見せ場では、三種類の展開が融合している（危険への突入、被害者の救出、危険からの退避）。ラストでは、また別の三種類が融合している（窮地、悪役との最後の対決、妻の救出）。

トーンの対比

シーンの持つ力強さを調節するため、『ダイ・ハード』では恐怖におののく人質や傷だらけで血まみれのヒーローに焦点をあてる一方で、マクレーンの軽口やロス市警副本部長の滑稽な言動を描き、両者を対比させる。

危険との距離を縮める

ヒーローと悪役がビルを上下に移動して両者の距離が近づくたびに興奮は高まり、危険への距離は徐々に縮まって、最後には、両手をあげたマクレーンがほんの数メートル先にいるグルーバーと対峙し、命運を握られる。そのうえ、悪役グルーバーはマクレーンの妻を人質にとって、その頭に銃を突きつけている。

価値要素を増やす

『ダイ・ハード』では、「生／死」という中核の価値要素を、からみ合う三つの価値要素で囲むことでインパクトを高めている。グルーバーが数億ドルを奪って世紀の大強盗になろうとする際の「正義／不正」の価値要素。ホリーとマクレーンのあいだにある「連帯／離別」の価値要素。そして、マクレーンが死の危機に直面する際の「勇気／恐怖」の価値要素だ。

悪をより深く大きくする

悪役ハンス・グルーバーははじめ、自分は自由のために闘う活動のリーダーであり、政治犯の解放が目的だと主張していた。やがて正体を現し、何十人もの罪のない無関係の人々を殺そうとしているサイコパスの犯罪者だと明らかになると、悪の度合いが強まって、「マイナス中のマイナス」――善を装った悪――へ落ちる（『ストーリー』第14章「敵対する力の原則」参照）。

リスクを両極化する

ストーリーが進行し、「生／死」のリスクが高まるにつれて、インパクトも強まっていく。当初、グルーバーはナカトミ・プラザの人質だけを標的にしていて、マクレーンがひそんでいても意に介さない様子だった。迷宮めいた高層ビルに閉じこめられたマクレーンは事件を警察に知らせるが、ＳＷＡＴは強襲に失敗し、マクレーンは身を隠すしかなくなる。危険は急速に大きくなり、ロス市警だけでなく、市長、ＦＢＩ、そしてマクレーンの妻も呑みこまれていく。

計画実行に向けて、マクレーンの脅威が少しずつ大きくなり、グルーバーはマクレーンをさがせと手下に命じる。マクレーンは見つかるが、そこでグルーバーの腹心カールが弟のトニーを殺されたことによって、悪役たちのなかで個人的な恨みが生じる。リスクは徐々に発展しながらストーリー上の「勝利／敗北」、すなわち「全部かゼロか」のクライマックスへ向かい、「最高のものは最後まで残せ」という普遍的な原則に従って、グルーバーは三十階から真下の歩道へ落下する。その後の解決シーンでは、パウエル巡査部長が長年のトラウマを克服して、物語に幕がおりる。

まとめ

作曲家は楽譜に音符を記すだけではなく、それがどのように演奏されるのかも――フォルテかピアノか、スタッカートかレガートか、クレッシェンドかデクレッシェンドか、などということも――指示する。同じことは小説家にもあてはまる。詳細な描写に欠けた簡潔すぎる場面は読んでいて味気ないが、一方で過剰な描写は煩わしい。ことばによって読者の想像のなかにイメージを描くためには、過不足のバランスをとりつつ生き生きとした描写をするよう心がけなくてはならない。

脚本家もよく似たジレンマに直面する。脚本というものが発明されて以来、アクション・シーンの殺陣について、二種類のあり方が論じられてきた。書くか、書かないかだ。パンチやそれを受け流す動作のひとつひとつまで何ページにもわたって描写する脚本家もいるが、大部分は単に「ふたりは戦う」とだけ書いて、どう演じさせるかはアクション監督に一任する。たいていの場合はシンプル・イズ・ベストで、「戦う」とさえ書いておけば現場の製作陣は最高の仕事をしてくれる。だがもしも、これまでだれも見たことのない最高の見せ場やアクションを思いついたとしたら、是が非でも脚本にそれを書くべきである。

そこで、つぎの二点を提案する。

1

アクションのシークエンスを書く際には、シーンの流れを変える力、キャラクターを輝かせる力、興奮を生み出す力に焦点を合わせる。こぶしが毎回どこにあたっているのかや、車がなぜ炎上するのかをいちいち説明する必要はない。代わりに、そのシーンにおける価値要素のプラス／マイナスを反転させる動作を詳細に書くことだ。どちらが勝ったのか、知恵で勝ったのか、それとも力で勝ったのか、という点を明確にしよう。アクション作品では、簡潔に描写するときも、くわしく描写するときも、転換点は特にはっきり書く必要がある。

2

つぎのうち、何が起こっているのかをより明確に頭のなかで思い描いているのはどちらの作家だろうか――「二機のジェット機がドッグファイトをしている」とだけ書く者と、戦闘機のパイロットにかかる加速度の影響を調べ、その知識をうまく使って、驚くようなやり方でシーンの流れを反転させる者。個々のシーンの設定について入念に調べ、これまでだれも見たことのないものとその効果を探求しなくてはならない。具体的な用途を持つ具体的な武器を視覚化することで、殺陣のなかへ取りこめるようなインスピレーションをアクション監督に与えることができる。

では、最終段階として、アクションをことばで表現しよう。

16 深さと広さ

ストーリーの最初から最後まで、ペースを調整して発展させることができたら、もう一度最初のページにもどり、もともと思い描いていたよりも自分の作品をさらに深く、さらに広くできないかを検討しよう。ひとつひとつのシーンに磨きをかけて修正しながら、意図、感情、インパクトをいっそう強くすることを考える。この三つについて、ひとつずつ見ていこう。

1 意図

アクション作家に何か言いたいことがあるとき、その「何か」とは具体的にはなんだろうか。それはどこで見つけられるのか。概念なのか、感情なのか、両者が混ざり合ったものなのか。これから書くアクションのストーリーに、どうすれば深い洞察と人を引きつける魅力の両方を与えられるだろうか。

詩人は作品の意図に力強さを与えるために豊かなことばを使い、ストーリーの作者は意図に力強さを与えるために豊かな出来事を使う。実のところ、映画やゲームやコミックでは、ことばを使わずに力強いストーリーを伝えることができる。

筋の通った明快なストーリーは、どれもきわめて簡潔な意図を体現している――**人生はなぜ、どのように変わるか**ということだ。

ストーリーの意図は、物語の設定や場面の奥底に、耳に聞こえる台詞やざわめきの奥底に息づいている。感情に満ちた物語を書くとき、それがフィクションであろうと事実に基づいたものであろうと、作家はみずからの考えを表現するためにストーリー上の出来事を設計し、因果関係による力を形作る。その力に支えられ、場面ごとにどんな出来事が、どんな順番で、どんな理由で起こるのかが決まる。だから、具体的なストーリーの内容はそういったサブテクストのなかに、すなわち、設定や登場人物や主人公自身のなかに生じる秘められた源泉に根ざしている。

人生はいろいろな原因で掻き乱される。潜在意識のなかにあるもの、個人のなかにあるもの、社会のなかにあるもの、さらには宇宙規模のものさえも原因になる。動機となるこういったさまざまな力に突き動かされて登場人物たちは選択し、行動し、反応に対処する。その結果、「自由／隷属」、「真実／嘘」、「正義／不正」、「生／死」といった人生を支配する価値要素が変化し、マイナスからプラスへ、もしくはプラスからマイナスへと大きく動く。したがって、ひとつのストーリーが持つ意図は、なんらかの原因と、その結果として起こる価値要素の変化とを結びつける、ひとつの文によって表現できる。

アクション作品の意図

例を三つあげよう。

『ダイ・ハード』では、ヒーローは死の危機に直面するが（マイナス）、みごとな作戦を思いつき（原因）、それによって悪を倒して被害者を救う（プラスの結果）。つまり、重圧のもとでも想像力を発揮すれば死の危機に勝利できる（意図）。

『ガーディアン・オブ・ギャラクシー』では、ヒーローたちは絶大な力を持つ存在と闘うが（マイナス）、互いの些細なちがいを乗り越えて仲間と団結し（原因）、何十億人もが殺されそうになる寸前で悪を消し去る（プラスの結果）。つまり、仲間との団結力は悪を打ち負かすことができる（意図）。

『ミッション：インポッシブル／ゴースト・プロトコル』では、主人公たちの目の前に障害がつぎつぎと立ちはだかるが（マイナス）、機知に富んだＩＭＦのヒーローたちはあきらめず（原因）、ついには悪役の策略を打ち砕いて核戦争の危機から世界を救う（プラスの結果）。つまり、不屈の意志の力は人類を救う（意図）。

そのようなことを、アクション作品の登場人物たちはだれも声に出しては言っていない。その**行**・**動**が作品の意図を語るわけだ。

貧弱な作品は考えをことばで説明してしまう。すぐれた作品は、起こる出来事の取捨選択でその考えを表現する。『スパイダーマン』シリーズには、「大いなる力には大いなる責任がともなう」という名台詞がある。だが、そのように意識して口にされる教訓めいたメッセージは、けっしてその映画自体の意図ではない。むしろ、『スパイダーマン』シリーズの持つ意図は一貫してこうだ――

「蜘蛛の糸にぶらさがってマスクをつけた勇敢な正義の執行者が法の外側で奮闘すれば、きっと知恵と力で悪にまさり、人々の命は救われる」。

最終幕のクライマックスにおいて、アクション作品のストーリーが明かす真実は観る者の胸を打ち、観客はこれまでの展開を思い返して点と点をつなぐことによって因果関係に気づき、どんな理由で、どのようにしてそこに至ったのかを理解する。観客は作者の考えを先の例のようにはうまく言語化できないかもしれないが、それは問題にはならない。重要なのは、作られたストーリーが真実で正しいと観客が感じることであり、そうなれば観客は作者の意図を、経験を通じて理解できる。

アクション作品のストーリーの意図は理知的ではないかもしれないが、薄っぺらなものであってはならない。すべてのアクション作品が持つ意図は、なぜ、どのようにして人生はつづき、そして終わるのかを表現している。

復讐に燃える心がどのようにして人間を人間ではなくするのかに注目する作家もいる（ハーマン・メルヴィルの小説『白鯨』）。人が生き残れるかどうかは創意工夫のひらめきと忍耐力しだいだと主張する作家もいるだろう（コルソン・ホワイトヘッドの小説『地下鉄道』）。またある作家は、仲間との友情のおかげで人は戦乱や自殺の恐怖を乗り越え、生きることができると伝えようとするかもしれない（『指輪物語』）。どの場合でも、価値要素のプラス／マイナスを動かして変化の弧を描くことによって、転換点が来るたびに作家はひとつの意図を表現する。

ほぼすべてのアクション作品の結末がプラスで終わることに注意しよう。重要なのは、ストーリーがそのクライマックスへどんな理由で、どのようにして至るのかの部分だ。独創性にあふれたアクション作品を生み出すにはまず、だれも見たことのない戦い方をするヒーローと悪役を作ろう。つぎに、その双方にとって唯一無二の問題を生じさせる、唯一無二の設定と対立構造に焦点をあてよう。最後に、自分だけが思いつける手段と能力を使った、問題の解決方法を考案しよう。そしてとりわけ重要なのは、権力についての真実を語ることだ。

独裁体制の神話

ファシズム、共産主義、帝国主義など、ありとあらゆる独裁的な体制は、みずからを正当化するにあたって、こう主張する。人間は堕落を誘う見えざる力による救いがたい犠牲者であり、結果として道徳の退廃で社会は腐敗し、これまでのあいだ人間社会は大混乱に陥る瀬戸際だった。混沌に秩序を取りもどして道徳をよみがえらせるには、民衆は強力で偉大なひとりの指導者へ権力を明け渡さなくてはならない、と。

この考えを喧伝するため、独裁者たちはアクションのジャンルを悪用して神話を作ってきた。そこでは、天から降誕した指導者が邪悪な者を殺して善良な者を救い、やがてふたたび天にのぼっていったとされる。

この手の神話は、いまも昔もつねに嘘である。ヒトラーのような輩は歴史から絶えることがない。一度権力を握ると独裁者はみずからの体制を強固にし、ヒーローも無実の人々も同じように殺して、手の届くかぎりの世界を燃やしつづけ、やがてはスペインのフランコやソ連のスターリンのように、安らかに永遠の眠りに就く。

注意しよう。アクションのジャンルの手法を悪用した神話の手口について無知であることが、そういった神話をいつまでも生き長らえさせる。それどころか、このような欺瞞を暴くことがすぐれた作品を書く動機となることも少なくない。

イギリスの作家ラドヤード・キプリングは、自国が他国よりもすぐれているという神話を信じる帝国がどれほど世界の人々を虐げてきたかを目のあたりにした。キプリングの短編小説「王になろうとした男」では、ふたりの悪役主人公が遠い地を旅し、そこの部族の長たちに対して傭兵になろうと申し出て、おまえたちの国は弱いが自分たちが民を訓練して兵隊にすれば部族を強くでき、平和が訪れる、といったことを話す。だが、当然ながらふたりはその国に居すわって、権力とそれによる富をほしいままにする。

『バットマン vs スーパーマン　ジャスティスの誕生』の冒頭でバットマンは、他の超人的存在とスーパーマンが闘ったあとの破壊しつくされた街並みに恐怖する。そこでこの「マントの戦士」は、鉄の男《マン・オブ・スティール》スーパーマンを殺そうと決意するに至る。バットマンが決意を固めたのと同じころ、スーパーマンはみずからの道徳心が脅かされていることに気づき、自分の考えを独裁者のように世界へ押しつけていたと自覚する。世界じゅうのどの政府も、スーパーマンを捕らえてその責を問うことができない。スーパーマンは、自分が一方的に善だと判断したものを人々に強要し、罰すべきだと判断した者にはみずからの力を行使する。独裁者になるのを食い止められるのは、自分のなかにある利他心だけだ。

まとめ

独創性を出すためには、これまでにない原因と結果のつながりを作り出す必要がある。ほぼすべてのアクション作品のストーリーで、ヒーローは勝利する。ハッピーエンドを選ぶのが当然なので、このジャンルでは決まりきった型を踏襲するほかない、とアクション作家の志望者は考えがちだ。そこで、過去の作品の発想を真似たり、クリシェのうわべだけに手を加えようとしたりする。

魅力あふれるアクション作品と安っぽい作品とのちがいは、作中の出来事がなぜ、どのようにして起こるのか、ということに対する独自のビジョンの有無だ。すぐれた作家は、だれも見たことがないふるまいをするヒーローや悪役を作り出す。あなたの生み出したキャラクターたちに唯一無二の才能や戦術を与え、まったくの予想外でありながら完全に筋の通った行動をさせよう。唯一無二の原因にはそれに匹敵する独創的な結果が必要であり、それによって、ハッピーエンドであれバッドエンドであれ、物語は衝撃と驚きに満ちたクライマックスを迎える。

2　感情

第5章では、興奮について考えた。興奮とは、アクション作品の読者や観客が物語全体を通してつねに得ている中核の感情だ。しかしその巨大なエネルギーの内側をくわしく見ていくと、読者や観客の心のなかでは、具体的な物語の転換点に反応するたびに、さまざまな感情がその瞬間ごとに湧きあがっているのがわかる。

あらゆる感情は共感からはじまる。観客はアクション作品を、代理者を通じて体験したいと思っている。つまり、まるで自分の身に起こったかのようだが……実際には起こっていない。どのくらい深く自分のことのように感じるかは、想像力や素直さといった個々人の性格によって異なるだろうが、フィクションのキャラクターに感情移入することは、程度の差こそあれ、人間だれしもが具えた性質である。そのため、作品の冒頭付近のシーンにおいて、観客や読者は「自分みたいだ」と思える対象をさがす。つまり、自分と人間性がよく似ているキャラクターや、自分の奥深くに感じるプラスの部分を体現しているキャラクターだ。アクションのジャンルにおいて、それはたいがいヒーローである。

観客はヒーローに共感すると、そのヒーローが何を求めているか、そのために何をしようとしているかを知っていく。さらに、その願望の達成へどこまで近づいているのか、あるいはどれだけ離れているのかを感じとる。互いに似ていると感じてヒーローとの絆が結ばれると、作中で何か変化が起こるたびに観客の感情は刺激される。ヒーローの人生で重要な価値要素（「生／死」、「正義／不正」、「力／弱さ」、「忠誠／裏切り」）がプラスからマイナスへ、またプラスへ、またマイナスへと変わるたび、観客のなかで感情が激しく満ち引きを起こす。

感情が大きく揺さぶられるのは変化の途中である。ヒーローが願望の対象へ少しずつ近づくたび、マイナスからプラスへの変化によって観客の感情は高まる。逆に、何かの力でヒーローが目標から少しずつ遠ざかるたび、プラスからマイナスへの変化によって観客の感情は沈む。ヒーローがだれかを救出しに向かえば高揚し、追いやられれば落胆する。プラス／マイナスが何度も反転するようにストーリー上の出来事を配置すれば、観客の感情をつねに生き生きとしたものにできるが、単調な繰り返しに陥れば殺してしまう。

収穫逓減の法則によって、単一の感情を繰り返せば繰り返すほど効果は弱まる。この法則に基づき、フィクション作家は以下のような「三連続の法則」に支配される。⑴その感情がはじめて喚起されるシーンでは、最大の効果を発揮する。⑵つぎのシーンで同じ感情がふたたび喚起されると、効果は一回目の半分以下になる。⑶三回連続で同じ感情を喚起させようとすると、逆効果になって正反対の感情を引き起こす。

もしマイナスの感情のシーンを三つ連続して並べたら、その結果はけっして「悲しい、悲しい、悲しい」とはならず、「悲しい、やや悲しい、おもしろおかしい」となる。

一回目のシーンでは、観客は涙をこぼすかもしれない。二回目も悲しく感じるかもしれない。だが三回目は、にやにやして笑いだすことだろう。一回目と二回目で観客の悲しみはすっかり搾りとられ、三回目にはもう涙は残っていない。観客は悲しむ代わりに、作者はまだこっちが泣くと考えているのか、と苛立ちを覚えるだろう。そうなると、何が起こっても滑稽に感じ、笑い飛ばすばかりだ。それどころか、こうした繰り返しは、「背理法」として知られる喜劇の手法である。

まとめ

繰り返しは感情を殺す。被害者やヒーローに迫る脅威は、徐々に大きくするだけではなく、激しく揺り動かさなくてはならない。以下のとおりにしよう。まず、書いたストーリーのあらすじをまとめ、価値要素のプラス／マイナスがシーンごと、シークエンスごとにどう変わるのかを、ヒーローの視点で追っていく。転換点ごとにプラス／マイナスが変化するのか、それとも同じなのかを確認する。もし同じであれば、その部分を分解して組み立てなおそう。また、あとに起こる出来事の力強さがひとつ前の出来事よりもつねにまさっているかどうかも、冒頭から結末にわたって確認しよう。力強さは増加をつづけているだろうか、それともどこかで減少しているだろうか。もし減少が見られたときには、出来事の起こる順序を改める必要がある。

3　インパクトの深化

眠れないとき、疲れきった頭のなかを何が行き交っているだろうか。駆けめぐる思考だ。懸念、恐れ、怒り、情欲、不安が想念のなかを絶え間なく切り裂いていく。その日の失敗を繰り返し思い出しては、あのときああしていればよかった、と想像する。ああ言っていればよかった、とそのときの会話を書き換える。こんどはうまくいくように、と祈りつつ、次回の計画を練る。何度もそれを繰り返す。ようやく眠りに落ちたときには、頭のなかは夢想モードに切り替わっている。

夢はとめどない苦悩と後悔を圧縮し、象徴《シンボル》と呼ばれる、奇想天外とは言わないまでも一風変わったイメージにまとめる。夢のおかげでわれわれは眠りつづけることができる。もし、悪夢のようにそのイメージが生々しすぎたら、われわれは跳ね起きてまた思考の奔流に囚われ、不眠症に苦しむことになるだろう。

人間の夢に起源を持つこの象徴化《シンボリズム》は、文化のあらゆる側面——芸術、宗教、政治、歴史——に現れている。ありのままのイメージと比べて、シンボルを使った比喩表現は意図や感情を強く揺さぶるが、それにはふたつの理由がある。第一に、ある概念が持つ複数の側面、ほぼ無限の多様な側面をひとつの具体的なイメージに集約し、それら複数の側面を目立たせないようにできる。第二に、シンボルは潜在意識に侵入し、一度はいりこめばその奥深くからエネルギーを引き出せる。

ストーリーとその比喩表現は夢と同じように作用する。それらもまた潜在意識に侵入し、意図と感情を圧縮して強い力に変える。だが、仮に観客や読者がシンボルをシンボルとして意識したら、潜在意識のなかで果たす役割に気づいたら、隠された意図を解き明かしたら、その正体を見破ったら、シンボルが持つインパクトは消え失せてしまう。

アクション作品のストーリーのインパクトを強めたかったら、**イメージ系統**を作り出せばよい。イメージ系統とは、比喩表現で使われるイメージをカテゴリー化したものであり、物語のなかで繰り返し登場しては観客や読者の潜在意識に働きかけ、作品の意図と感情を強める効果を持つ（『ストーリー』第18章「ことばの選択」参照）。

まず、あなたの作ったキャラクターや、その対立や葛藤や舞台に関係がありそうな視覚的・聴覚的な設定をひとつ選ぼう。たとえば、機械、動物、文書、天気、禁忌、神聖なもの、魔力を持つものなどだ。つづいて、その設定をさまざまな形でさりげなく登場させ、それでいてそのイメージ自体は注意を引かないようにするために、描写や行動やダイアローグのなかに刺繡のようにそれらを縫いこもう。

イメージ系統は、潜在意識にあるときのみ、観客の思考や感情を深めることができる。だから最も重要なのは、絶えずそのイメージを変化させることだ。反復しているとはけっして悟られないよう反復させるわけだ。たとえば、選んだイメージ系統が「庭園」だった場合、ヒーローが立ち止まって思いに沈むたびに、毎回同じ柳の木が同じように影を落とすようなことはしてはならない。

例を三つあげよう。

『エイリアン』はSFとホラーとアクションを融合させ、この三つのジャンルを「性的暴力」というイメージ系統によってひとつに束ねている。男性器や女性器の隠喩がほぼすべてのシーンに登場する。エイリアンは幼体を寄生させるため、獲物となる人間の口から体内に管を挿入する。その後、幼体は獲物の胸を食い破って出てくるが、これは出産の忌まわしいパロディにほかならない。幼体が逃げ去っていくさまは、まるで猛り狂った血まみれの男性器がスケートボードに乗っているかのようだ。この作品には事実上のレイプであるシーンが三つある。

続編の『エイリアン2』では、「母性」という新たなイメージ系統が採用された。一作目からの主人公リプリーは、レベッカ・「ニュート」・ジョーダンの母代わりになる。ニュートはエイリアンに襲われた植民地の唯一の生き残りで、どこへ行くときも赤ん坊の人形を離さない。ふたりは、すべてのエイリアンの母である存在、子宮状の巣に産卵する巨大な生物と対決する。物語のキーとなるシーンで、リプリーは人間がエイリアンの「子を宿す」と表現する。

『ハンガー・ゲーム』では、原作小説でも映画シリーズでも、イメージ系統はその題名にすでに示されている。「ゲーム」という単語にはふたつの意味がこめられている——勝利を求めておこなわれる試合《ゲーム》と、食用として狩られる獲物《ゲーム》だ。物語で描かれるイメージはこのふたつの含意を合わせたものであり、テレビ中継される死を賭けたゲームのなかで、ヒーローは人間の獲物《ゲーム》を狙いつつ同時にその獲物からも狙われる。

まとめ

観客や読者の体験をさらに深めるためには、作り手が登場人物や設定や転換点に想像力を行き渡らせることが必要だ。ストーリー上において複数の出来事のあいだに鳴り響くひとつの主題を——キャラクターと葛藤が結びつく、元型《アーキタイプ》となるひとつの概念を——感じとろう。それを判断基準にして、イメージ系統の反復によって、その主題を映像や音声で表現すればいい。

第4部　アクション作品のサブジャンル

どのジャンルでも、「これからどんな展開になるのか」という大きな疑問がさまざまな形で投げかけられる。読者や観客は当然、各ジャンルの主題の枠内で意味をなす答が示されるものと思っている。しかし、あるジャンルに属するいくつものストーリーが、思いがけない新たな角度からこの疑問に焦点をあてなおすと、似たような作品がかなり多く集まって、独自のサブジャンルとなる。

たとえば、犯罪ジャンルにおける大きな疑問は「犯人は見つかって罰せられるのか」だ。犯罪物のサブジャンルでは、主人公の職業というレンズを通してこの問いに焦点をあてなおす。警察官、弁護士、記者、ギャング、名探偵、大物犯罪者、とさまざまにあり、「この主人公はどうやって犯人を突き止めて罰するのか」が大きな疑問になる。

恋愛ジャンルでの大きな疑問は「愛は実るのか、実らないのか」だ。恋愛物のサブジャンルでは、恋人たちの関係の深さに応じて細かな疑問が投げかけられる。「ふたりは結ばれるのか、結ばれないのか」、「結婚生活はうまくいくのか」、「性的な関係は実現するのか」などだ。

対立や葛藤の源に制約がなかったり曖昧だったりすると、何が起こってもおかしくない。なんでもありのストーリーは、ほとんど何も伝えずに幕を閉じる。だから、恋愛や犯罪と同じく、アクションのジャンルにもまた、対立や葛藤に焦点を合わせたサブジャンルが必要になる。

アクション作品のストーリーが一般的に投げかける大きな疑問は、「ヒーローは悪役を倒せるのか」というものだ。アクションの四つのサブジャンルは、悪役の力の源泉に応じてこの問いを立てる。それは、自然が持つ物理的な力、社会組織にともなう強大な権力、個人が持つ極悪非道な力、制止できない時の力、だ。

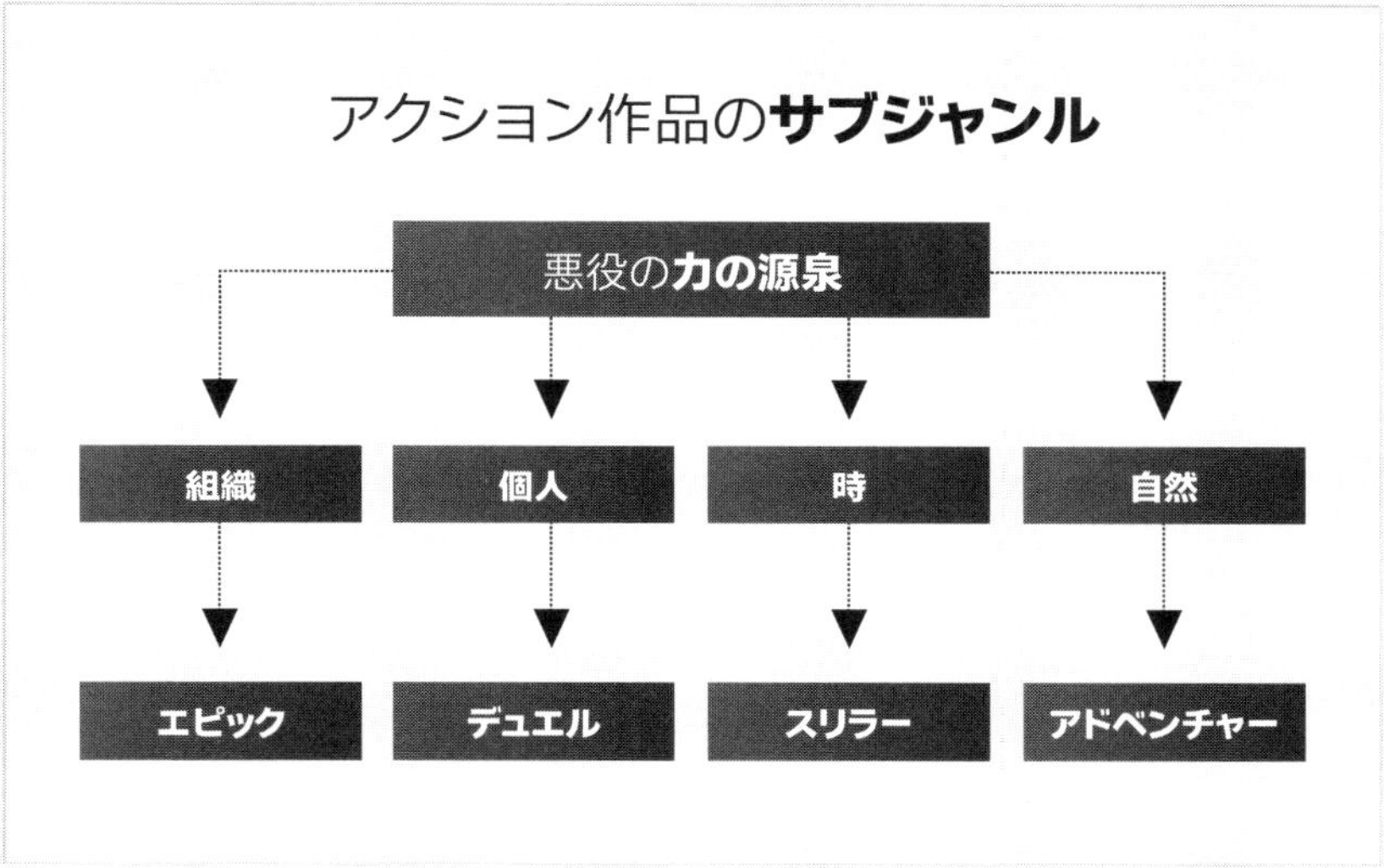

この四つのなかからひとつ、敵の力の源泉を選びとることで、作者はアクション作品のサブジャンルを選ぶことになる。エピックか、デュエルか、スリラーか、アドベンチャーか、だ。サブジャンルを選択することでストーリーに言動の中核ができあがり、作者の独創性と読者や観客の期待に方向が示される。

このサブジャンル四つはかぎりなく柔軟で、思いもつかない形で融合することがある。実のところ、それぞれのサブジャンルの人気があまりにも高くなったせいで、各サブジャンルのなかでさらに多様な形で焦点があてなおされてきた。その結果、個々のサブジャンルのなかにさらに四つずつ、対立や葛藤の根源をより細分化したサブジャンル内サブジャンルが生まれた。アクション作品の四つのサブジャンルと、そこに含まれる十六のバリエーションを見ていこう。

17 アドベンチャー

アドベンチャーは人間と自然を対峙させる。

ヒーローが見通しのきかない角を曲がり、未知の世界に足を踏み入れるとき、脈拍は一気にあがる。興奮を掻き立てる四つの基本テクニックのうち、登場人物を名もなき暗黒の領域へ送りこむ手法が最も効果的に見えることは多い。そのような未踏の地の設定としては、『ベオウルフ／呪われし勇者』（二〇〇七）のぬかるんだ沼地から、『スター・トレック2　カーンの逆襲』の銀河に浮かぶ星雲、ドラマ『北氷洋―The North Water―』の北極の氷原に至るまで、幅がある。さらにそこへ、その地に棲む、人間に死をもたらす生き物をなんでも加えてみよう。

ストーリーの最後まで飽きの来ないアドベンチャーにするために作家が真っ先にすべきなのは、これまで見たこともないような力を内に秘めた設定を作りあげ、その唯一無二の力の作用を、観る者の度肝を抜きながら明かしていく方法を考えることだ。

アドベンチャーにおいては、自然はヒーロー以外の役ならなんでもこなせる。

どのような設定にするかによって、以下の四つのサブジャンル内サブジャンルのどれかになる。災害、怪物、滅亡、迷宮だ。

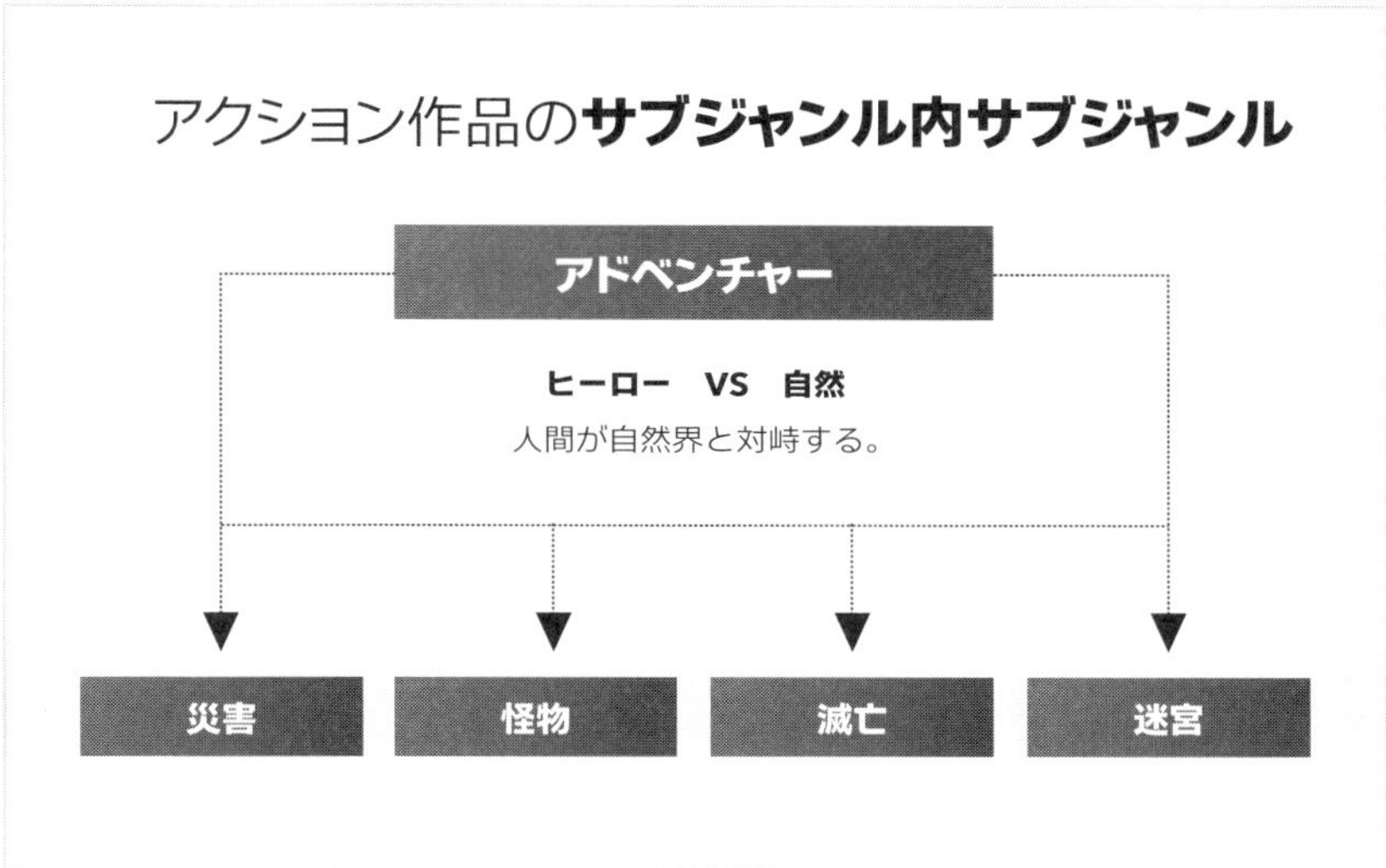

災害プロット

設定そのものが悪役を演じる。

アクション作品のストーリーでは、つねに悪役の計略が語りを主導する。災害プロットは大自然を悪役として配し、意図的な目的を与えて、致死的な計画を実行させる。

手出しをされなければ、自然はどっしりと安定している。暴風雨や森林火災や地震といったものは、大自然にとっては単なる家具の配置替えにすぎない。ただし、人間が掟を破れば、自然界の邪悪な意図を呼び覚ますことになりかねない。目的意識なしにストーリーを書けば、大自然の気まぐれな性質が作中の言動の中核を打ち砕き、その意義を打ち消してしまうだろう。だから、そこに意図があることを明らかにするために、作家は災難がつぎからつぎへと降りかかるように仕向ける。それも、客観的には偶然に見えても、登場人物や観客の主観的な立場から見れば、ピンポイントで狙いを定めた、命にかかわる災難がなんらかの意図のもとに襲ってくるようにするわけだ。

たとえば、『パーフェクト ストーム』では、合体したハリケーンが一艘の漁船に狙いをつけて大嵐に閉じこめ、いまにも呑みこもうとする。この漁船のビリー・タイン船長は、船が嵐から抜け出すためのただひとつの逃げ道に山のような大波が立ちはだかるのを見て、波に人格と目的を認めて言う。「おまえはおれたちを逃がさない気だな」

アクション作品の悪役の戦術に適用される原則、たとえばヒーローの武器が効かないといった決まり事は、災害プロットでの物理的な力にも見られる。大自然はつねにヒーローに対して戦略的優位に立っている。

『オール・イズ・ロスト～最後の手紙～』では、ロバート・レッドフォード演じるヨットマンにとって命綱となりうるあらゆるものを、海がじわじわと奪いとっていく。『アンストッパブル』(二〇一〇)では、暴走列車を止めるための策がことごとく裏目に出て、列車は加速する。『アルマゲドン』(一九九八)では、地球に衝突しそうな小彗星に宇宙飛行士たちが爆弾を仕掛けようとすると、小惑星は石つぶてと水素ガスを猛然と吹き出して反撃する。『127時間』では、岩の割れ目に落ちて身動きがとれなくなった登山家アーロン・ラルストンが使う道具はどれも岩に負けて壊れ、映画は百分弱に及ぶ窮地のシーンと化す。

けだものが悪役を演じる。

設定自体が悪役となるアクション作品では、語りは悪役の力の四大源泉のひとつ、組織という足がかりを失うことになる。怪物プロットでは、自然を**食物連鎖**という**理法**に変えることでこの問題を解決する。捕食者は食物連鎖の頂点に君臨し、構造の力に支えられたあくどい戦術を謳歌する。『ジョーズ』のサメはみずからの邪悪な目的にかなうように食物連鎖をゆがめ、リゾート客をつまみ食いしては彼らの怯える様子を楽しんでいる。

怪物プロット

『THE GREY 凍える太陽』では、主人公が飛行機事故の生存者たちを率いて荒野を行く。オオカミの群れが追ってくるなか、悪役のオオカミを讃えたりあざけったりする登場人物たちのことばがクライマックスを形作る。主人公がオオカミの賢さと野生の美を讃える一方で、じきに犠牲者となる人々はオオカミをばかにし、切断したオオカミの首を笑いながら群れのなかに投げこむ。オオカミたちは怒りをたぎらせてうなり、吠える。怯えきった生存者たちは最後に、この自然界で力を振るうのは自分たちではなくオオカミなのだと気づく。

滅亡プロット

設定自体が被害者を演じる。

ふつう大自然は設定となるが、先にあげたふたつのサブジャンル内サブジャンルで見たように、悪役を演じるのもたやすい。自然環境が明らかに危険にさらされている昨今、被害者役についても同じことが言える。

滅亡プロットは、命あるものを死以上の滅亡へと追いやる。死は天然のサイクルに従って、生から死へ、そしてまた生へとめぐるものだ。滅亡はそのサイクルを断つ。千頭のサイを殺すのと最後の一頭のサイを殺すのと、どちらが非道だろうか。

『カールじいさんの空飛ぶ家』で、悪役のマンツは南米の稀少な鳥を狩っている。この鳥の雛は母鳥なしでは生きられないのに、マンツは研究の戦利品にするために、母鳥を生け捕りにしたがる。希少種の鳥が存在することを証明したいという病的なまでに自己中心的なマンツの欲望のせいで、この鳥は滅亡のふちへ追いこまれる。

滅亡プロットでは、作家の想像力の及ぶかぎり、どんな大規模な生態系でも被害者となりうる。小説『FernGully: The Last Rainforest（未）』では、敵役の悪霊ヘクサスが植物も動物も人間もひっくるめて熱帯雨林をまるごと破壊しようとする。『アバター』では、パンドラ星に住むすべての生物が絶滅の危機に瀕している。アニメ映画『トランスフォーマー　ザ・ムービー』（一九八六）では、超巨大ロボットのユニクロンが天体全体を捕食する。

迷宮プロット

設定が武器となる。

迷宮では、ヒーローと悪役と被害者が引き離されたり、無理やりいっしょにされたりすることがある。ヒーローが迷宮の小道をうろつき、障害物にぶつかったり乗り越えたりするにつれ、被害者の救出はますます困難かつ危険になっていく。

迷宮は海のように大きいこともあれば、小さな金魚鉢（『ファインディング・ニモ』）のこともある。このサブジャンル内サブジャンルにおいては、ヒーローと悪役は環境によって引き離されているため、交流することはほとんどない。

たとえば、『ダイ・ハード』では、主人公の警察官マクレーンにとって主戦場となるのは、超高層ビルのナカトミ・プラザだ。三十階以上あるビル内には、ガラスの間仕切りや窓、廊下やドア、通気口や警備システムがある。ヒーローはそんな迷宮を抜けながら、ときには敵であるグルーバーから身を隠し、ときには人質が殺される前にグルーバーの手下たちを殺していく。グルーバーのほうは、マクレーンの居場所を突き止めては動きを封じる、の繰り返しだ。

『ダイ・ハード』の見せ場では、設定自体が武器になり、フロアごとに異なる武器が用意されている。屋上のシーンでは、マクレーンはヘリコプターと戦ったあと、爆発から逃れるために消火用ホースを命綱代わりにして飛びおり、ビルの窓を突き破って屋内に飛びこむ。マクレーンが裸足なのに気づくと、グルーバーは床一面に砕け散ったガラス片をばらまく攻撃に出る。

その後何年間も、脚本家たちはこの設定を利用した作品の売りこみをかけつづけ、空港版ダイ・ハード（『ダイ・ハード2』〔一九九〇〕）、バス版ダイ・ハード（『スピード』〔一九九四〕）、ホワイトハウス版ダイ・ハード（『エンド・オブ・ホワイトハウス』）といった映画がひとつのマイクロジャンルとなった。

18 エピック

エピックでは、反逆者たるヒーローが国家に刃向かう。このサブジャンルでは、政治的・社会的階層に役割が与えられる。そのうえで、興奮を掻き立てる手法の要である反逆が、語り全体を構築していく。ヒーローがとる行動はほぼすべて、法律や社会の禁忌にふれることになる。

組織が対立や葛藤の源となるときに生まれる原動力としては、以下の四つのいずれかが考えられる。専制的な社会が悪役を演じる、悪役が組織を武器として利用する、社会が無力になる、社会が被害者になる、だ。

つまり、エピックを作る際の四つのサブジャンル内サブジャンルは、反逆、陰謀、自警、救世主だ。

反逆プロット

このサブジャンル内サブジャンルでは、大型組織の指導者から下っ端まで、上層から下層までが不正に染まり、多元的で巨大な悪役となっている。腐りきった組織をストーリーの舞台に設定する

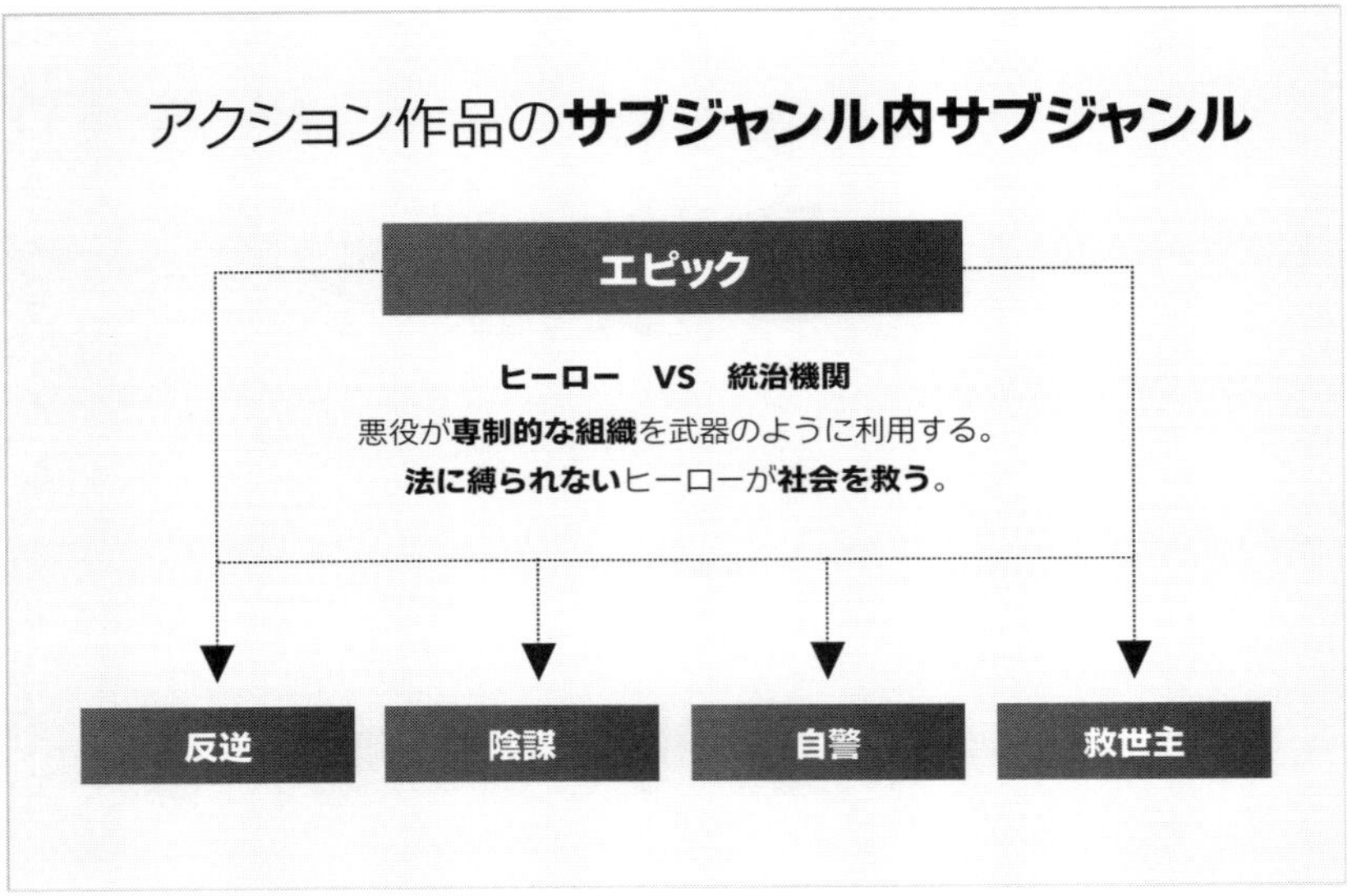

ことで、自由か隷属かの戦いは社会構造を相手どったものになる。アクション作品の作り手の仕事は、広範かつ深みのある権力のピラミッド構造を創出して、あらゆるレベルの役柄を設計し、そのうえで指示と任務が頂点から底辺へくだって、それがまた頂点へもどっていくような流れを作ることだ。

『ハンガー・ゲーム』では、独裁国家パネムの贅沢三昧の議会がその腐敗した勢力範囲を周辺の十二の貧困地域にひろげているばかりか、議会が定めた法令のせいで、ヒーローである少女は競争相手全員を殺さなくてはならなくなる。

『マトリックス』では、コンピューターが作り出した仮想世界によって巨悪が拡張される。仮想世界であるマトリックスのなかに悪役がいるのではなく、マトリックス自体が悪役なのだ。敵役のエージェント・スミスは、ゆがめた現実を武器として振るう。主人公ネオと、モーフィアストとトリニティは、全人類に現状を気づかせないまま奴隷化している機械からの解放を求め、精神をワープさせて戦う。反逆者のヒーローであり、マクガフィンでもあるネオは、仮想世界を破壊しようと戦うが、エージェント・スミスは不死身でどこにでもいるように見える。おまけに、この世界ではだれもが一瞬のうちにエージェント・スミスに変身できる。

陰謀プロット

反逆プロットにおいては、ヒーローは腐った組織の役人や高官やエージェントを殺すし、殺さなくてはならない。ところが陰謀プロットでは、ヒーローはそれらの人々を守る。必要とあらばそういう人間相手に戦いはするが、相手に罪はないと知っているので殺しはしない。

反逆プロットでは、組織全体が悪に染まっている。陰謀プロットでは、悪役が組織を武器として使い、組織内の人々は指導者が悪だと知らずに、いいように利用されている。

小説『暗殺者』をはじめとする作家ロバート・ラドラムのジェイソン・ボーン三部作とその映画化作品で、主人公のボーンは、自分を捕らえにきた警察官を殺さないことに神経をつかう。結局のところ、警察は無知な操り人形だからだ。つまり、陰謀プロットでは真の悪役が裏にいることも多く、謎に包まれたその正体や裏工作の仕掛けで観客の好奇心を刺激する。

自警プロット

陰謀プロットの戦術的関係を逆さにしたのが自警プロットだ。自警プロットのヒーローは、まずは法に則って悪役と対決しようとするが、相手はいかなる権威にもひれ伏さず、ヒーローは法にそむかざるをえなくなる。

『リーサル・ウェポン』では、リッグスとマータフというふたりの刑事が麻薬組織の首領を追い――官僚主義と数々の規則に苛立って――やがては警察バッジに頼らずに、自分たちの力だけで敵に立ち向かう。

自警プロットは犯罪ジャンルと融合することも多く、「生/死」という価値要素に「正義/不正」という価値要素を加えることで、一般市民をアクションのヒーローに変える。比較的最近の例としては、『狼たちの処刑台』(二〇〇九)、『ブレイブ ワン』(二〇〇七)、『プロミシング・ヤング・ウーマン』(二〇二〇)、ともにデンゼル・ワシントン主演の『マイ・ボディガード』と『イコライザー』(二〇一四)などがある。

救世主プロット

この種のストーリーでは、悪役が広く社会を攻撃し、各種組織を被害者に変えて救助が必要な状態にするので、ヒーローは人々を守るために戦う道を選ばざるをえなくなる。

このサブジャンル内サブジャンルでは、一般人が救世主となることも多く、どこにでもいそうな平凡な主人公が、最上級の力を持つドッペルゲンガーを内に秘めつつ、絶えず皮肉な状況に陥る。助けようとしている被害者たちの社会こそが、主人公の行く手を執拗に阻み、乗り越えなくてはならない障害物となるからだ。

『ダークナイト』では、バットマンは「ゴッサムの魂」を守るためにジョーカーと対決するが、同時に、道徳心が希薄な市民や平常心を失った群衆にも立ち向かわなければならない。

救世主プロットは、数々の副次的な価値要素を誘う。「戦争／平和」、「文明／未開」、「秩序／混沌」などだ。とはいえ、同じエピックに属するほかの三つのサブジャンル内サブジャンルも、「自由／隷属」、「正義／不正」といった対立要素を内包している。ただし、これらの副次的価値要素はいずれも必須ではなく、このサブジャンルだけのものでもない。アクション作品の中核はつねに「生／死」にある。

19 デュエル

決闘《デュエル》では、社会や組織などとは別のところで、人と人の直接対決に火がつく。ほかのサブジャンルでは、社会的権力への渇望や金銭欲が動機となるところだが、デュエルでは不満や恨みや個人的な確執が引き金となる。

このサブジャンルのいちばんの見所は、骨の髄まで憎しみに染まった登場人物たちが死の二重奏をつづけながら、互いの周囲をまわって徐々に間合いを詰めていくあいだの、ふたりを苛立たせるさまざまな焦らしや妨害にある。

一対一の対決に臨む登場人物たちの暗い動機や戦術のあり方によって、デュエルは四つのサブジャンル内サブジャンルに分けられる。すなわち、復讐プロット、追跡プロット、衝突プロット、策略プロットだ。

復讐プロット

人類学者は文明を分類する基準として、行動を制限するために使われているおもな制度に注目す

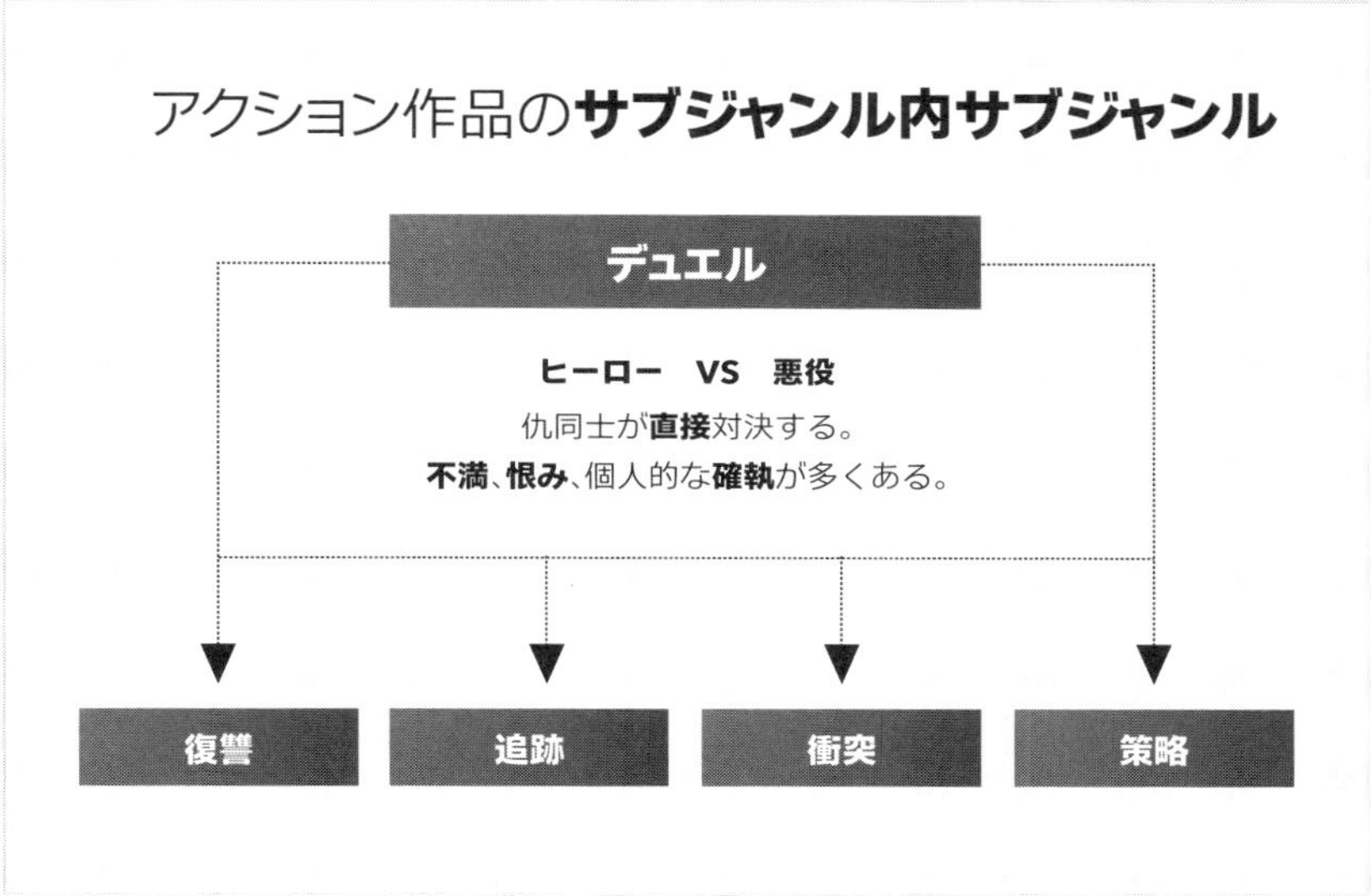

る。それは法か名誉かだ。法が弱くなれば、名誉が強まる。強大な組織的制度がない社会では、人々の「正義／不正」の感覚は、「名誉／不名誉」という個人的問題にすり替わる。復讐プロットのヒーローは、極悪非道な（しかも法的には罰を免れている）悪役に踏みにじられたみずからの名誉心を回復すべく戦う。

悪役側にはギャングがいるかもしれないが（『96時間』、『キル・ビル』〔二〇〇三〕）、ヒーローはどんなに分が悪くとも単身で戦い抜く。むしろ、悪役の堕落しきった不快きわまりない所業の数々に背中を押されるようにして、ヒーローは胸の内で私的な怒りをたぎらせながら、ほとんどすべての見せ場で敵の取り巻き連中たちと渡り合う。

表面上、復讐プロットはヒーローを追っているように見えるかもしれない。ただ、どんなアクション作品のストーリーにも共通することだが、言動の中核を主導するのは悪役だ。悪役にどれほど極悪非道な過去があっても、受け身で動きが鈍ければ、ヒーローに追われてもおもしろくない。たとえ悪役がこれまで無傷で逃げきっていたとしても、ヒーローのほうは活発に動きつづけていなくては、命懸けの窮地にみずからを追い立てる動機が不十分に見えてしまう。

日本映画『十三人の刺客』（一九六三）では、高潔な侍が常軌を逸した暴君に復讐を図る。うぬぼれと悪意に満ちた藩主は、余人の手の届かぬところでなんの罪に問われることもないらしく、絶え間なくサディスティックに配下の者たちを虐げる。この藩主の終わりなき悪行が、ひとりの侍を断固たる行動へと駆り立てる。

追跡プロット

追跡プロットは復讐プロットを逆転させたものだ。ここでは、悪役が物理的にも戦術的にも圧倒的な力を誇り、ヒーローは逃げる被害者となる。

追跡プロットのヒーロー兼被害者（たとえば、『エイリアン』の主人公エレン・リプリー）はみずからを救い出さなくてはならず、悪役に追われながらひたすら危険から逃げる必要がある。ＳＦアクションやホラーアクションといった組み合わせが、この追跡プロットの恰好の受け皿になる。

『スター・トレック２　カーンの逆襲』では、安全な連邦領域から遠く離れた宇宙のはずれで、カーク船長は超人カーンと対決することになる。カーンのような悪役には、組織を作る暇も暴政への憧れもない。とにかく、狙った獲物とのあいだに立ちはだかるものは、だれであれなんであれ叩きつぶす。

追跡プロットが陰謀プロットと合体すると、悪役は社会をだましてヒーローを追うよう仕向ける。『逃亡者』がそうだ。

ストーリーの設定上、組織の持つ力が使えない場合、作家はさまざまな武器や戦術を編み出して、目新しく複雑なシーン展開を考えなくてはならない。『ターミネーター2』の悪役は膨大な種類の兵器を使い放題だ。

地球外生命体プレデターのような謎多き悪役は、追跡の手の内を秘密にして突然襲いかかってくる。逃げるヒーローの驚いたリアクションやとっさの反応が、シーンからシーンへと興奮を高めていく。

衝突プロット

復讐プロットはヒーローを悪役のもとへ送りこむが、追跡プロットはヒーローを悪役から遠ざける。衝突プロットは、ふたりの英雄を一対一の決闘《デュエル》で直接対決させる。この設計には大きく分けて三つの問題がある。動機、共感、力だ。

1 動機

らない。

善人が別の善人を殺すだろうか。ヒーローは命を懸けているからこそ勇ましい。ヒーロー同士は殺し合いをしないので、意見の相違から友情が敵対心に変わることはあっても、生死の問題にはならない。

『アベンジャーズ』、『アベンジャーズ／エイジ・オブ・ウルトロン』（二〇一五）、『シビル・ウォー／キャプテン・アメリカ』（二〇一六）といった近年の衝突プロット三作では、仲間割れの発端として誤解やマインドコントロールが使われている。マインドコントロールが映画にはじめて登場したのは『魔人ドラキュラ』（一九三一）で、誤解のほうはフレッド・アステアのタップダンスシーンがあるロマンティックコメディには付き物だ。しかし、動機が切実なら、衝突プロットでの命を懸けた一騎打ちを不可避と感じさせることもできるし、おもしろくもできる。

『LOOPER／ルーパー』は登場人物たちの役割を反転させるという独自の解決策を見いだした。このタイムトラベル・アドベンチャーでは、同一人物の老若二バージョンが衝突する。冒頭では、若いほうが悪役、老いたほうがヒーローとして語りはじめる。ストーリーが進むにつれ、ふたりの役割は徐々に相手と入れ替わるように変化する。

『トロイ』（二〇〇四）はどちらの設計も採り入れた。ギリシャ陣営のアトレウスの息子であるアガメムノンとメネラオスの兄弟が仕掛けた戦争で、ギリシャの英雄アキレスとトロイアの王子ヘクトルという二大英雄が衝突を余儀なくされる。だが最後には、名声に飢えて心の汚れたアキレスが急所であるかかとを矢で貫かれる姿を、観客は喜んで受け入れることになる。

2 共感

もしふたりのヒーローに同じくらい共感できたら、観客は衝突プロットで盛りあがるだろうか？それは疑わしい。観客はどちらかひとりに肩入れせず、ふたりとも正気にもどってくれと念じるかもしれない。それでもアキレスとヘクトル、バットマンとスーパーマンのように、ヒーローたちが頑なな態度をとりつづければ、興奮は冷めて落胆が残る。

3 力

衝突プロットでは力のバランスも問題になる。ヒーローは悪役との関係において劣勢であり、別のヒーローとの関係でも同じわけではない。双方が劣勢の膠着状態は、いかにもばかばかしい。『バットマン vs スーパーマン ジャスティスの誕生』では、悪役レックス・ルーサーの悪巧みによって、ヒーロー同士の力関係が大きく変わる。当初は、相手をはるかにしのぐパワーを持つスーパーマンがバットマンを抑えこむ。ところがじきに、ルーサーが隠し持っていたクリプトナイトを使って、バットマンが形勢を逆転させ、「鉄の男」ことスーパーマンの運命を手中に握る。

策略プロット

策略プロットは衝突プロットの裏返しで、ふたりの悪役がぶつかり合う一方で、ヒーローは両者を倒そうと奮闘する。

この二段構えのストーリー設計には、いくつかリスクがある。

観客の無関心——悪役同士がぶつかり合うとして、何か問題があるだろうか。ふたりが死ねばヒーローの手間が省けるし、ふたりに殺されるはずだった被害者が助かるはずだ。

観客の混乱——悪役たちが対決せず、ヒーローがふたりを追わざるをえなくなるとしたら、悪役にはおのおの欲求の対象に基づいた個別の計画と、その実現のためのそれぞれ異なるマクガフィンが必要となり、ストーリーが互いに無関係な二本の脊柱に分裂してしまう。

観客や読者は一貫性を求めるものだ。ストーリーに身を投じてきた長年の経験から、そこに含まれることば、イメージ、行動のすべてが、作中のすべての要素と、因果の形であれ主題との関係であれ、あるいはその両方であれ、なんらかの形で結びついているのを知っている。どれほど浮いた一節に見えても、観客や読者は因果関係の糸をさがし、言外に含まれる対比を考察しようとする。策略プロットであれば、ふたつのストーリーラインがどこかで鏡のように互いを映し合い、融合して話が終わるのだろうと直感的に期待する。

分裂したストーリーの脊柱を策略プロット内で一本化するには、三つの方法がある。悪役ふたりに同じ目的を与える、悪役ふたりに同じマクガフィンを与える、そのふたつを同時におこなう、の三つだ。

一例として、『スター・トレック　イントゥ・ダークネス』では、まったく別の目標を持った悪役ふたりが同じマクガフィンをめぐって争う。超人カーン・ノニエン・シンが、死後冷凍技術で人工冬眠状態にされた仲間の戦士たちのおさまった光子魚雷を輸送中に奪取するのは、遺伝子操作で生まれた超人による超社会を実現するためだ。他方、宇宙艦隊の裏切り者アレクサンダー・マーカス提督は、同じ戦士の一団を利用してクリンゴン帝国と戦争をはじめようと目論む。

このサブジャンル内サブジャンルでは、ヒーローは危険な綱渡りに直面する。つまり、もし一方の悪役への攻撃がもう一方の悪役に気づかれたら、別々の方向からふたりの悪役による同時攻撃を受けることになって、防ぎようがない。さらに悪いことに、悪役ふたりが手を組めば、簡単にヒーローを倒せると気づく恐れもある。それでも敵同士をぶつけ合うために、ヒーローは危険を冒さなくてはならない。

日本映画の名作『用心棒』(一九六一)を西部劇としてリメイクした『荒野の用心棒』(一九六四)では、横暴な二大勢力に牛耳られた町に主人公がやってくる。両勢力とも相手の縄張りを尊重していて、住民にとってはまさに生き地獄だ。ヒーローは両陣営の懐に徐々にもぐりこみ、やがては互いに争い合うように仕向けるが、その魂胆が明るみに出て双方から集中砲火を浴びる。

20 スリラー

スリラーでは、ヒーローは時計と秒刻みの戦いをする。相手となるのは、まったく足りない時間、終わりの見えない時間、武器としての時間、被害者としての時間だ。

一時間、一分、一秒ごとに、ヒーローは時の罠にからめとられ、張りつめた興奮がつむがれる。

時とは、わたしたちが変化に与える名前だ。昼から夜へ、ひとつの季節からつぎの季節へ、生から死へと、宇宙とそこに含まれるすべてが変化する。この測定可能な変化の過程をわれわれは時と呼ぶ。

時は人に厳然たる力を及ぼす。人は時の下僕だ。時が人を統べ、人は時の前にひざまずく。それはゆっくり流れることもあれば、速く流れることもあり、ファンタジーの世界では後ろ向きにも前向きにも横向きにも進んで、果てしない夢の領域へ流れこむ。ところが現実世界では、時が向かう先も目的も、われわれではない。

自然は適応し、時は永続する。われわれはよく、自然には生命と目的が宿ると考え、命を奪う意思さえ持つこともあると見なすが、時については、人間の行動に反応する生きた存在と見なすことはほとんどない。しかし、アクション作品のストーリーによって時に目的が与えられると、それまではなんの脈絡も意味も害もないと思われていたものが、計算された、意味のある、悪意を秘めた

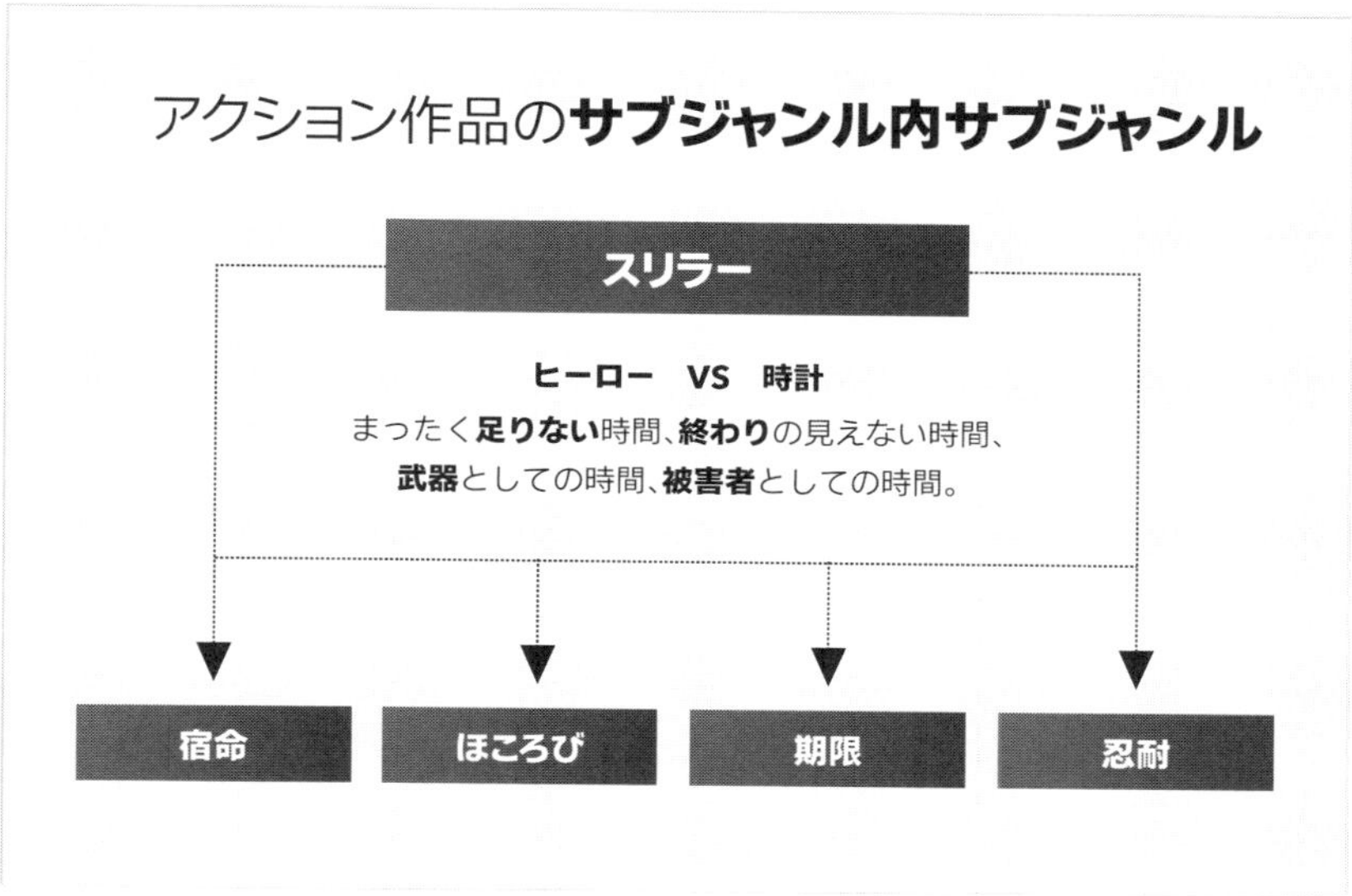

存在になる。時が現実を統べ、「万物は流転する」という輝かしい第一法則の前でわれわれは頭を垂れる。

時の役割、ペース、目的の選び方によって、スリラーは四つのサブジャンル内サブジャンルに分かれる。宿命、ほころび、期限、忍耐だ。

宿命プロット

宿命プロットでは、時は悪役になる。

ストーリーの序盤で、われわれはヒーローの**運命**を探ろうとして、ついつい先読みする。希望が行く末に明るい光を投げかける。だが、物語のクライマックスで因果関係を振り返ると、登場人物の行動はいずれも、それぞれの内なる性質から考えてそれ以外にはありえない選択だったとわかる。それればかりか、世界もまたその内なる必然性から、唯一可能な反応をしていたのだと気づく。そのうえでヒーローの**宿命**に思いを馳せると、物事の道筋が厳然と定まっているように見えて、悲観的な暗示を感じることが多い。宿命プロットのヒーローは、時と万物流転の法則に逆らうことで、この不可避感をはねのける。『バック・トゥ・ザ・フューチャー』では、タイムトラベルで過去へ行った高校生マーティ・マクフライが、図らずも過去を変えてしまう。なんとかまちがいを正そうと奔走するあいだにも、時は歴史からマーティの存在を消しはじめる。三人で撮った写真からマーティの兄と姉が順々に消えていくにつれ、時が人の生死を左右しようとしているのがわかる。

ほころびプロット

ほころびプロットでは、時は被害者になる。

宿命プロットでは、ヒーローが自分の宿命を阻止しようとするが、ほころびプロットでは、ヒーローが自分の運命を守ろうとする。

時それ自体には命が宿っていないと本気で信じるなら、時が死ぬことはありえない。だが、自然について考えるのと同じように時をとらえて、積極的な目的を持たせると、時は命を宿し、殺すことのできる生き物となる。ほころびプロットは、時にかよわい被害者の役柄を与える。絶滅に瀕している過去、現在、未来という役まわりだ。

宿命プロットでは、時は悪役を演じ、執拗かつ容赦のない決定論に従う形で自己の目的を希求する。人がどうあがこうと、時は宿命に向かって突き進む。

ほころびプロットはそれを逆転させる。被害者としての時は大変もろくて影響されやすいので、一羽のスズメが死んだだけで時空に影響のさざ波がひろがり、千年に及ぶ文明がまるごと書き換えられることもある。

『バック・トゥ・ザ・フューチャー』で主人公のマーティは、危うく時に殺されそうになるが、『バック・トゥ・ザ・フューチャーPART2』では、シリーズ通しての悪役ビフ・タネンが時を殺して、満ち足りた小さな町としてのヒルバレーの運命を消し去り、この幸せな田舎町を頽廃的で犯罪まみれの地獄に変えてしまう。

『メン・イン・ブラック3』では、ヒーローであるエージェントJとエージェントK（どちらも若き日と現在の両方）と悪役アニマル・ボリス（こちらも若き日と現在の両方）が、何十年もの時を順繰りに殺し、それぞれに自分好みの未来を作り出そうとする。

『X－MEN：フューチャー&パスト』で主人公のウルヴァリンは、悪夢のような大量虐殺が起こる未来を阻止するために時をさかのぼる。ところが過去と接触するうちに歴史の過程にほころびが生じ、悪夢の筋書きが加速する。破滅の前段となる重要な出来事が、いずれも本来より何十年も前に起こってしまう。ウルヴァリンの行動や反応のすべてが、リスクを高めていく。

期限プロット

期限プロットでは時が武器になる。

実際には、どんなアクション作品のストーリーも、多かれ少なかれ時を都合よく利用するものだが、このサブジャンル内サブジャンルでは悪役が明確な期限を設定し、みずからの計画へヒーローを追いこむことで時を武器化する。カウントダウンの秒針が進むにつれ、期限プロットは時間切れまでの猶予を着々と消し去り、シーン展開はスピードをあげ、ペースはどんどん速まり、動きは熱を帯び、ヒーローは刻一刻と持ち時間を減らしながらいくつもの任務を巧みにこなしていく。

『ミッション：インポッシブル／ゴースト・プロトコル』では、どの見せ場でも主人公たちのＩＭＦのチームが第三次世界大戦を回避すべく時間との戦いに挑んでいる。応援の到着を待ったりひと息入れたりする猶予はないので、チームは不屈さと独創性を兼ね具えていなくてはならない。ひとつでもミスを犯せば挽回の余地はない状況で、最初で最後のチャンスを生かして成功するしかないという重圧がひとつひとつのシーンを白熱させる。

時間がかぎられると、選択もかぎられる。かぎられた選択は、かぎりない危険を招く。『ダークナイト』の悪役ジョーカーは、おおぜいの客を乗せた二隻のフェリーを真夜中に爆破すると脅しをかける。ただし、乗客たちには逃げ道が用意されている。どちらのフェリーにも、もう一隻の船に仕掛けられた爆発物の起爆装置が置いてあり、先に引き金を引いたほうが生き延びられる。そうしなければ、どちらの船も時計が零時になると同時に乗員乗客もろとも消え失せることになる。

『ＴＥＮＥＴ　テネット』（二〇二〇）では、あらゆる生命体の抹殺を目論む悪役が、エントロピー〈熱力学において、乱雑さや無秩序さを表す尺度〉を逆転させてタイムトラベルを可能にする技術を手に入れる。さらに、地球全体のエントロピーを逆転させうるアルゴリズムを求めて、未来へ高飛びする。力を手に入れた悪役は、人類を皮切りに地上の全生物を抹殺しようとする。

忍耐プロット

忍耐プロットは、膨大で果てのない設定へと時を拡大する。

どんなアクション作品のストーリーにも、先へ押し進める語りの疾走感と息を呑むサスペンスが混在している。期限プロットは、語りの推進力を未来へ押し進めるために、時を消し去っていくが、忍耐プロットは、時を抑えこんでサスペンスの最後の一滴まで余すところなく搾りとりながら、永遠につづくかと思えるほど長い責め苦をヒーローに負わせる。

アクションの見せ場では、つねに緊張感と動きが一体となっている。期限プロットは刺激的な要素に多くを頼るが、忍耐プロットは緊張感に多く頼って、ヒーローの持久力と根性のほどを描き、減っていく手段でどこまで持ちこたえられるかを見せる。忍耐プロットが問うのは、プロット名のとおり、ヒーローがどれだけ耐え忍べるかだ。

『１２７時間』の主人公アーロン・ラルストンは、自分に属するあらゆるもの、それこそ尿から正気までを、タイトルとなっている時間よりも長く生き延びられるよう、慎重に消費した。『残された者―北の極地―』（二〇一八）でヒーローを演じたマッツ・ミケルセンは、北極の雪原で果てしなくつづくトレッキングに耐えるばかりか、大怪我をした女性までも、そりに乗せて引いていく。

21 混交と融合

あるジャンルのストーリーラインが別のジャンルのストーリーラインと交わる場合、ジャンルの混交が起こる。アクション作品のヒーローがジャンル間をうまく行き来しながら、ラブストーリーの主人公になることもある。

あるジャンルが別のジャンルに溶けこみ、より深い動機が与えられることで、ふたつのジャンルは融合する。繰り返すが、ヒーローはアクション作品とラブストーリーの両方の主人公になれるが、ふたつのジャンルが融合すると、ヒーローの恋人が被害者の役柄となり、ヒーローはその相手に恋をしているからこそ、悪役を追いかける。こうして、ラブストーリーがアクション作品のストーリーを牽引する。

アクションのサブジャンルやサブジャンル内サブジャンルは、一見矛盾しているようでも、混交したり融合したりできる。『オール・ユー・ニード・イズ・キル』(二〇一四)は、忍耐プロットと期限プロットが融合している。主人公のウィリアム・ケイジ少佐は、エイリアンとの戦いで死亡したあと、部隊のある基地にもどされて目を覚まし、自分が殺されたばかりの戦いに直面する。そして、時間がループするなかで、同じ戦いにまたはいっていく。何度も繰り返し死んでは生き返り、終わりのない戦いに何度も直面させられながら、しだいにより勇敢な戦士となっていく。

そのうえ、アクション作品は外的な変化をともなうほかのどんな基本ジャンルとも同時進行できる。たとえば、『バック・トゥ・ザ・フューチャー』は、アクション作品のストーリーラインに家族ドラマとラブストーリーを組み合わせている。『リーサル・ウェポン』のようにアクションと犯罪が融合すると、主人公には刑事ヒーローの役柄があてられる。マーベルのスーパーヒーロー映画『アントマン』（二〇一五）のようにアクションと犯罪が併存している場合には、犯罪者がヒーローに転じて罪をあがなう。

基本ジャンルの融合によって、ストーリーテリングに無限の選択がもたらされるが、同時に、バランス、強調、焦点について問題が生じる。ひとつのジャンルをどのくらい多く、もうひとつのジャンルをどのくらい少なくすればいいのか、といったものだ。

混交と融合

アクションの中核の価値要素は「生／死」を劇的に表現することなので、このジャンルは、犯罪ジャンルでの「正義／不正」、政治ドラマでの「権力／弱点」、モダン・エピックでの「自由／暴政」、戦争物での「勝利／敗北」など、外的な価値要素にも焦点をあてた基本ジャンルとたやすく混ざり合う。

だが、アクション作品がヒーローの心理的な複雑さを掘りさげると、外的葛藤が道徳と不道徳、信用と不信、成熟と未成熟といった内的ジレンマを掻き立てる。そうした感情の深みのなかで、観客のヒーローへの共感が深まり、興奮が不安に変わっていく。そのため、作家にとっての疑問は「もしストーリーに内的な変化を融合させたら、どれほど興奮が失われるだろうか」ということになる。

基本ジャンルの混交や融合では、キーとなるストーリーの要素のバランスをとる必要がある。ふたつのジャンルが組み合わさるとき、どの中核の出来事を最も強調すべきなのか。犯罪ジャンルの中核の出来事は、犯罪者の正体が発覚することだ。犯罪物とアクション作品を融合させるとき、正体を明かすのは窮地のシーンの前後のどちらにすべきなのか。

『ボーン・アイデンティティー』では、窮地のシーンで主人公ジェイソン・ボーンはフランスの田舎の別荘に閉じこめられている。ボーンの逃亡と雇われた暗殺者の処刑が第二幕のクライマックスだ。その後、ワシントンDCで悪役の正体が明らかになり、第三幕のクライマックスを迎える。

形態上のジャンル

第1章で概説したとおり、映画、本、演劇、ゲームといった媒体は、その形式に合ったジャンルを生む。

舞台でアクション作品が最も上演されにくいのは、動きを特徴とする芝居がむずかしいうえに、危険でもあるからだ。それは、ミュージカル『スパイダーマン　ターン・オブ・ザ・ダーク』で多くの出演者が負傷したことからもわかる。一方、ミュージカルの歌とダンスは、『ライオンキング』が証明したように、すばらしい効果のある動きを起こすことができる。

コミックやグラフィック・ノベルが動きを絵として描く一方で、小説の文章は読者の想像のなかにイメージをすばやく投影する。だが、アクション作品は、アニメーションであれ、実写であれ、ゲームであれ、スクリーンの上が最も自然な居場所だ。

とはいえ、映画の作り手のなかには、編集によるアクションをわざとらしく感じ、より説得力のある闘いのシーンを撮るために、一発撮りをおこなう者もいる。ただし、現場で数えきれないほど怪我を負ったことのあるジャッキー・チェンは、アクションの動きの効果をうまく表現するために、百回以上テイクを重ねたことで知られている。

アクション作品の原作となるコミックは、百年近くのあいだ、銀河を股にかけた独裁者と戦うために絵のなかの時空を旅してきた。この数十年には、CGをたっぷり使った映像のおかげで、コミックは実写作品として成功をおさめた。手描きのキャラクターたちの充実した歴史が掘り起こされ、これまでは描こうにも描けなかったもの、つまり動きを与えられた。

ヨーロッパのコミックやそれらをもとにしたビデオゲーム——『ヴァレリアン』、『タンタンの冒険』、『アステリックス』、『XIII《サーティーン》』、『ラッキー・ルーク』——にも百年近い伝統がある。日本の漫画として作られたSFや終末物——『AKIRA』、『攻殻機動隊』、『進撃の巨人』、『北斗の拳』——もそうだ。これらの漫画はすべて、テレビアニメや長編アニメーション映画として再利用されている。

時間の長さに基づくジャンル

ストーリーが語られる時間はさまざまであり、時間の長さに基づくジャンルとして、短編（映像や演劇では一時間未満、本では百ページ未満）、長編（映像や演劇では一時間から四時間、本では百ページから四百ページ程度）、超長編（映像や演劇では一度ですべてを体験できないほどの長さ、本では休憩を少なくとも一度は必要とする）に分類される。

こうした時間の長さによって、ストーリーの複雑さ、登場人物の多様さ、見せ場の数、予算が決まる。短編のアクション作品は、最少のキャスト、単純なプロット、最低限の予算だけが必要で、ふつうは見せ場をひとつかふたつに絞る。長編ではこうした制限が少なくなるが、超長編で最大の時間を必要とする作品では、四つの要素のすべてがはるかに多く必要になる。超長編の物語は、連続ドラマであれ、映画のシリーズ作品であれ、アクションの作者に最も大きな創造力を求める。

超長編で作者が最初に直面する問題は、同じ読者や観客に同じヒーローと二度目、三度目、四度目、五度目の再会をさせるときに生じる。何度も興味を引くにはどうすればいいのだろうか。どんな新しいことを？　答——困ったときは悪に頼ろう。

悪事はヒーローのふるまいよりもはるかに独創的で柔軟だ。なんと言っても、ヒーローの行動は悪事に対する倫理的な反応にすぎない。悪人がいなければ、善人がいる必要はない。バットマンはその点で実に運がいい。アーカム・アサイラムに収容されたおぜいの精神病患者たちがつぎつぎ脱走してくれるおかげで、バットマンは何十年も活躍できる。

ヒーローに宿敵がいるのなら、両者が追い求める神秘的で困難をともなうマクガフィンは、何度も繰り返し観客を魅了するものでなくてはならない。たとえば、『スター・ウォーズ』シリーズでは、ルーク・スカイウォーカーとダース・ベイダーが銀河帝国の支配をめぐって衝突するが、最終的に重要なのはフォースを使いこなすことだ。

ジェームズ・ボンドは映画ごとに異なる悪役と戦うが、近年の作品では悪役全員がスペクターという影の組織で働いている。こうした組織があることで、主人公は善悪双方の世界における最高のもの、つまり、卑劣な工作員の一団を統べるきわめて手ごわい強敵を与えられる。

アクション作品のヒーローの活躍を何年、さらには何十年と延長することは、マンネリや創造性の枯渇の危険をともなうが、幸いなことに、悪役と被害者を果てしなく作り変えて、ジャンルやサブジャンル、さらにはサブジャンル内サブジャンルの混交や融合を試みることで、超長編を延々とつづけることができる。

構造上のジャンル

アクション作品の大半は、古典的なアークプロットのなかで個人の範疇を超える葛藤を描いている。だが、ひとりの男と一艘のヨットだけという『オール・イズ・ロスト～最後の手紙～』のミニマリズム、『モンティ・パイソン・アンド・ホーリー・グレイル』（一九七五）のアンチプロット、ドラマ『ゲーム・オブ・スローンズ』におけるマルチプロットなどは、出来事の設計が例外的なものとなっていて、ヒーローの心が内なる自分ではなく外の敵に向かうかぎり、こうした作品も観客を興奮させる（『ストーリー』第2章「構成の概略」を参照）。

形式ジャンル

アクション作品のストーリーは、形式ジャンルをどのように組み合わせた場合にも伝えることができる。第1章では、コメディ（トーン）、アニメーション、SF、ファンタジー（世界観）、歴史ドラマ、伝記、自伝、ドキュメンタリー、ミュージカル、ハイ・アートといった十種類の形式ジャンルをあげた。こうした幅広いジャンルを扱い、シリアスとユーモアの調整フィルターを通してアクションを表現しよう。過去、現在、未来といったさまざまな時間の視点がありうるし、虚構としてでも事実としてでもいい。聴覚や視覚に強く訴える設計を強化することもできるだろう。

わかりやすい例をひとつあげよう。アクションの話を喜劇とすることで、観客の体験を劇的に変えることができる。喜劇は観客を、痛みを感じない安全な距離に保つ。登場人物たちがどれほど痛みに悶え苦しみ、恐怖に打ち震えていても、アクション喜劇では、血にまみれた暴力シーンが「ほんとうは痛くないんだ」とささやく。

古くからあるストーリー上の約束事のおかげで、喜劇で登場人物たちがうめき声をあげても、観客はにやにや笑う。それどころか、アクション喜劇の圧倒的、爆発的な転換点では、どんな作品よりも大きな笑いが沸き起こる。たとえば、『ギャラクシー・クエスト』、『メン・イン・ブラック』、『ガーディアンズ・オブ・ギャラクシー』などの窮地のシーンでは、最もはらはらする対決だけでなく、最もばかげたジョークも披露される。

22 ハイ・アドベンチャー

十番目の形式ジャンルとしてあげたハイ・アートは、ストーリーのビジョンを特定のものから普遍的なものへ拡大する。ハイ・アートでは、従来の語りにおける特定の意味がすべてを包括する真実へとひろがる。たとえばシェイクスピアは、狂気のデンマーク王アムレスにまつわるデンマークの辛辣な民話を名作『デンマークの王子、ハムレットの悲劇』(『ハムレット』の正式名称)として再生させた。

アクション作品では、ハイ・アートはハイ・アドベンチャーとなる。ハイ・アドベンチャーは、主題を人間の心だけではなく社会や政治の領域までひろげることによって、「生/死」の価値要素を深く豊かに追求していく。ページを繰る手が止まらないピーター・ベンチリーの鮮烈な小説『ジョーズ』と、アーネスト・ヘミングウェイの崇高な小説『老人と海』を比較してもらいたい――一方はベストセラーとなって映画も大ヒットし、もう一方はヘミングウェイにノーベル文学賞をもたらした。一方は何十年も前に関心を持たれなくなったが、もう一方は今後何世紀も生きつづけることだろう。

アクション作品の登場人物たちが文章上で命懸けで戦うとき、ハイ・アドベンチャーの作者は読者と観客を、登場人物たちとその世界のサブテクストへいざなう。そして、典型的なものから元型的なものへと語りの弧をなすイメージ系統を用いて、その語りを強化する。

高められた意義

ハイ・アドベンチャーは、キャラクターに根ざした価値を保証する。アクション作品における、肉体的な「生／死」という個人の領域を超えた価値要素に加えて、ハイ・アドベンチャーは、道徳と不道徳、同情と無関心、慈悲と残酷さといった内なる対立や葛藤——すなわち、キャラクターの人間性の進化や退化——も追求する。

大半のアクション作品では、ヒーローが悪役を出し抜いたり圧倒したりすることで、善が悪に勝利する。しかし、ハイ・アドベンチャーは人間性の領域にまで踏みこみ、さらには意義と目的という最も壮大な疑問を提起して、超越的かつ普遍的な主題にも取り組んでいく。

そうした高みと深みに到達するために、ハイ・アドベンチャーは象徴的なイメージ系統を用いて、その語りを強化する。

物理的な設定は、元型《アーキタイプ》に発展する。街の通りは「迷宮」に、運河は「海」に、荒地は「砂漠」に、裏通りは「暗黒街」に、熱帯の島は「楽園」に、家は「宮殿」に、ロッキーの山頂は「聖なる山の頂《いただき》」になる。

ハイ・アドベンチャー――隠喩としての**アクション**

イメージ系統

きわめて**多様**で、潜在意識下で巧妙に**反復**される**象徴的な**イメージのカテゴリー。
読者や観客が感じとるストーリーの**意味**と**感情**を**無意識**のうちに強化する。

これらの元型は語りを通じてほかのイメージと結びつき、きわめて多様かつ巧妙に反復されるイメージ系統を形作って、ストーリー全体でその意味と感情を深めて豊かにする。第16章で述べたとおり、これは潜在意識下のものでなくてはならない。ストーリーが進行するあいだ、けっして読者と観客に象徴とその重要性を意識させてはならない。イメージ系統がページ上やスクリーンを飛び出し、技巧そのものとして注意を向けられた瞬間、その力はわざとらしさを帯びて消滅する。知的に議論するのは映画の鑑賞後ならよいが、上映中では困る。

キャラクターの複雑さ

そうした強化は、ハイ・アドベンチャーのキャラクターにも同じく適用される。ふつうの中核の登場人物が持つ利他主義、自己中心主義、無力感といったそれぞれの性質は、ハイ・アドベンチャーでは、多元的で自己矛盾をはらんだ、心理的に複雑なものとなる。

ハイ・アドベンチャーの力強いキャラクターは、人間の本質を道義的・精神的な矛盾も含めてすべて体現している。ヒーローの行為にはしばしば悪行が混ざり、主人公がみずからの最悪の敵となる。こうしたヒーロー兼悪役は、たびたび自分自身の被害者にもなる。みずから作り出した運命に立ち向かいながらも、その内なる複雑さが読者と観客を魅了し、興奮と憐れみと恐怖という感情のカクテルを呼び起こす。

ハイ・アドベンチャーのクライマックスは、しばしば主人公に悲劇的な皮肉を与える。主人公は勝利するが、同時に大きな価値のあるものを失う、あるいは、失敗はするが、同時に知恵などの最上のものを得る。世界じゅうの読者や観客の立場から見ると、ハイ・アドベンチャーの最良の物語は、エンターテインメントの楽しみを超えて人生を豊かにする芸術作品である。

主題の複雑さ

第2章で考察したように、「生／死」という力強くわかりやすい中核の価値要素は、アクション作品を駆り立てる。その意味は明確で、ひとつしかない。生きて、いまここで動きつづけるか、あるいは、死んで、埋められて永遠にいなくなるか――「存在／不在」――だ。

ハイ・アドベンチャーはこの価値要素を強化して、「不死／地獄」に転じる。命には生物学上の限界があり、不死はそれを無限に拡張する。死に終わりはあるが、地獄に終わりはない。地獄で苦しむ魂にとって、存在できなくなることは慈悲である。たとえば、ホラー・アクション映画の『コンスタンティン』(二〇〇五)では、地獄におりた主人公が、無への脱出を切望して苦しむ魂を発見する。

「生/死」はつねに天秤にかけられているが、ハイ・アドベンチャーでは、語りを豊かにするためにほかの価値要素を加えることがよくある。被害者を救おうとする主人公の外的な闘いは、精神的あるいは道徳的な死からみずからを救おうとする内なる闘いの隠喩となりうる。さらに深い価値を求め、ハイ・アドベンチャーはキャラクターの生まれながらの内面を進化させたり発展させたりして、主人公の冒険が最後に人間性を豊かにするのか、それとも消し去るのかと、読者や観客の気を揉ませる。

例をいくつかあげよう。

『北氷洋―The North Water―』

イアン・マグワイアの小説を原作とするこのアクション・アドベンチャーのシリーズは、自然――陸と海で暮らす人間と動物――による容赦のない冷淡さをあらゆる側面にわたってドラマ化している。嘔吐物が飛び散った水辺の路地から、氷に閉ざされた北極の海路まで、「生/死」のせめぎ合いが犯罪ストーリーのサブプロットである「正義/不正」と結びつき、進化プロットで主人公が人間性を充実させていく変化など、さまざまな価値要素が混ざり合う。

『ゲーム・オブ・スローンズ』

このアクションかつファンタジーの超長編は、理想主義の狂信者（デナーリス・ターガリエン）と現実主義の独裁者（サーセイ・ラニスター）の対決を描く壮大なデュエルである。両者は、このシリーズを支配する価値要素の「自由／抑圧」でも対極にある。

『マトリックス』

主人公は最初、自分が一九九〇年代で暮らしていると信じていたが、その偽りの現実から目覚め、実際には二十一世紀のどこかで暮らしていることを知る。人工知能が終末世界の地球を支配するようになり、人間をエネルギー源として利用している。そして、コンピューターでシミュレートされた仮想世界――マトリックス――のなかに閉じこめることで、人間の心を落ち着かせている。

主人公が、被害者であるアンダーソンからヒーローのネオへ進化する際、その変化には、映画の作り手であるトランスジェンダーのラナ・ウォシャウスキーとリリー・ウォシャウスキーの個人的な葛藤が反映される。ふたりとも、自分の本来のアイデンティティではなく、社会から押しつけられたアイデンティティに囚われていると感じていた。しかし、インターネットの匿名性は、身体的・社会的制約に囚われないジェンダーをふたりが選択できるようにした。オンラインの無秩序と、真の自己を見つける必要性が契機となって、ふたりは『マトリックス』の脚本を執筆し、「真実／虚偽」のアイデンティティ、という中核の価値要素を映画に採り入れた。

強化される意味

アクションの四種類のサブジャンルと十六種類のサブジャンル内サブジャンルは、どれもハイ・アドベンチャーをめざすことができる。ストーリーの意味が元型へと強化されるには、三つの道筋がある。キャラクターがより多元的になる、潜在的なイメージ系統がインパクトを深める、価値要素が「生／死」を超えて意味をひろげる、の三つだ。

つぎの四つの例を考えてみよう。

デュエル／追跡プロット――『ターミネーター』ジェームズ・キャメロン監督

登場人物

ターミネーターと呼ばれる、タイムトラベルをする多元的な暗殺者は、落ち着いて見えるが内面は激しく、自分の傷には無頓着だが容貌にはうぬぼれが強い。何より重要なのは、その存在が生ける矛盾――機械と人間のハイブリッドであることだ。

意識を持った機械と人類の戦いで司令官をつとめるジョン・コナーは、自分の母親サラを救出する任務を若き副官カイル・リースに託し、二〇二九年から一九八四年のロサンゼルスへ送りこむ。ターミネーターはジョン・コナーを産む前のサラを殺すことで人類の指導者を存在から抹消しようと

デュエル——**追跡**プロット

『ターミネーター』

迷宮

幹線道路、通常の道路、路地、行き止まり、建物の廊下が迷路を形成し、
それらを通って悪役は主人公と被害者を追いかける。

し、到来するハルマゲドンで人工知能に勝利をもたらすことをめざす。

イメージ系統——迷宮

キャメロン監督は、テセウスがミノタウロスと戦うギリシャ神話に基づいて話を作った。ミノタウロスは、クレタ島の名匠ダイダロスが造った迷路にひそむ半人半牛の怪物だ。クレタ島の王女アリアドネはテセウスと恋に落ち、迷路を脱出する秘密の方法を教える。それを聞いたテセウスは、迷路の中心にいる怪物にしのび寄って殺し、迷宮から脱出する。

テセウスとアリアドネと同じく、カイルとサラは恋に落ち、愛を交わして、サラはリースとの息子ジョンを妊娠する。つまり、未来の人類の救世主の父親は、司令官が自分の母親を救うために過去へ送った若き副官である。この原因と結果のゆがみが、コナー家を時間の網で包みこむ。

ターゲットを追って、ターミネーターはロサンゼルス市の電話帳に載っているサラ・コナーという名の女性をすべて殺していく。だが、リストの最後のひとりとなったサラが殺される前に、リースが救う。ヒーローと被害者が逃げ、追跡がはじまる。

この映画のイメージ系統は、通常の道路、路地、幹線道路、行き止まり、ロサンゼルスの建物の廊下などを精巧な迷路に変え、ギリシャ神話を髣髴させる。悪役、ヒーロー、被害者が、ネズミの穴のような袋小路だらけの道を右往左往して進み、工場の内部へ旋回しながらおりていく。そこでリースが自分の命を犠牲にし、サラは最後の戦いに勝つ。この迷路の中心で、サラはターミネーターを強力な金属粉砕機によって破壊する。

意味

この映画での出来事は、人類を絶滅の危機にさらし、「生／死」、「生存／破滅」という中核の価値要素を強化する。

人類の救世主となる宿命を持ったジョン・コナー〔John Connor〕の頭文字が、キリスト教の救世主〔Jesus Christ〕だけでなく、偶然にもこの映画の作り手〔James Cameron〕にもあてはまることは注目に値する。

アドベンチャー／怪物プロット――『白鯨』ハーマン・メルヴィル作

産業革命による自然への冒瀆を劇的に表現するために、メルヴィルは小説の焦点を捕鯨産業にあてた。いわば大規模な犯罪が描かれるので、それに匹敵する規模の出来事、登場人物、詩的言語を

アドベンチャー――**怪物**プロット

『白鯨』

神による創造と人間による冒瀆との対立

人間の産業による**冒瀆**で穢された**神の聖なる作品**としての自然。

必要とした。

登場人物

捕鯨船の船長エイハブは、かつて自分の片脚を噛みちぎった白いマッコウクジラ、モビー・ディックに復讐しようと目論んでいる。最初は、船長がヒーローかつ被害者のようで、クジラが怪物かつ悪役のように見える。だがそのうち、エイハブが悪役となり、船長の強迫観念の虜になった乗組員たちは、巨大なモビー・ディックとの戦いに敗れて、犠牲者となる。逆の立場から見ると、クジラは大自然のヒーローとなり、人間による破壊の犠牲となる前に神の創造物を守る。

イメージ系統――神による創造と人間による冒瀆との対立

産業革命以来、二百五十年以上にわたって、自然は引き裂かれ、今日でも産業に奉仕するための鞭打たれる奴隷として扱われている。捕鯨産業はそのほんの一例であり、機械の潤滑液となる鯨油や、香水を作るための竜涎香《りゅうぜんこう》を得るために、この巨大な生物を何百万頭も殺してきた。

神の創造物に対するこうした罪の大きさに合わせるため、メルヴィルはイメージ系統を旧約聖書に頼り、自然を不可知の神、人間の産業を堕落した冒瀆者として描いた。そして、神の手としてのモビー・ディックに、不敬者エイハブと殺戮者である乗組員たちが立ち向かう。

メルヴィルはこの小説を、旧約聖書のヨナとクジラにまつわる説教をおこなう牧師からはじめた。語り手で視点人物となるキャラクターには、イスラエル民族の始祖アブラハムの長男イシュマエルと同じ名〔イシュメール〕を与え、主人公には、イスラエルの王アハブの名〔エイハブ〕を与えた。この王について、聖書には「アハブは、彼よりも先にいたイスラエルのすべての王よりも、イスラエルの神、主を怒らせることをおこなった」と記されている〔「列王記上」16章33節〕。あるとき、イシュメールは憎しみに満ちた船長について「もしエイハブの胸が大砲だったら、クジラに自分の心臓を撃ちこんだだろう」と語る。

クライマックスの戦いで、エイハブは狂気に陥る。そして、仕留めたいと強く願う巨大海獣《レビヤタン》の背中に銛を刺すが、綱が自分の体にからまる。モビー・ディックが大波のうねりを抜けていくとき、死んだエイハブの腕が乗組員に向かって手を振り、広大な深海でいっしょに死のうと手招きしているように見える。

意味

メルヴィルの小説は、「生／死」の問題を、あらゆる生き物の「生存／破滅」にまで高めている——それは自然のなかの生き物だけでなく、人間の命にもあてはまる。

スリラー —— **期限**プロット

『ウォッチメン』

終末時計《ドゥームズデイ・クロック》

時間としての人生は**徐々に動きを止め**、歴史は尽きて**終焉を迎える**。

スリラー／期限プロット
——『ウォッチメン』アラン・ムーア作、デイブ・ギボンズ作画

はじめての原子爆弾の炸裂は人類絶滅の可能性の先ぶれだった。その後すぐに冷戦がはじまり、キューバのミサイル危機が世界を震撼させる。条約があるにもかかわらず、何十年ものあいだ、核兵器の備蓄はどんどん増えつづけた。アメリカのスリーマイル島の原子力発電所で起こったメルトダウン事故につづいて、当時のソ連にあったチェルノブイリ原子力発電所でさらに大きな惨事が起こった。被害妄想が諦念へと変わった。

　こうした歴史を受け、作者のアラン・ムーアと作画のデイブ・ギボンズは、解決したい複雑な葛藤への答として、スーパーヒーローでは単純すぎると感じた。そこで、スーパーヒーロー主義の心理の奥底に隠されたさまざまなものを探ることにする。あるヒーローは、異常なまでに正義に執着するかもしれない。別のヒーローは、目的を失って無力感を覚えるかもしれない。虚栄心は強力な自我を持つ者の暗い衝動を掻き立てるかもしれないが、謙虚さは他の者に勝利を放棄させる。

そうした洞察を表現するために、ムーアとギボンズはアクション作品の理想を叩き壊し、潜在的な動機をあらわにして、そのイメージと台詞の下に隠された文化的前提をさらけ出した。全十二巻のコミックシリーズ（アメリカで当初発売されたときの体裁。日本では全一巻）『ウォッチメン』では、リチャード・ニクソンが大統領として君臨し、世界には核によるホロコーストが近づいている、現実とは別の、ねじれた一九八六年の世界にヒーローたちを配置する。ヒーローたちは大惨事を避けたいと願うが、明確な悪役や特定できる悪役がいないので、だれが責任を負うのか、いつ大惨事が起こるのかがわからない。さらに、終末を回避しようとする闘いでは、存在の意味をめぐる内なる議論と、人類の絶滅に身を委ねようとする思惑が融合する。

『ウォッチメン』は、アクション作品に付きまとう理想主義の欠陥を明らかにするために、時間、空間、出来事、キャラクターを分解している。

時間

シーンは時系列に沿わない形で前後に飛び、まるで時間など意味がないかのように、数十年にわたって改変された歴史を縦横無尽に行き来する。

空間

キャラクターたちは、まるで距離など意味がないかのように、ニューヨークから火星や南極へテレポートし、またもどってくる。

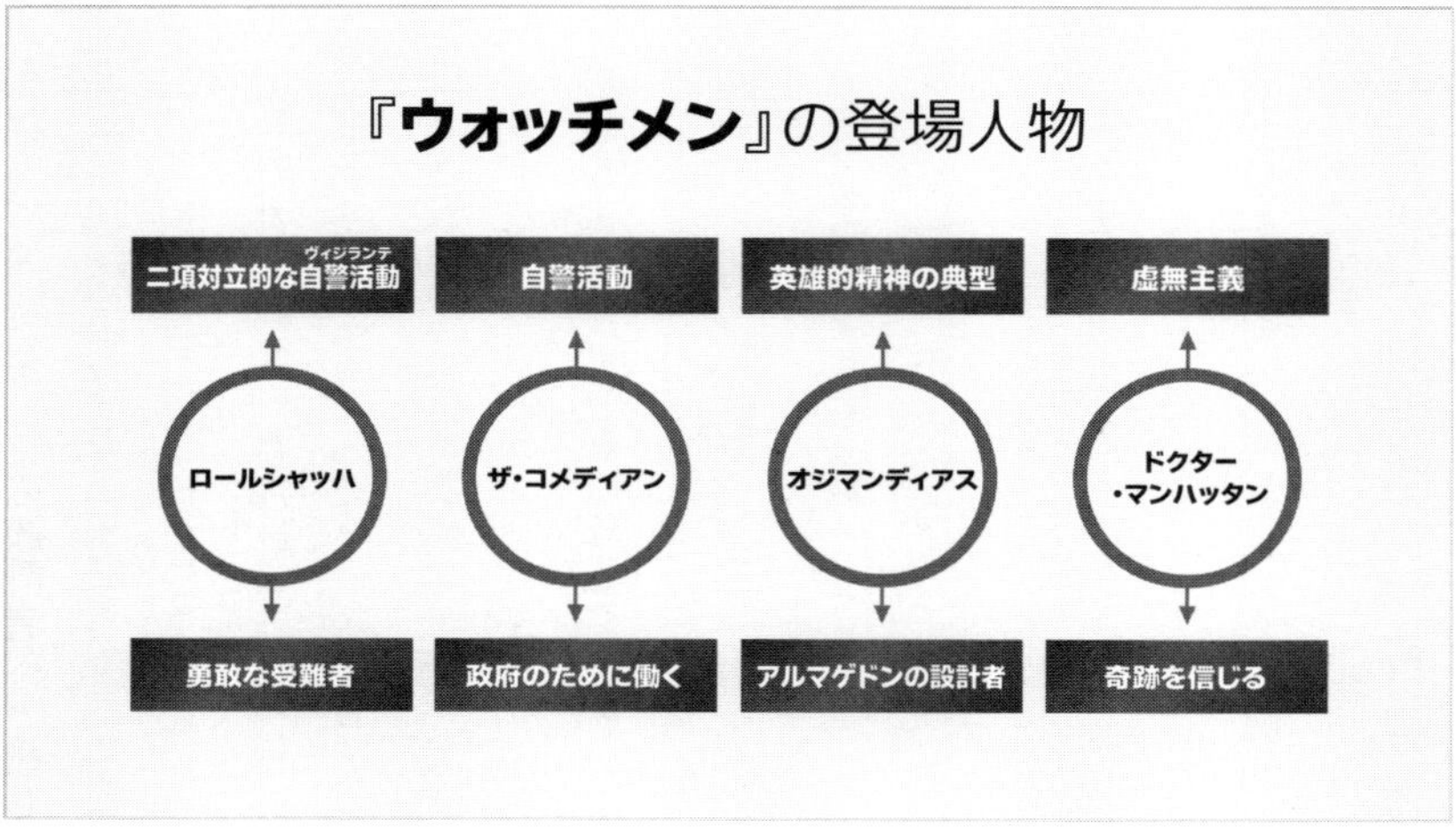

出来事

ストーリーは怪しげな殺人事件からはじまるが、まるで社会構造など意味がないかのように、地球上のすべての生命を焼却するという脅しで終わる。

キャラクター

『ウォッチメン』では、何百万人ものニューヨーク市民が被害者となったとき、主要な登場人物たちは、ヒーローと悪役の分裂をさまざまなバリエーションでそれぞれ披露する。

ロールシャッハの変化の弧は、二項対立的な自警活動《ヴィジランテ》から英雄的な死を切望する殉教者ぶった男へ移っていく。初代シルク・スペクターをレイプした愛煙家のヴィジランテであるザ・コメディアンは、政府のために働くようになる。二代目シルク・スペクターのアイデンティティの危機は、ザ・コメディアンを父親としてついに受け入れたときに終わる。エイドリアン・ヴェイト（別名オジマンディアス）は、英雄的精神の典型からアルマゲドンの設計者へと堕し、人類を救うための無分別な計画でニューヨーク市民の半数を殺す。

ドクター・マンハッタンのキャラクターを構築するうえで、アラン・ムーアは、量子宇宙に住むキャラクターが時間を認識するのは直線的か、循環的か、ランダムな視点からかと迷った。どの認識を選ぶにせよ、人間社会に対する感覚はゆがんでいる。そこでムーアは、ドクター・マンハッタンを虚無主義者から奇跡の信奉者へ変化させた。

結局のところ、さまざまな矛盾がこれらのキャラクターたちを惑わせ、道徳や良心といった概念は意味をなさない。『ウォッチメン』にはむなしさの感覚が充満している。期限プロットでは時間が刻々と過ぎるが、登場人物たちは無気力なまま審判の日を見つめている。

イメージ系統――終末時計

『ウォッチメン』というタイトルによって、「歴史は終わり、時間は終わり、人生は終わる」という、一時性を断つイメージ系統がはじまる。キーとなるイメージは終末時計で、これは地球規模の大惨事が起こるまでの残り時間を計測する装置だ。血のついたスマイリーフェイスのバッジはこの時計に呼応し、物語を通じてさまざまな形で繰り返し登場する。

元時計職人のドクター・マンハッタンは、みずからを死からよみがえらせ、物質を気まぐれに再構築できる。神のようなこの超能力は、時計の修理になぞらえたものだ。部品をどう組み合わせればよいかわかっている。未来を見る能力は秒読み《カウントダウン》のように機能する。人生は針もはじまりも終わりもない時計の文字盤となり、核戦争によって壊されるまで時を刻む。

物語のクライマックスで、ヒーローたちはついに悪役の計画に気づくが、時すでに遅く、阻止はできない。悪役は三十五分前にすでにその計画を実行していた［原注3］。

意味

『ウォッチメン』は「生存／破滅」を超え、「希望／絶望」、「論理／不合理」といった価値要素を提起するが、最後はその両方のマイナスへの変化に対する無抵抗のあきらめで終わる。

エピック／反逆プロット――『LEGO®ムービー』フィル・ロード、クリストファー・ミラー監督

玩具のブロックでできたキャラクターが主役をつとめるこの控えめな宝石のような作品は、その深みと率直さで、疑うことを知らない観客を驚かせた。監督のロードとミラーは、基本ジャンルであるアクションと家族ドラマを、形式ジャンルのファンタジー、アニメーション、実写アクションと融合させ、生と死の興奮に独特なエネルギーを与えている。

設定

この映画は、ふたつの世界の物語を並行して伝える。地下室の現実世界（フィンという少年がレゴでテーブル上に作った町で遊ぶ）と、空想の世界（フィンが心に描いたブロック・シティという都市がある）だ。

エピック——反逆プロット

『LEGO® ムービー』

支配者である父と反逆者である息子の対立

息の詰まるおしごと大王が**完璧主義者**の父親を象徴する一方で、
エメットは**自由を求める**息子と同じ行動をとる。

登場人物

少年の父親（別名、上にいるお方）がフィンの人生を支配している。一方、おしごと大王という名の仕切り好きな暴君がブロック・シティを支配している。おしごと大王はブロック・シティのすべての可動部分を固め、新しいブロックをいっさい禁止する永久不変の都市にしようとする。父親はフィンのレゴの町にも同じことをしようとする。ブロック・シティでは、エメット（フィンの化身）がおしごと大王に対して反乱を起こす。地下室では、エメットに触発されたフィンが創造性を評価され、それを機に父親から新たな独立を勝ちとる。

マクガフィン

ふたつの世界におけるストーリー上のマクガフィンは、どちらの設定でも機能する。フィンの地下世界では、それはスーパーボンドという接着剤のチューブと蓋だ。空想世界のブロック・シティでは、スーパーボンドはレゴのブロックを固める超兵器「スパボン」となり、蓋はそれを無力化する奇跡のパーツに変わる。

出来事

冒頭の場面で、おしごと大王が魔法使いウィトルウィウスの城を襲い、スパボンを奪ってウィトルウィウスを無の世界へ投げこむ。魔法使いは倒されながらも、いつの日か、選ばれし者が支配者の計画を止め、創造性を救うために立ちあがるだろうと予言する。

その数年後、脳天気な建設作業員エメットが地下の空間に転がり落ち、奇跡のパーツを発見する。それにふれた瞬間、エメットは上にいるお方のまぶしい幻視を体験し、おしごと大王の手下バッド・コップ（あるときはグッド・コップ）に捕らえられた状態で目を覚ます。そこへ勇ましいワイルドガールが現れて、エメットを救出する。彼女はエメットが選ばれし者だと信じ、ウィトルウィウスのもとへ連れていく。

エメットは、ワイルドガールとウィトルウィウスが、説明書なしになんでも作ることができるマスター・ビルダーであることを知る。エメットがマクガフィンにふれたときの幻視を明かすと、ふたりはエメットこそが壮大な戦いへと導くヒーローだと信じる。

ヒーローの混成部隊がそれぞれの目的のために集まる。スーパーヒーローのバットマン、スーパーマン、グリーン・ランタン、ワンダーウーマン。ガンダルフ率いる『ロード・オブ・ザ・リング』の戦士たち。『スター・ウォーズ』に登場するC－3PO、ランド・カルリジアン、ハン・ソロ。さらには、エイブラハム・リンカーン、シャキール・オニール、シェイクスピアも。

エメットはこの連合軍を率いておしごと大王のタワーに攻めこむが、みなで力を合わせたにもかかわらず、おしごと大王はエメットを捕らえ、ウィトルウィウスを殺し、マスター・ビルダーたちを投獄する。そして、奇跡のパーツを無の世界へ投げこんだあと、タワーに自爆装置をセットして、その場を去る。

この窮地のシーンで、ウィトルウィウスの幽霊が突然エメットの前に現れ、選ばれし者になるには自分自身を信じなくてはならないと告げる。そこでエメットは、自爆装置の電池を自分の背中に縛りつける。死に直面したエメットはタワーから身を投げ、マスター・ビルダーたちの命を救う。

エメットが目を覚ますと、そこは天国――フィンの地下室だった。この時点で、現実と空想の世界がひとつになり、フィンの父親が地下室の階段をおりてきて、自分のレゴ・コレクションをめちゃくちゃにした息子を叱りつける。

父親がレゴを接着しはじめると、エメットは危険を察知して、フィンの注意を引く。フィンはすばやくエメットと奇跡のパーツをテーブル上の町に置く。ブロック・シティにもどったエメットは、おしごと大王と対決する。

同時に、フィンも父親と対決する。エメットがおしごと大王に言った台詞を使って、フィンは自分には創造力があると父親に告げる。父親は息子が自分を悪役に見立てたことに突然気づく。恥じ入った父親は息子と和解する。

一方、空想の世界でも、おしごと大王の気が変わる。奇跡のパーツでスパボンに蓋をし、剥がし液で被害者たちの接着を溶かす。

ふたつの並行する反逆プロットは、フィンの成長プロットを生み出す。これら三つのストーリーラインは、邪悪なおしごと大王と融通のきかない父親のための贖罪プロットを引き起こし、残酷なものからやさしいものまで、両方を描いていく。

イメージ系統――支配者／反逆者としての父親／息子

この映画のイメージ系統は鏡の間である。現実と空想のふたつの世界は、息の詰まるおしごと大王と完璧主義者の父親のように、映し鏡となっている。正反対の映し鏡では、規則に取り憑かれた父親と自由を求める息子が戦っている。

『LEGO®ムービー』はアクション・ファンタジーであり、それは父親と息子の役柄を支配者対反逆者に置き換えたイメージ系統を中心に構築されている。息子の想像のなかでは、アニメーション化された分身のエメット・ブロックスキーが、父親――別名「上にいるお方」――を象徴する人物であるおしごと大王と戦う。創造的自由対厳格な独裁という空想世界のイメージ系統は、規則を作る父親と自由を求める息子の永遠の権力闘争を反映している。

このイメージは、エメットが死んで空想世界の天国――現実世界の人間がいる地下室――にたどり着く、象徴的なクライマックスを築きあげる。寓話の作者は自分たちの規則を思いどおりにできるので、映画の作り手たちは設定を曲げ、このアクション・コメディをハイ・アドベンチャーに引きあげる魔法を組み合わせて、現実と空想の領域を合体させた。

意味

監督のフィル・ロードとクリストファー・ミラーは、反抗対服従、自由対専制という、永遠の対立関係にある父と息子のあいだの真に迫った衝突を描いた。しかし結局のところ、プラスの価値要素もマイナスの価値要素も他方を打ち負かすことはできない。

なんと言っても、レゴはプラスチックのブロックであり、色が混じり合うことも大音声とともに崩れることもない。大人の世界は親に責任を求めるが、レゴは子供たちの創造的自由を促す。そこで監督のふたりは想像力とデザイン感覚のバランスをとった。それは、親の思いやりあふれる愛情が子供の自己表現の必要性に気づいたときに可能となる。

23 型と公式

型と公式はまったく別物である、という最初のことば〔『ストーリー』イントロダクション参照〕を繰り返して、本書を締めることにしよう。型は考えうるすべての例を含んだ普遍的なものだ。アクションというジャンルは、被害者を救うためにヒーローと悪役を戦わせる。それがすべてだ。あらゆるアクション作品はこの型に適合するが、バリエーションは無限にある。しかし、公式とはそういった普遍的なものの限定的かつ厳密な一部分であり、その型をあるかぎられた形で実行する方法を指示するにすぎない。

書き手のなかには即興や焼きなおしという概念を不快に感じる者もいるようだ。そうした書き手にとって、型という概念はとらえどころがなく感じられるらしい。青写真を望んでいるからだ。以下に紹介するのは、ハリウッドの歴史のなかで最も有名なふたつの公式、ワモとジャーニーだ。

ワモの公式

五十年以上前、コロンビア・ピクチャーズの調査担当者が興行収入を分析したところ、従来の作品には三つか四つの大きな転換点があったのに対し、ヒット作には一作品あたり六つから八つあることがわかった。この発見は、興行的成功をおさめるための新しい理論に影響を与えた。ストーリーの反転を派手におこなえば、チケットが売れる。だから、多く売るために反転を増やせ、というわけだ。

そこでスタジオは、主要な転換点をページ番号ごとに公式化させた「ワモ・チャート」(ワモ(whammo)の意味は「ドカーンと一発」)を考案した。ストーリー担当部門は、提出されたすべての脚本をこのチャートと比較するよう指示された。ワモ・チャートに適合した脚本はつぎの段階へ進み、そうでないものは送り返された。

その結果、それまで最も多くのアカデミー作品賞を受賞していた映画スタジオであるコロンビアは、『ロッキー』(一九七六)、『パットン大戦車軍団』(一九七〇)、『レイジング・ブル』(一九八〇)、『ディア・ハンター』(一九七八)、『フレンチ・コネクション』(一九七一)、『カッコーの巣の上で』(一九七五)を製作しなかった。『ゴッドファーザー』三部作も『スター・ウォーズ』の初期三部作も作らなかった。コロンビアにとって幸いなことに、一九八〇年に就任した新しい社長はワモ・チャートを捨て、スタジオをふたたび軌道に乗せた。

ジャーニーの公式

『スター・ウォーズ』の成功は第二の公式を生み出した。大ヒットのあと、ジョージ・ルーカスはアメリカの神学者ジョーゼフ・キャンベルの著作『千の顔を持つ英雄』からストーリーのアイディアを拝借したと堂々と発表した。『スター・ウォーズ』の圧倒的な成功によって、ハリウッドはキャンベルの提唱する「ヒーローズ・ジャーニー〈英雄の旅〉」が興行的成功の新しい鍵であると確信した。それ以来、さまざまなマニュアルがこの公式を再利用している。

『千の顔を持つ英雄』は出来事が起こるあるパターンについて概説していて、キャンベルはそのパターンが事実上すべてのアクション神話の元型であると主張している。だが、出版以来、多くの人類学者や神話学者がキャンベルの主張を受け入れないばかりか、きっぱりと否定している。

学者たちの指摘によると、第一に、キャンベルがオットー・ランクの『英雄誕生の神話』とカール・ユングの「集合的無意識の概念」の内容を、両著者が拒絶するであろう形でねじ曲げているという。第二に、キャンベルは自分の主張が正当であると読者を納得させるために、矛盾する事例をことごとく無視している。第三に、キャンベルは古典的なギリシャ神話や中東の神話を避け、代わりにだれも検証できない無名の部族の無名の物語を参照している。第四に、主張を裏づける具体例が必要なときに、それをただ捏造している。最後に、キャンベルのあげた主要な例は、厳密な科学的研究の対象とした場合、明らかに誤ったものである。つまるところ、神話に造詣の深い学者たちはキャンベルの説を一蹴したわけだ。

世界最古のアクション物語、『ギルガメシュ叙事詩』で考えてみよう。物語の冒頭で、主人公のギルガメシュは民に憎まれた暴君として登場する。ギルガメシュは人生の友となったエンキドゥのおかげで心を入れ替える。ふたりは不老不死を求める冒険など、さまざまな冒険に出かけるが、結局はすべて失敗に終わる。不老不死の秘薬は手にはいらないし、ギルガメシュは悲劇からだれも――エンキドゥも、自分自身も――救えない。死には究極の力があるからだ。この真実はすばらしいハイ・アドベンチャーを生み出した。

あらゆるストーリーテリングの公式と同じように、ヒーローズ・ジャーニーは部分を全体と取りちがえるという決定的なまちがいを犯している。全体とは、アクションというジャンルに埋めこまれた普遍的なストーリーの型のことだ。そのひとつの側面が冒険に満ちた探求の旅であり、その逆ではない。

ヒーローズ・ジャーニーは、せいぜいのところ、アクション・プロットと成長プロットを合わせたものだろう。『127時間』では、この融合でヒーローが動けない状態に陥る。そして、それこそが重要な点だ。公式はアクション作品をクリシェという鎖の輪のひとつに堕してしまう。

ここまでアクション作品の四種類のサブジャンルと十六種類のサブジャンル内サブジャンルを探求し、アクション作家が使用してきたなじみの形式について述べてきたが、こうした決まり事が執筆のための規則ではないこともわかっている。観客や読者はこうしたパターンを好むが、けっして要求するわけではない。アクション作品を存続させ、繁栄させていくには、その型を身につけながらも、将来のファンのためにこのジャンルを即興や再発明で磨いていかなくてはならない。創造的自由の感覚に導かれつつ、アクション作品への愛を大切にしよう。

原注（出典）

1　現代のジャンル

原注1　キャラクターの内面の変化を描く六つのプロットの詳細については、ロバート・マッキー『キャラクター』第10章「複雑なキャラクター」を参照。

3　アクション作品における中核の登場人物

原注2　キャラクターの変化を追う六つのプロット――贖罪、堕落、啓発、幻滅、進化、退化――については『キャラクター』第14章「ジャンルのなかのキャラクター」を参照。

22　ハイ・アドベンチャー

原注3　サラ・J・ヴァン・ネス『Watchmen as Literature: A Critical Study of the Graphic Novel』（ロンドン、マクファーランド&カンパニー、二〇一〇年）。

謝辞

オリヴァー・ブラウンとルーク・ライアン＝ウォールに感謝する。ふたりは草稿を繰り返し読んで、創意に満ちた指摘をし、つねに信頼してくれた。また、いつものことながら、正否を見きわめるたしかな目を持つ担当編集者マーシャ・フリードマンに感謝する。

訳者あとがき

ロバート・マッキーは世界でも一、二を争う著名なシナリオ講師であり、四十年余りにわたって、名だたる脚本家、小説家、劇作家、詩人、ドキュメンタリー作家、プロデューサー、監督、俳優などを養成してきた。アカデミー賞受賞者も数えきれないほどいる。マッキーの指導を受けた者たちは、物語や芸術全般に対するあまりにも鋭く、深い分析に敬意を表して、師を「現代のアリストテレス」と呼ぶという。

とりわけ、その名を世に知らしめたのが、三十年近く前に書かれた『ストーリー』(二〇一八年にフィルムアート社から翻訳刊行)で、豊富な具体例に基づいて作劇術の基本から応用までを徹底的に論じ、創作に携わる人々にとっての「バイブル」となった。いま読んでもまったく色褪せていない名著である。二冊目の『ダイアローグ』(二〇一七年に同社から翻訳刊行)と三冊目の『キャラクター』(二〇二二年に同社から翻訳刊行)でも、映画、テレビ、演劇、文学など、さまざまな媒体にわたる物語論を包括的に扱いながら、対話や台詞、人物造形やキャラクターに関して、多数の作品を精緻に分析し、どのジャンルにも通用する強固な基礎理論を提示している。

そして、シリーズの四冊目として、本書『アクション作品創作バイブル』が書かれた。今回は気鋭のストーリー研究者であるバシム・エル=ワキルとの共著だが、精密なカテゴリー分けや価値要素の徹底検証など、全編を通して「マッキー節」が全開であることに変わりはない。ただ、これまでの三冊とは少々趣が異なるのは、「アクション」のジャンルに特化した内容になっていることだ。アクション作品は、ヒーローが悪役と戦って最後に勝つという単純なストーリーを想像されがちだが、多くの観客や読者が心の底から楽しめる作品には、徹底した計算に基づいた脚本がある。本書では、すぐれたアクション作品を創作するための準備から仕上げまで、それぞれの段階で何をどう考えていくべきかを伝授していく。

たとえば、アクション作品の登場人物と言えば、大きく分けてヒーロー、悪役、被害者の三つがあるが、本書ではこの三者の役割を実にくわしく観察し、いくつものジャンルやサブジャンルごとに、また、役割の混合が見られる場合なども含めて、ていねいに解説している。一見単純に思われがちなアクション作品だが、このような細やかな分析を土台としてキャラクターを造形することがすぐれた作品を生み出していく。

人物造形以外では、たとえばヒッチコック作品でおなじみの「マクガフィン」について、一章をまるごと使って解説している（第10章参照）。マクガフィンは重要書類や最新兵器といった「物」である場合が多いが、本書では心のなかの「秘密」や「登場人物」までもマクガフィンとして規定し、豊かなストーリーを構築するヒントをいくつも与えてくれる。

本書では、それらが人気の高いアクション作品の実際のディテールに則して解説されているので、イメージが湧きやすく、作品自体を未見・未読の人も理解しやすい。大きくページを割いて紹介される作品は、映画では『ダイ・ハード』、『ターミネーター2』、『ミッション：インポッシブル／ゴースト・プロトコル』、『ダークナイト』、『007／カジノ・ロワイヤル』、『LEGO®ムービー』、小説では『白鯨』、コミックでは『ウォッチメン』などだ。
マッキーのこれまでの著書と同じく、本書は実写映画の脚本家や志望者だけでなく、コミック、アニメ、小説、ゲームといった媒体の創作者にも役立つ読み物となっている。また、純粋に各ジャンルの作品をより深く楽しみたい人にとっても、多くの示唆を与えてくれるガイドブックとして読むことができる。

本書に興味を持ったかたは、ぜひシリーズの前三作も手にとってもらいたい。どれから読んでもかまわないが、最初に原著が書かれた『ストーリー』から読めば、マッキーの理論の全体像を見通しやすくなるかもしれない。また、少々癖のあるマッキー特有の用語については、『キャラクター』の巻末にある用語集を参照すると理解が深まるだろう。

著者のロバート・マッキーは八十歳を超えたいまも精力的に活動し、インターネット上でのセミナーを定期的に開催している。媒体別やジャンル別などの個別講座が用意されているので、それらが今後書籍化されることもあるだろう。ますますの活躍が楽しみである。

〈ロバート・マッキー　公式サイト〉 https://mckeestory.com/

[著者]

ロバート・マッキー　Robert McKee

1941年生まれ。世界で最も名高く、信頼されているシナリオ講師。全米のみならず、世界各地でセミナーを開催している。これまでに40年近くにわたって、数々の脚本家、小説家、劇作家、詩人、ドキュメンタリー作家、プロデューサー、演出家などを育成してきた。マッキーの指導を受けたなかからは、アカデミー賞受賞者が70人以上、アカデミー賞候補者が250人以上、エミー賞受賞者が200人以上、エミー賞候補者が1,000人以上生まれている。物語創作術三部作と呼ばれる『ストーリー』『ダイアローグ』『キャラクター』(以上、フィルムアート社)は世界各国で読まれ、クリエイターを支えている。

バシム・エル＝ワキル　Bassim El-Wakil

10年以上にわたってロバート・マッキーとともに活動する脚本家兼ライティング講師。ライター向けのポッドキャスト『THE STORY TOOLKIT』と『THE WRITER'S JIHAD』で司会を務める。

[訳者]

越前敏弥　えちぜん・としや

1961年生まれ。文芸翻訳者。東京大学文学部国文科卒。学生時代には映像論やシナリオ技法なども学び、卒論テーマは「昭和50年代の市川崑」。おもな訳書に『ストーリー』『ダイアローグ』『キャラクター』(以上、フィルムアート社)、『オリジン』『ダ・ヴィンチ・コード』『Xの悲劇』『クリスマス・キャロル』(以上、KADOKAWA)、『大統領失踪』『解錠師』『災厄の町』(以上、早川書房)、『夜の真義を』(文藝春秋)、『ロンドン・アイの謎』『真っ白な嘘』(以上、東京創元社)などがある。著書に『翻訳百景』(KADOKAWA)、『文芸翻訳教室』(研究社)、『越前敏弥の日本人なら必ず誤訳する英文』(ディスカヴァー・トゥエンティワン)などがある。

アクション作品創作バイブル
魅せるためのキャラクター・設定・サブジャンル

2025年2月26日　初版発行

著　　者　ロバート・マッキー＆バシム・エル＝ワキル
訳　　者　越前敏弥
ブックデザイン　吉田考宏
DTP・図版作成　和田実日子
装　　画　竹田嘉文
日本語版編集　伊東弘剛（フィルムアート社）

発 行 者　上原哲郎
発 行 所　株式会社フィルムアート社
〒150-0022
東京都渋谷区恵比寿南1丁目20番6号
プレファス恵比寿南
TEL 03-5725-2001
FAX 03-5725-2626
https://www.filmart.co.jp
印刷・製本　シナノ印刷株式会社

Printed in Japan
ISBN978-4-8459-2403-5 C0074